公衍峰

杨 佳

著

社会性别视野下的
新媒体研究

GENDER

NEW MEDIA STUDIES FROM
A GENDER PERSPECTIVE

社会科学文献出版社
SOCIAL SCIENCES ACADEMIC PRESS (CHINA)

序

　　博客是第四代网络交流工具，在国内外一系列重大新闻事件的推动下，它引起了网络时代中人们的注意，其中女性博客对博客的发展功不可没。女性主义者看到了在博客提供的新的话语空间中把握话语权、建立两性平等空间、推广女性主义的希望，但实际上博客并不能拓展女性的生存空间，而只能是现实空间的延伸。本书介绍了博客兴起的重要意义，提出女性话语空间及生存空间的问题，也涉及我国女性目前出现的新女性主义的发展；分析了博客的由来及发展现状，对博客的定义做了整理，对博客在国外和国内的基本发展情况做了简单梳理，介绍了博客发展史上的重要事件，分析了博客发展的推动因素，通过一些图表和数据显示了博客的4个发展阶段和博客数量的高速增长；详细介绍了博客的特点，尤其是相对于其他网络空间的优势，这些特点和优势促使博客成为女性主义发展的新基地，博客实现了女性主体的重塑，也从根本上拓展了女性的话语空间，使女性具有了自由言说的权力，女性的声音可以通过博客充分表达，女性不再处于"失语"的状态，博客也为女性冲破男权观念的樊篱提供了条件，对女性主义的发展具有重要意义；根据是否呈现了女性主义的话语新空间，将女性博客分为3类，即清晰体现女性主义话语新空间、模糊体现女性主义话语新空间、没有体现女性主义话语新空间，并进行了深入探讨；通过对博客的话语分析得出结论，博客虽然为女性提供了新的话语空间，但是博客并未如女性主义者乐观估计的那样，无论是在虚拟空间中还是在与现实空间的联系方面，博客都没有拓展女性的生存空间，女性主义的发展仍有很长的路要走。

　　短信诞生后的发展速度是空前的，曾经一时之间成为最重要的通信工具，尤其受到广大青年的喜爱。短信符合中国人含蓄内敛的性格和注重礼仪的特点，使用简单、收发便捷、传递迅速、可移动等优点成为其迅速发展的重要原因。随着短信的发展，短信文学的概念应运而生，短信中运用了大量的文学修辞手段，短信语言具有浓厚的文学色彩，也讲究叙事、结构等传统文学注重的技巧。短信在对现代社会生活产生重要影响的同时，对两性关系也有重要的作用，尤其对于女性来说，短信提供了一个新的话语表达的空间，而且这个空间是自由开放的、能够移动的，可以使沟通与交流更加便捷、高效。运用女性主义的观点来看，短信的确给两性提供了平等交流的平台，尤其对于女性来说，短信使其在理论上获得了与男性平等对话的机会，但实际情况并不尽如人意。短信为两性的平等交流提供了新空间，产生了积极影响，同时带来了一些负面效应，对两性关系发展前景的影响也不容乐观。短信悄然兴起，并且发展极其迅速，成为现代社会信息传递的新媒介，承担起了大众传播和人际传播的双重使命，甚至有的研究者认为短信已经成为继互联网之后的"第五媒介"。虽然短信是否能真正成为"第五媒介"尚未得到研究界的一致认可，但毋庸置疑，在不经意间短信已经成为现代人生活的一个重要组成部分，也在无形中影响着人们的生活方式和生活观念，对在社会上生存的人们的相互关系、心理状态等均产生了微妙的影响。

微信是"中国第一个真正具有世界性"的手机互联网社交应用产品，它第一次将移动互联网的交流方式牢牢嵌入用户的日常熟人交际圈中，并且以此为根基为用户建立了互联互动的"朋友圈"。微信作为新一代网络社交工具，却肢解了网络空间的虚拟性、匿名性，用户更倾向于用它来记录自己的真实生活，进而构建自我形象，并得到"熟人"的回应。在构建现代社会人与人社交新空间的同时，微信也成为社会性别角色呈现的重要场所，大大拓展了两性沟通与交流的场景。

本书由笔者的硕士毕业论文和工作后的研究成果整合而成，主要是对博客、短信、微信等媒体从社会性别视阈进行考察，从社会性别视角剖析新媒体的特性，研究新媒体对现代社会生活的影响以及对社会行为规范尤其是对社会性别身份表达的建构和重构意义。本书重点对微信这一当下最流行、最普及、影响面最大的新媒体进行了研究，在认真梳理相关知识和内容的同时，运用相关理论进行了深入的分析，体现出研究的前沿性、时代性、创新性特点。本书的第二章及第三章第一节、第二节、第六节由公衍峰负责撰写，第一章及第三章第三节、第四节、第五节由杨佳负责撰写。在本书撰写过程中笔者得到了许多老师、朋友的帮助，在此一并表示谢意。

目　录

| 第一章 |

拓展还是延伸

——从博客看网络空间中女性存在状态

博客是第四代网络交流工具,在国外主要借助克林顿性丑闻、9·11恐怖袭击、美伊战争等一系列重大新闻事件的推动得到发展,在国内则首先通过木子美、竹影青瞳等女性身体写作而引起人们的注意,女性博客对博客的发展可谓功不可没。对于博客提供的新的话语空间,许多女性主义者从中看到了把握话语权、建立两性平等空间、推广女性主义的希望,因而女性博客在全球得到重大发展,仅女性博客网站就超过 24 万个。博客在为女性提供自由开放的话语空间的同时,也存在一些问题,实际上博客并没有拓展女性的生存空间,而只是对现实空间做了延伸。

本章共分五节:第一节简单介绍了博客兴起的重要意义,提出女性话语空间及生存空间的问题,也涉及我国目前出现的新女性主义的发展;第二节对博客的概念做了整理和界定,对博客在国外和国内的基本发展情况做了简单梳理,介绍了博客发展史上的重要事件,分析了博客发展的推动因素,通过一些图表和数据显示了博客的 4 个发展阶段和博客数量的高速增长;第三节详细介绍了博客的特点,尤其是其相对于其他网络空间的优势,这些特点和优势促使博客成为女性主义发展的新基地;第四节根据是否呈现了女性主义的话语新空间将女性博客分为三类,即清晰体现女性主义话语新空间、模糊体现女性主义话语新空间、没有体现女性主义话语新空间,并进行了深入探讨,列举一些博文来做例证,这是本章的重点论述部分;第五节在前面四节的基础上得出结论,认为博客虽然为女性提供了新的话语空间,但是并未如女性主义者乐观估计的那样拓展了女性的生存空间,女性主义的发展仍有很长的路要走。

第一节　博客为女性提供新空间

随着互联网的兴起和发展，人们的生活已经网络化了。博客继电子邮件、网络论坛、网络聊天之后出现，成为第四种网络交流方式，对人们的生活产生了越来越重要的影响。很多社会知名人士、草根博主通过自己的博客获得更大的或者以前不曾有过的声誉和名望，从而在网络公共空间掌握了强大的话语权。

博客具有自由性、开放性、随意性和交互性的特点，而且在技术上具有"零门槛"的优势，这让人们使用博客进行交流更加方便。所有的话题都可以在博客中讨论，去除了传统媒介对发言权的控制，一直以来被专家学者把持的公共话语空间被打破了，即使不是某一领域的专家学者也可以公开讨论某个专业领域的问题，对于任何话题都可以提出自己的看法，进行平等的交流。而且，由于博客话题相对比较集中，交流的针对性较强，因而对话题的探讨会比较有深度，如果彼此都对某一话题感兴趣，还可以建立博客圈，进行更加深入的探讨，甚至可以引导社会舆论关注该话题，不断扩大博主的影响。

许多博客用户在使用博客这一新的网络传播工具之后，认为博客能够带给自己自由感、真实感、归属感和自主感。博客不需要等待审查机构审稿，就可以使个人的言论社会化，进入公共空间，而且不用揣摩别人的喜好，想简单就简单，想深沉就深沉，完全不用顾及他人的感受。对于许多专家学者来说，博客可以让他们绕过传统媒体向公众直接、全面、深入地表达自己的声音，因为传统媒体提供给他们的话语空间其实很小，往往并不能完全满足其表达的需要，甚至有时候他们的观点会被媒体断章取义。博客解决了这一问题，即使传统媒体不能够提供充分的话语空间，博主也可以让关心话题的人通过自己的博客来全面了解自己的态度和主张。

借助博客，用户可以自由表达，抒发自己的真情实感，这样的自我呈现，打破了现实社会关系的限制，容易形成自由的交际圈，使人们的交往范围进一步扩大。博客也被称为"网中网"，是个体在网络空间中开辟的"私人领地"，博主可以按照自己的意愿进行表达，从而能够真正实现"我的地盘我做主"。

博客的发展给女性主义带来了新的发展空间，对女性主义的发展产生了重要的影响。据估计，截至 2007 年，世界上有超过 24 万个女性主义博客，而世界博客总量超过 400 万个（也有观点认为是 2720 万个），女性中自称女权主义者的约占 10%（英国进行的一项调查显示这一比例为29%）。博客使用的零技术门槛，为不善使用技术的女性提供了便利，这也是女性主义网站繁荣发展的重要因素之一。博客的出现似乎为女性提供了夺取话语权、自由充分地展示女性经验而不受男性控制的新平台，也昭示着女性主义有可能会凭借这一平台而获得巨大发展。

长期以来，女性得不到充分表达的机会，没有说话的公共空间，或者说空间狭小。在当今的大众传媒环境中，加上工业话语的包围、挤压，女性陷入了被动的境地，不但自身的声音十分微弱，体现出一定的与男性话语、工业话语的"共谋"倾向，甚至陷入整体的"失语"状态。

男权制不仅对女性话语进行挤压、封锁，而且对女性的生存、活动空间做了严格规定。女性主义对性别与空间关系的研究，就是对以空间形式进行性别压迫的批判，指出针对女性生存空间的限定与制约。要改变女性受压迫的地位，必须不断扩大她们的生存空间和活动空间。

博客可以被认为是公共空间与私人空间的结合，博客所发表的内容是个人化的，但发表之后就进入了公共空间，任何人都可以查看，女性发出的声音就有可能得到应有的重视。同时，博客也可以将发表的内容划归在自己的私人空间里，成为专属于自己的东西，这对女性来说无疑具有巨大的吸引力。博客以其超强的共融性，为网络中性别角色差异性的体现提供了更为广阔的空间，尤其是对女性而言，她们可以在博客中充分展现自己，发出各种声音，释放原本在男权控制下不能尽情宣泄的情绪。女性一方面应该利用博客来发展女性主义，另一方面应该将女性主义与网络文化进行重新整合，构建新的网络女性话语空间。

虽然博客为女性主义的发展提供了新的空间，保障了女性的话语权，但是也存在很多问题。搜狐网 2005 年的博客调查显示，女性博客多关注"感性生活"和"休闲娱乐"类话题，较少涉及社会公共生活话题，基本是现实生活的网络映射，并没有像女性主义者所期望的那样为女性拓宽话语空间或生存空间，而只是延伸了女性的现实生活空间。有部分女性博客为了提高点击率，或者达到某种商业目的，将表达内容娱乐化、声像化、庸俗化，展露自己的身体，暴露自己的隐私，迎合男性的欲望和需求，使男性又多了一个窥探女性的窗口。应当看到，博客虽然掌握在个体的手中，但媒体工业基本上控制在男性手中，文化传统和现实文化权力的双重压力，可以压制女性的声音，使之消失在人们的视阈之外。实际上，现实社会中的男权制与性别歧视已经被复制到网络社会中，博客也不例外，甚至一些女性博客以男性为假想读者，只为满足男性的需求，不仅缺失女性主义意识，而且给女性形象造成了严重破坏，贬低了女性的价值。当然，某些女性博客之所以会这样，是由于男性控制着话语理论的操作权和言语文本的解释权，女性要在公共空间内使自己的话语引起注意，发出自己的声音，只有展露自己，吸引男性的关注，否则就会一直处在边缘化的位置，很难让女性话语传递出去。这种方式一旦被大量复制，或跌入商业炒作的陷阱，就必定会庸俗化，消解其原有的意义或女性意识的初衷。

所以，博客对女性主义来说，虽然具有种种理论上的可能性，也确实拓展了女性的话语空间，但实际上并未拓展女性的生存空间。

第二节　博客的由来及发展现状

一　博客的定义

1. 名词解释

博客（Blog），名词，有时为了区分也称博客网站（网页），指网上写作的一种特定形式和格式，由按时间倒序排列的文档组成的栏目，两侧通常还有补充，频繁更新，一般大量使用链接。

博客作为动词，指在 Web Log（网络日志）上写文章。

博客（Blogger），名词，指拥有博客网站或者在博客上写作的人。①

2. 博客的定义

对于博客的定义，目前比较普遍的说法是："一个 Blog 就是一个网页，它通常是由简短且经常更新的 Post 所构成；这些张贴的文章都按照年份和日期排列。Blog 的内容和目的有很大的不同，从对其他网站的超级链接和评论，有关公司、个人、构想的新闻到日记、照片、诗歌、散文，甚至科幻小说的发表或张贴都有。许多 Blogs 是个人心中所想之事情的发表，其他 Blogs 则是一群人基于某个特定主题或共同利益领域的集体创作。撰写

---

① 方兴东、王俊秀：《博客 E 时代的盗火者》，中国方正出版社，2003，第 35～36 页。

这些 Weblog 或 Blog 的人就叫作 Blogger 或 Blogriter。"①

3. 方兴东对博客内涵的基本定义

作为中国的"网络旗手"以及博客中国的创办人，方兴东对博客的定义代表了相当一部分人的看法，具有非常高的参考价值。他认为：博客是一种"零进入壁垒"的网上个人出版方式，"零进入壁垒"主要是满足"六零"条件（零编辑、零技术、零成本、零形式、零许可、零时差）。博客概念一般包含三个要素：网页的主体内容由不断更新的、个性化的众多帖子组成；它们按时间顺序排列，而且是倒序方式，也就是最新的放在最上面，最旧的在最下面；内容可以是关于各种主题，形式上可以采用各种外观布局，也可以有各种写作风格，但是文章内容以"超链接"作为重要的表达方式。在此基础上他又提出了博客的三大主要作用：个人自由表达和出版、知识过滤与积累、深度交流沟通的网络新方式。②

4. 本书对博客的界定

博客（Blog）是一种以互联网为载体，以"零门槛"技术为支撑，以信息共享（包括新闻、知识、思想等）和自我表现为目的，即时更新、倒序排列的个人媒体和个人门户的结合体。

博客（Blogger），也称为博主，是借助个人媒体或个人门户表达自己看法、记录生活状态或传播知识，从而进行大众传播或人际传播的人。

二　博客发展概论

1. 博客的国外发展史

博客在国外的发展和兴盛与几大标志性事件密不可分，时至今日，这些事件对博客发展的推动作用还在持续。

博客给人类带来的第一次震撼来自博客网站"德拉吉报道"（Drudgereport）。1998 年 1 月 17 日，德拉吉在他的网站上发布了一条消息："在付印前的最后一分钟，星期六晚上 6 点，《新闻周刊》抽掉了一个重大新闻。这条新闻注定将动摇华盛顿的地基：一个白宫实习生与美国总统有染。"德拉吉成为世界上第一个报道克林顿和莱温斯基绯闻的人，"德拉吉报道"也

---

① 方兴东、王俊秀：《博客 E 时代的盗火者》，中国方正出版社，2003，第 36 页。
② 方兴东、王俊秀：《博客 E 时代的盗火者》，中国方正出版社，2003，第 38 页。

迅速成为全球知名的新闻媒体。"德拉吉报道"的影响是巨大的，它让世界第一次真正感受到了博客的力量。人们将这个事件称为"拉链门"，并将其与"水门事件"相提并论。全球历史最悠久的新闻机构之一法新社，还将德拉吉列入"20世纪最具推动力和影响力的十大人物之一"，与CNN创始人泰德·特纳、电视发明人约翰·拜尔、无线通信之父马可尼等名人比肩而立。"德拉吉报道"既是网络媒体战胜传统媒体的一次创举，同时也可以被看作博客发展史上的第一笔浓墨重彩。

2001年9月11日，美国遭遇震惊全球的恐怖袭击，这一恐怖袭击事件也成为博客发展的分水岭，对后来博客的发展形成了重要影响。恐怖袭击的幸存者们在自己的博客中对"9·11"事件进行了最真实、最生动、最具体的描述，所提供的文本对事件真相的逼近和还原远远超过了任何一家主流媒体。由此，博客第一次成为主流媒体新闻的来源，主流媒体也不得不对博客加以关注。同样，博客们（Bloggers）对"9·11"事件最深刻的反思与讨论，也架起了人们沟通与倾诉的桥梁。在恐怖袭击中冷静下来的人们，除了追求新闻事实本身外，还需要一个宣泄情绪的管道，更需要彼此间的支持与关怀，博客就成为大家沟通与倾诉的桥梁。

正是在这两大事件之后，博客为越来越多的人所熟知，队伍迅速壮大。据说每40秒，在世界上就有一个人成为博客。不少专业网站也都在这个阶段转型为极富感性色彩的博客网站，许多美国知名的在线媒体也陆续开辟了博客专区。

2002年12月5日，美国多数党领袖洛特被Marshall"博客"了，丢掉了共和党领袖一职；2003年3月，在伊拉克战争期间，萨拉姆·派克斯（Salam Pax）通过博客在炮火中不间断地讲述在自家窗外看到的巴格达实况，使人们能够及时获取战争状态下伊拉克人民的生活情况和情绪，也使得伊拉克战争中美军的500多名随军记者成为新闻史上的反面教材，大大降低了美国媒体在公众中的可信度；2003年6月，著名的学院派博客金·罗曼斯科（Jim Romensesko）率先在其网站上揭露《纽约时报》记者系列造假案——"布莱尔丑闻"，使《纽约时报》遭遇前所未有的危机，总编和执行主编被迫下台……这一系列重大事件都向全世界展示出了博客巨大的能量，使博客得到了巨大发展，也使越来越多的人开始关注甚至使用博客，加入到博客群体中来。尽管博客在国外并没有重演互联网普及初期的迅猛势态，但其还是不可阻挡地在世界范围内繁荣起来。博客的力量引起了各界的广泛关注，主流网络媒体纷纷开辟博客专区，吸引博客加盟，以免落伍。2002 年 6 月，美国犹他州政府的信息主管 Phillip Windley 宣布了一个新的计划，要求州政府的 2000 名 IT 职员和18000 名其他政府雇员，都使用博客作为新的交流和沟通工具。2007 年前后，美国国内大约有 500 万个博客站点，并以每天 15000 个的速度不断增加。

图 1-1 是全球博客发展阶段分布图，通过这个图可以了解博客的发展大致经历了 4 个阶段，即萌芽阶段、成长阶段、普及阶段和成熟阶段，博客目前已经进入成熟阶段，特点越来越明显，同时受到了研究界越来越多的关注。

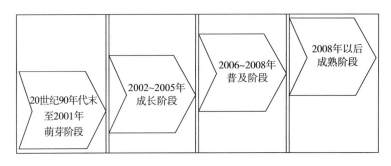

图 1-1　全球博客发展阶段

资料来源：互联网实验室，2005。

2. 博客的国内发展

在我国，博客是从 2002 年开始兴起的，得到了方兴东等人的大力推广，正是他们将 "Blog" 翻译成中文 "博客"，并创建了国内第一家较有规模的专业博客网站——"博客中国"（www. rip. bokee. com）。事实上，博客在我国真正进入寻常百姓家，主要源于两个事件：一是王吉鹏和互联网反黄事件，二是木子美和木子美性爱日记事件。王吉鹏在 2003 年 6 月18 日发出挑战三大门户网站、批评网络色情的文章《网站 CEO 的下一个称呼——老鸨》，掀起了互联网反黄事件的序幕，在我国博客发展史上产生了重要的影响。木子美则在同年 6 月 19 日发表了个人性爱传记《遗情书》，随之在互联网上兴起了身体写作之风，受到众多网民的关注，批评之声遍起，当然也有支持的声音，以致传统媒体也进行了积极的 "配合"。身体写作成为当年互联网不可回避的话题，许多研究者纷纷对其进行研究探讨，博客的重要意义在我国得到了充分的显现，博客一举成名、家喻户晓，这是我国博客发展史的分水岭。在这两大事件之后，王吉鹏和木子美不仅迅即成为我国最知名的博客，而且带动了我国博客的巨大发展，博客数量迅速增加，各大门户网站也纷纷开始设立博客专区，迎合时代的潮流。截至 2006 年 8 月底，我国博客总量达到 1748.5 万人，其中活跃博客 769.4 万人，博客空间量达到 3374.7 万个，人均注册博客空间 1.93 个。[①]

第三节　博客与女性主义

一　博客成为女性主义发展新基地的原因

在互联网出现之初，新技术的应用极大地推动了社会的发展，丰富了人们的生活，使社会跨入令人振奋的信息化时代，特别是网络交往的隐匿性、自由性、去中心化和反等级的特点，为苦苦探索中的女性主义者和致力于男女平等的学者带来了曙光。戴维·格拉多尔和琼·斯旺指出，网络可以为参与者提供更为平等的机会，而有别于以男性话语为主导的传统模式。[②] 朱迪·史密斯和艾伦·巴尔卡则提出，通过计算机网络可以与身在异地的女性联系，方便基层女性主义者开展活动。[③] 女性主义者们为之振臂欢呼，认为网络空间为消除两性不平等提供了契机，为两性平等和妇女解放提供了一条绝佳的通道。但是，现实状况并不尽如人意，很快就有学者发现，一些女性网站、女性网络频道大谈香水、化妆品、服饰、减肥、宠物、购物等。在论坛上，女性也始终处于一种被动的应和状态，声音很快被埋没在一片具有攻击性的男性话语之中……

在人们普遍认为网络可以消除男女不平等只是一种天真想法的时候，博客的出现似乎又给女性主义者带来了一丝希望，它具有多种不同于以往互联网工具的优势，引起了女性主义者的极大关注。《参考消息》在 2006 年刊登出一则《女权主义抢搭博客快车》的消息，女权主义者将互联网时代的博客空间作为有效传播女权思想和观念的最新手段。借助博客无限的

---

① 《2006 年中国博客调查报告》，www.cnnic.com.cn/html/Dir/2006/09/25/4176.htm。

② "Grader Differences in CMC: Findings and Implications," http://www.cpsr.org/publications/newsletters/issues/2000/Winter2000/herring.html.

③ "Grader Differences in CMC: Findings and Implications," http://www.cpsr.org/publications/newsletters/issues/2000/Winter2000/herring.html.

市场潜力，性别平等和社会公正的理念通过各种活泼而新鲜的方式，传播到社会生活的各个角落。

1. 博客为女性话语权的实现提供前提

男性气质与技术之间的文化联系是十分紧密的，正如 M. L. 本斯顿总结的：男性对技术的控制权既是他们在社会中拥有的权力的产物，也是他们对权力的加强。因为技术是强有力的、理性的、高深莫测的、非人性的、科学的、昂贵的，这被认为与女性的气质完全不融合，女性对于科学技术所设置的重重障碍没有丝毫办法。虽然近年来女性使用互联网的人数已经显著增加，但是与男性相比，妇女使用的比例仍然较低。较之男性，女性一般表现出对技术的恐惧而不是喜爱，女性一般缺少技术经验。这使女性一直被排除在技术领域之外，被排除在所谓的男人的专属区域之外。而博客的零技术门槛，为女性提供了前所未有的进出自由的畅谈空间。虽然这没有从根本上解决关于女性与科学技术的问题，但是从直接的作用效果来看，毕竟博客为女性打开了一扇门，使得女性可以同男性一样进军一片新的领域，而不是像以往一样被拒之门外。

（1）博客的零技术门槛。使用博客不需要任何网站建设的技术，只要会打字、会上网就行了。博客只需要在几分钟之内填写个表单并提交就可以获得一个属于自己的博客空间。例如，在新浪网上申请博客，整个过程就像申请免费邮件那样简单，每天写作、编辑、上传就好像发送邮件一样。这就使博客不会出现因技术原因而造成的男性居于创作主导地位的状况，也就避免了"女性网站男性建、女人事情男人说"的情况。

（2）博客的零成本。个人网站的维护取决于很多因素，如技术、制度、资金等，其中，资金成为制约个人网站发展的不可忽视的一个方面。免费、简单、易用的博客软件工具纷纷出现，促成了大量可以免费申请空间的博客服务网站，任何一个人都可以像申请免费邮件一样免费申请自己的博客网站。个人到免费博客托管服务网站申请，几乎是零成本的。对于大部分传统社会女性来说，其用于个人网站维护的资金并不是太多，所以，这对于经济基础普遍弱于男性的广大女性来说，这无疑降低了她们的进入门槛，增加了使用博客的可能性。

（3）博客的零形式。互联网的技术特性，使其表现方式丰富多彩，这种丰富性带来了巨大的资源浪费和隐性成本。内容永远是媒体的内核，博客实现了这种返璞归真，它提供了自动、简单的形式，作者只需简单选择模板，而无须为形式耗费时间和精力，反而获得了更大的解放。女性可以根据自己的喜好随意选择模板，从而建构自己的一片小天地。对于大多数女性来说，这种选择几乎不包含任何技术操作的成分。可以说博客之前的互联网是"以技术为本"的，在将普通大众转变成网络客体的同时，特别对普通女性亮出了限制通行的牌子。而以博客的"零技术、零成本、零形式"为中心的互联网则更能体现"以人为本"。对于广大使用互联网的女性来说，几乎不存在技术壁垒的网络更有利于其发出自己的声音，也更有益于女性主义的发展。因此，女性在网络上拥有自己的博客空间，在技术层面是比较容易的。这就为女性增强话语权提供了技术上的支持。

2. 博客为女性话语权的实现提供保证

女性在进入博客这样的"零门槛"空间之后，所面临的就是内容的问题。女性主义者之所以认为博客是女性主义传播发展的新基地，一个主要因素就是女性在博客内容的表达上享有完全的自主权。博客们按照个人的欣赏标准和评价尺度，选择各个自己感兴趣的话题，其文章无须被编辑，完全可以发表自己的独到见解，并与一部分有相同趣味的读者互相交流、沟通。如此一来，女性在博客空间中既可以逃离传统大众媒体的操控，又可以无视各种既定的表达模式，还可以避开男性审视的目光，完全按照自己的意愿"随意"地说话，从而彰显其作为一个拥有话语权的"人"的特质。

（1）内容选择的自由。博客挑选自己感兴趣的任何话题，并就此话题将自己的原创文章、搜索和挑选的网上信息，扼要地整理汇集，并进行时常更新，或单纯表达自己的看法，或与有相关爱好和需求的网友共享。博客不同于之前的网络论坛，网络论坛随意性强、无关信息较多。而且，有研究指出，这种网络论坛的论题往往是由男性提出的，因此，它谈论的毫无疑问是男性关心的话题，甚至是一些明显贬低女性的论题。在这种论坛上，女性参与者很难透彻地发表自己的见解，声音很快就被淹没了。因此，博客相对不那么随意的个性化选题、丰富的单个文本、自由的讨论空间吸引了广大的网民，也使女性主义者看到了其作为传播基地的潜质和巨大作用。

（2）把关人的缺失。博客出现前，网站的制造者与"把关人"处在发布网上信息、控制网络内容的重要位置上，但并不真正理解"女性主义"的含义，没有明确的社会性别意识，仍然按照传统的观念塑造着男性心目中的"女性"。因此，网络虽然是新兴的媒体，但受到强大传统文化和主流意识形态的影响，其内容仍带有传统媒体的"烙印"，不自觉中成了男权意识的"共谋"。而博客按照戴夫·维纳的定义，是没有经过编辑的个人声音。[①] 在博客领域，博客作者就是编辑，即时写作、即时发布、自我检查，这就是所谓的"零编辑"。对于广大的女性来说，博客的这种特性，最大限度地避开了占主导地位的男性话语的审查、改写、删减甚至歪曲。女性作者不会因为种种客观因素而对自己所要表达的内容畏首畏尾，从而扩大了内容空间。女性主义者认为这种男权监管制度的缺失，给女性主义在互联网上的传播及发展扫除了障碍。

（3）匿名性的保护。在博客这个具有网络特性的新空间中，可以采取匿名的方式进行交流。匿名性削弱了个体之间的地位差别，使参与者获得了更为平等的地位。它带给女性作者的则是一种更平等、更纯粹的交流。这种消除了社会地位差别、男女性别差异的方式，使得交流内容与交流技巧的重要性凸显。博客作者可以抛却一切束缚，畅快地倾诉而无须承受现实生活中的压力及谴责。除此之外，博客的匿名性使得主体的自我展现成为一种表演。在网络这个与现实空间几乎完全脱节的领域之中，匿名性使人与人之间不存在任何既有关系，同样，身份地位的区别也无法从现实社会中移植。因此，人们只得通过自我展示在网络上确立自己的地位，而这种自我展示就是为了得到网络社会的认可，贝尔和达利曾说："人们参加大量的社交活动就是希望别人喜欢他们、欣赏他们。"因为网络的虚拟性，人们表演的欲望更加强烈，获得认同的欲望也更加强烈。因此，博客对于女性来说，是一条获得身份认同的方便途径。这种抛却了现实生活中被排挤、被忽视的尴尬地位，与男性权威居于同一起跑线的充分展示自己以获得认同的方式是在网络这种虚拟空间中才得以实现的，是现实社会中可遇而不可求的，女性主义者必然不能对此视而不见。

3. 博客为女性话语权的实现提供动力

首先，正如尼葛洛庞帝在他的《数字化生存》中所言：从前所说的大众传播（由媒体向大众的传播）正演化为个人化的双向交流，信息不再被"推向"（push）消费者，相反，人们把所需信息"拉出来"（pull），并参

---

① 方兴东、姜旭平、关志成、刘双桂：《博客的媒体开放源代码研究——博客与自由软件发展机制的对比分析》，http://www.rirt.com.cn/magazine2004_4/1.asp。

与到创造信息的活动中。① 每个人都是传播者，每个人又都是受众。受众不再是被动地接受信息，而是主动地掌握和控制信息。传播方式已从主导受众型转向受众主导型。有一些研究者指出，在以往的网络空间特别是在线讨论中，男性通常作为信息发布者，而女性往往作为一种受众的角色出现。但是在博客空间中这种情况得到了改变。女性在完全属于自己的博客天地中，随意地发布信息，无须考虑其他因素。在作为博客读者的姿态出现时，可以根据自己的喜好主动选择信息，并参与信息的构建。

其次，在以往的网络空间中，网络的即时性与浩如烟海的信息使得个人的身份建构很难实现，零散的、无时间维度的存在方式使得这种建构几乎每一次都要从零开始。但是博客不同，它在时间维度上具有持续性，并且可以回溯，从而可以塑造一个较为完整的个体（博客本人），或者是一个方面的完整形态（博客文本主题内容）。由于博客长时间记录了作者的所思所想、所作所为，因此受众更容易了解博客作者的背景、兴趣及个人风格，从而更有利于双方交流的迅速展开和深入，有助于保持双方稳定持久的交往，提高了网络沟通的质量。对于女性来说，这无疑有助于其摆脱身处网络的迷茫状态，为自我的建构提供了平台。

最后，在网络讨论的过程中男性通常使用挑衅性的言辞，并习惯把他人作为假想敌，而女性往往更为含蓄、包容，这使得女性的声音极其容易就被淹没在男性的声音中。而在博客中，女性的个体经验在同性和异性之间都得到了更为广泛的交流。女性变得愿意在博客中进行倾诉与交流。因此，无论是博客传播的内容还是传播的方式都打破了社会原有的交流常态，而它在倡导新的传播模式的同时也为女性主义的发展提供了一个良好的契机。

博客作为一种新的交流方式，兼具大众传播与人际传播的双重特性，既保有了自我，又能够充分地交流，因此对于广大的女性来讲，博客为其话语权的实现提供动力。随后，又一种新的博客交流平台吸引了广大博客——博客圈。博客圈是若干个博客用户基于共同的话题、爱好或者志向搭建起来的一个交流互动、展示自我的平台。在博客圈中，博客成员承担不同的角色，包括圈主、管理员、资深成员以及一般成员，其中圈主和管

---

① 〔美〕尼葛洛庞帝：《数字化生存》，胡泳、范海燕译，海南出版社，1999，第104页。

理员都具有相应的管理权限。博客成员在自己的博客中发表的文章，如果符合圈子预先设置好的主题，都可以被自动收录到圈子的文章列表中。通过博客圈，广大博客用户可以更快、更方便地找到志同道合的"博友"，平等交流、共享智慧。博客圈的出现在原有的博客作者与读者的基础之上，更突出了这种互动关系，同时也更具有选择的明确性。这种圈子的交流方式对于女性话语权的实现起到了积极的促进作用，不仅使女性之间的相互交流与认可得到实现，而且便于以更大的声音叫醒以男性为主导的世界。

柏拉图说："谁说故事，谁就控制社会。"在男性话语占统治地位的社会中，没有女性发表言论的空间，女性只有"听故事"的权力，而没有"说故事"的权力。女性的话语权严重缺失，她们只能在私人空间中窃窃私语，甚至有的女性已经忘了该如何"说话"，她们在男权的话语中完全迷失了自我。当网络以其巨大的包容性和虚拟性在女性面前展开的时候，女性找到了一个说话的空间。一个开放、多元的论述场域，使得女性获得了前所未有的话语权，并真正地拓展了女性的话语空间。正如女性主义者所期望的那样，博客为那些原本在现实社会中处于男权制禁锢下而不能发出声音，但同时又具有话语叙说欲望的女性提供了倾诉的话语场。

首先，博客使女性话语言说成为可能。博客的零技术门槛在技术上为女性扫平了言说的障碍，使得原本由技术原因造成的女性话语缺失的问题得到根本性的解决。一般的女性可以非常简单地进入其中，并拥有自己的一片"言说"天地。

其次，博客使女性话语的言说受到保护。博客的匿名性保护了话语的表达不受社会的种种约束，女性也无须像在现实社会中那样对自己的言语和行为承担后果，她们可以更畅快地倾诉；博客没有"把关人"的"零编辑"模式使女性逃离了男性的监管，话语自由的表达得以实现；作为博客作者的女性，其主导地位得以凸显，无论是话题选择还是组织讨论，无人可以撼动其主体地位，女性可以发表任何自己感兴趣的话题，并可以大胆地表达自身的个体生命体验，以独特的个人话语来描绘女性的个体生存状态。

最后，博客提升了女性话语言说的效果。博客不但使女性原本被压制的话语权得到释放，而且在某种程度上提升了女性言说的效果。其原因是博客所具有的交互性，它促进了"众声"的交流，而且不是在牺牲女性声音的基础之上。博客读者与博客作者之间的交流关系，使女性更愿意说话。

博客具有的以往的网络空间所不具备的一系列优势特点，使得广大的女性网民找到了一个新的说话平台，其中最直观的表现就是女性博客数量的增长，这给女性主义的发展带来了新的希望。

2004年底，根据博客中国网站（www. bokee. com）针对站内博客的调查研究，男性博客用户数量明显高于女性博客用户（男性占88.1%，女性占11.9%）。①

2006年8月，中国互联网络信息中心和中国互联网协会政策与资源工作委员会博客研究组所做的调查显示，女性博客作者比例已经高于男性（女性占51.1%，男性占48.9%）。

在我国女性网民数量、上网时间普遍低于男性的前提之下（见图1-2、图1-3），博客作者的性别比例确实说明了博客这种新型的网络传播模式，对于发展女性主义具有相当大的潜力。至少在女性参与数量上，是非常值得关注的。

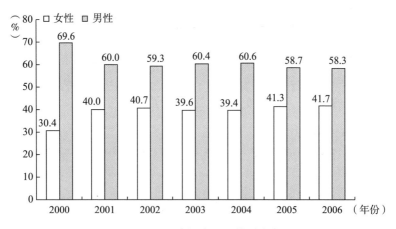

图1-2 历次调查网民性别分布

资料来源：《第19次中国互联网络发展状况统计报告》。

---

① 方兴东、张笑容：《2004年中国博客发展分析报告》，载崔保国主编《中国传媒产业发展报告（2004～2005）》，社会科学文献出版社，2005。

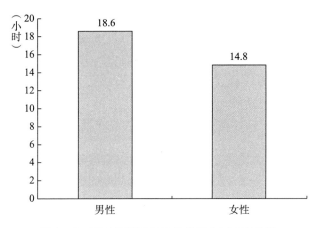

图 1-3 不同性别网民平均每周上网时间比较

资料来源：《第 19 次中国互联网络发展状况统计报告》。

二 博客从根本上拓展了女性话语新空间

1. 博客实现了女性主体的重塑

在现实生活中，女性的生理特征限定了她们的身份、思想，而博客这种虚拟空间真正提供了语境让女性可以尝试重塑自己的身份。

首先，女性掌握了更多呈现自我、塑造自我的主动性。在以博客为代表的网络空间中，所有的感知都要通过信息方式传达，身份成为信息建构的产物，即利用电子文字和图符等一系列信息来确立自己的网络身份、形象，这就是德里达所说的电子书写。在主体通过电子文本确立网络身份的过程中，其掌握了塑造自我的主动权。由于这种在线的虚拟身份是建构性的，不一定要与现实生活中的身份接近，所以女性在建构自己的网络身份时，可以摆脱现实社会中的种种压力、种种被规定性，从而使得自我塑造成为可能。美国社会学家戈夫曼曾提出过"印象管理"一说。就是说人们在日常交往中，为了给他人留下某种印象，不管是好的还是坏的，交流的一方或者说信息发出的一方会刻意对自己的形象进行控制。有的可以展示自己的某个方面，而有的则会尽量去隐藏自己的某些特征，通过各种技巧让信息的接收者朝着信息发出者所希望的方向靠拢。在博客空间中这种"印象管理"仍然适用。女性将自己想要呈现的、擅长的、感兴趣的一切在博客中展示出来，但这不是展示信息，而是用来建构身份的一种方式，我们可以说创建一个博客就是塑造一个虚拟身份。

其次，女性拥有了更多虚拟身份带来的自由。在女性虚拟身份的建构过程中，由于个体之间在资源占有和表现能力上的差异，必然出现某种网络社会等级关系，而这种在线的等级关系打破了原有社会既定的等级关系。在线身份的虚拟性使女性在有关公共事务的讨论中，摆脱被歧视的地位，真正参与其中。从而使女性会获得在现实生活中无法获取的某些"自由"和"民主"，而不必在男权的等级制度压迫下几近窒息。在博客这个去中心化和反等级性质鲜明的网络传播方式中，女人脱离了"女人"的标签所蕴含的文化内涵和角色规范，在这里，女人才在真正意义上拥有了和男人同样的机会和待遇，从而达到一种其一直渴望获取的平等地位。

最后，女性进行了更多的网络虚拟实践。女性在以博客为代表的网络空间中异常活跃，她们活跃地表达自己的观点，活跃地与其他网民交流，甚至抛弃现有男性秩序下的妇女经验与价值，尽情地享受网络带来的一切。而女性的种种网络虚拟实践，恰恰彰显了其自身，使得虚拟身份更进一步被建构，也使女性获得更高的在线地位。

2. 博客拓展了网络女性的话语空间

女性利用博客这种网络空间中的表达方式和知识共享方式努力地建构虚拟身份，并在建构的同时扩大了自己的话语空间，从而更有利于女性主义发展。下面从三个方面进行分析。

第一，就博客这一网络空间来看，它属于公共领域与私人领域的交集。在博客网中，任何博客所发表的内容都是最个人化的，但是当它被发表出来时就具有了最公众化的形式。所以一方面，博客网从属于公共空间，另一方面，任何一个博客或网络公众都可以将它划归在自己的私人领地里。这一特性对于女性博客来说无疑具有强大的诱惑。我们知道，在女权主义者所批判的各种现存意识形态中，有一种被称为"领域划分"的意识形态，这一意识形态认为，人类活动的领域主要分为公共领域和私人领域：公共领域是男性的活动领域，而私人领域才是女性的活动领域。对于网络媒体来说，虽然人们还没有对网络空间进行划分，但是仍然有不少人认为男性在网络空间中占据了主导地位，包括网络的技术性、娱乐性都证明网络是更适合男性的公共领域。但是博客改变了这一状况，它为那些原本在现实社会中处于男权制禁锢下而不能发出声音，但同时又具有话语叙说欲望的女性提供了倾诉的话语场。在这个话语场中，女性的声音得到了应有的重视，女性借助博客"私人化"的特性，丢掉了原有的束缚和拘谨，使自己的话语在公共领域得到了前所未有的广泛传播。从女性学角度来看，博客网为网络中性别角色的差异性体现提供了更为广阔的空间。长期以来，妇女运动有两种主要倾向：一种是强调男女两性的相似之处，另一种就是强调男女两性的相异之处。而差异的概念也是女性研究领域中运用得最为频繁的概念之一，即使是在一个很小的范围内，女性个体之间也存在很大的差异。博客网这一"个人媒体"无形中为女性差异性的体现提供了机会，它巨大的共融性空间允许了各种不同声音的交汇，而不同女性相同或相异的声音在这一空间中得到了释放。

第二，博客网采用"匿名制"的形式，一方面加深了私人化的程度，另一方面使网络个体的性别身份变得模糊，女性更容易摆脱现实社会中性别身份的束缚。但是，事物的发展都有两面性，网络"匿名制"的形式也很可能使得身体虚化的倾向被无限夸大，很多人在网络中无法分辨现实与虚拟的区别，到最后丧失了"自我"，这是身体虚化最为严重的后果。然而，由于女性文化对网络具有反作用，女性主义的介入能有效地遏制网络无限夸大身体虚化的倾向，这也是女性主义文化对网络文化发展的积极作用。这样，在网络中发展女性主义变得更为重要与有意义。

第三，传播学中的"沉默的螺旋"理论在网络中的应用，使得网络公众能够更为理性地看待问题，也保证了女性话语的存在与发展。从"木子美"现象来看，我们可以发现公众对它的态度经历了三个阶段：第一阶段属于"批判阶段"，第二阶段是"平和阶段"，第三阶段是"理性阶段"。公众态度的三个阶段是一个螺旋式的社会传播过程，而在网络中由于意见表达的自由性，这一螺旋式的传播过程体现得更加明显。可以说，网络媒体的"沉默的螺旋"效果是网络机制的一个内化作用，这种内化作用的结果是使得网络媒体的客观性与公正性大大增强。同样，超越"木子美"现象来看，这种内化作用也保证了女性主义在网络中更为理性与健康地发展。女性主义的一些新见解或主张很可能最初并不为大多数人所接受，如果缺乏"沉默的螺旋"作用，很可能会被扼杀在摇篮里，但是在网络中由于这种内化作用的存在，女性主义的观点与主张就有可能得到强化、发展与完善。

博客作为网络空间中的一种新的生活方式对我们思想的影响，对传统思维、行为模式的颠覆效果都是十分明显的。因此，女性主义者将博客视为女性主义发展的新基地。

第四节　从博客看女性主义话语新空间的呈现

博客确实如女性主义者所愿，实现了女性在网络中的自我呈现，凸显了女性的主体地位，给了女性前所未有的话语权，拓展了女性的话语空间。但是在网络中，众多女性是如何利用她们的话语权的呢？是否如女性主义者所期许的那样呢？下面我们看几类不同的博客所呈现出来的女性占领话语空间的不同方式。

一　清晰呈现女性主义话语新空间

1. 标榜女性主义者身份的一类

这是具有明显女性主义意识的一类，一批具有性别敏感意识的人在建立和发展自己博客的过程中，其思想意识和文字表达都体现出积极的女性主义姿态，甚至明确标明自己的女性主义者身份，具有强烈的女性主体性，并通过博客来传播女性主义思想，试图以此为阵地来宣传女性主义思想，进而干预现实社会生活，并与自己的博友就女性及其他相关话题进行积极的沟通、交流和探讨。

以李银河的博客为例，李银河在博客中提出许多超前的性道德观点，引起了轩然大波。这些在以往传统主流媒体的监管之下几乎不可能面向大众的女性主义观念借助李银河、荒林、蓝怀恩等性学、女性学领域的研究专家和学者的身份，利用博客轻而易举地到达大众面前，并引起了极大的反响。

在形式上，具有女性主义精神的博客基本上具有非常强的宣传性，都在试图影响读者，让读者接受自己宣扬的女性主义理念，这也是女性主义者利用博客的初衷和目的。这样的博客在文字上往往体现出辨史的脉络，将现代社会和传统社会进行比较，关注政治、文化等相关领域的话题，通过比较得出现代社会和传统社会在表象和实质上的相同和相异之处，而且说理透彻、条理清晰，具有相当浓厚的学术气息。在对这些超前的观念进行表达的时候，博主往往是非常理性的，即使是宣泄情绪的文字，也是有条有理、有理有据、有据有证，这就表明了这些博客都有着明确的公示意图，博主是把博客当作一个可以自由发表言论的公共空间来看待的，充分利用了博客，将之作为传达自己声音的重要公共空间。

在传播策略上，博客的出现使个人言论能够更加便捷地社会化，博主的声音可以传播到"很远的地方"，在安全尺度的把握上，博主也自觉地扮演了"把关人"的角色，他们一般会考虑自己博客的持续性和合法性问题，也会考虑博客发表后所会引发的后果，以及主流意识形态的反应。在拥护政府的政策和社会公共道德的前提下，博主可以着眼于一些具体的问题，在策略和方法上提出自己创造性的建议和意见，女性主义在博客中的传播策略上也具有这样的特点。在战略上，我国的女性主义往往将共建和谐社会、实现男女平等作为一个终极的目标，在不改变现有宏观体制的前提下，对社会制度的微观层面做出一些结构性的调整和变革，对公众进行性别观念的教育，通过普及知识、争取女性的受教育权、争取两性平等的社会参与机会、反对职业中的性别歧视等方式来发展自己，推进女性主义的发展进程。

从这类博客来看，很明显，其的确呈现了女性主义的话语新空间。博主利用博客这种新的话语呈现平台，最大限度地宣传女性主义，使女性主义占据了网络空间中的一席之地。

2. 未明确女性主义者身份的一类

这类博客对社会中存在的问题进行积极思考和批判，对女性在社会中的种种遭遇进行剖析、辩论，对相关现象的社会原因进行深入分析，站在女性的立场进行批判。其中，有的对女性被强奸必须要反抗的社会观念进行质疑，认为女性的生命重于传统的贞操观念，女性应该誓死捍卫的是自己的生命，而非男权制要求的贞洁；有的揭露职场中的黑幕，批判职业性别歧视的现象，对职场中存在的性交易进行分析批判，为女性的悲惨处境和地位鸣不平……这类博客的作者大多是非专业人士，但在建立女性的话语系统、争取女性话语权等方面有着很强的自觉意识，大多是针对社会当前的热点问题进行探讨，提出了很多有见地的观点和想法，对于推动女性主体性身份的构建有着深远的积极影响。这类博客体现了女性主义的政治视角，借助博客所提供的平台进入社会公共领域，占据新的话语空间，对女性觉醒和自立的观念产生重要影响，"渗透着精英气息和重新立法的冲动"。①

这类博客试图通过强化女性的主体身份来争取与男性平等的地位，有时难免主观性过强，有失客观公允，在对两性关系的认识上也存在着一定的局限性，但其在一定程度上体现了女性的主体意识。值得注意的是，这类博客是真正体现网络特性特别是博客草根性的一类，这类声音的发出呈现的正是女性意识于网络中的一种存在。

二 模糊呈现女性主义话语新空间

可以归于这一类的博客大致可以分为三小类：其一，探讨两性关系和情感的博客；其二，积极介入公共话语空间的博客；其三，建构私人空间，不涉足公共空间的博客。这类博客的作者，有的对两性之间的关系有着比较清醒的认识，也有女性的自主意识，不再将自己囚禁于男权制给女性画定的牢笼；有的借助自己的专业知识积极参与社会公共话题的讨论，进入男性公共领域；有的仅关注自己感兴趣的私人话题，在博客中建构自己的私人空间，在一定程度上是拒绝男性进入的；有的陶醉于自己编织的种种两情相悦的情节，多少带有一些情绪化色彩。下面就对这三类博客进行细致的分析和探讨。

1. 探讨两性关系和情感的博客

这类博客的作者关注性别话题，或者会自觉传达自己对两性关系的独到见解，尤其是在分析两性关系之后，能够得出女性不能妄图依靠男性，而应该自主把握自己的生活和幸福的结论，有试图树立女性主体地位的倾向和意识，但并没有宣称自己是女性主义者，也没有明确的女性主义思想意识，一般不具备女性主义的理论知识，所发表的见解和主张也是偏于感性的，缺乏系统的理论论述。虽然这类博客积极探讨性别问题，甚至会为女性在两性之间遭受的不公正对待鸣不平，甚至会对男性和社会进行批判，但这并不等于其言论就是在为女性主义争辩，在宣扬女性主义理念。这类博客在关注两性关系和情感的时候，其视角和观念的指向可能并不是

---

① 《在线的女性主义第三波浪潮的发展与问题——兼谈博客在性别文化大众传播中的角色》，http://www.360doc.com/content/07/0608/01/24133_545003.shtml，2007年6月8日。

女性主义的，但是这些博客在客观上又具有女性主义的传播效果，因而可以归于模糊体现女性主义意识的博客类型之中。

这类博客的作者往往是在倾吐内心情感和展露种种生活细节之后，来审慎地思考女性和男性之间的关系。当然，在这之中也夹杂着其与各色人等的关系，这类博客表现出了一定的女性主体意识，认可女性的独立生存能力，鼓励女性要自尊、自重、自立，认为女性应该更加坚强，并摆脱对男性的幻想，一切靠自己。

接下来以草根博客名人鱼顺顺和文化名人洪晃为例进行阐述。

鱼顺顺，博客网这样评价她：一个自称是文盲的女博客，以文字泼辣、犀利引人关注。她是博客圈中每天辛勤写作的女劳模，她的文笔该细腻的细腻，该火辣的火辣，而且透露出与众不同的女人味，这是一般人学不来的。

> 以前我和女友们研究如何看住男人，现在，只想告诉大家：男人，看是看不住的……女人要对自己负责，别把幸福寄托在男人身上……姐妹们，自尊，自知，自立，自醒，还有自认倒霉和自我疗伤，都重要。①
>
> 围城内不乏怨妇，她们愤懑懊悔到了祥林嫂的境地，逮谁都申诉，如此怨情载道，竟然没阻挡住城外女人们争先恐后的求嫁斗志，难道经验教训非得亲历亲得才足以泼灭美梦？不经历风雨何以见彩虹，这歌词实在好，只有成为人妇，才知本职业是世间最高深莫测的行当，乏味，疲惫，困惑，痛苦，憋屈，都是做人老婆的收获。②

洪晃，被称作一个出身名门的性情中女人，知名文化人、杂志出版人。

> 打小时候起，我们家人就教育我当大女人：要独立，要大气，要自尊，要善良。我尽量按照他们的教导活了半辈子，才发现这只是女人很多种活法之一，不太实惠，在小事上经常吃亏。下辈子我应该试一试小女人的活法，说实话，我很羡慕她们……所以，当小女人是女

---

① 《越警惕就越疲惫》，http://yushunshun.blog.sohu.com/7657738.html，2006年7月25日。
② 《女人干吗要嫁人》，http://yushunshun.blog.sohu.com/31821705.html，2007年1月29日。

人的福气，赢得自己想要的男人的成功率比大女人高，还能有把握地留住自己的男人，大女人就是吃亏。①

特别值得一提的是，她们的博客有时会采用一种非常有效的与读者交流互动的方式，就是提问与回答。众多的博客读者通过她们的文字，看到了她们独有的对待两性之间关系的理性态度，以及解决日常生活中问题的有效办法，所以就自己身边的一些难题请教她们，听听她们的建议和看法，从而获得帮助。

这一类博客的内容和结构一般比较简单，发出的声音虽然不能达到振聋发聩的程度，但可以比较充分地反映女性生活和经验的全貌，也反映出当代社会许多女性已经具有的主体意识。虽然这类博客的作者对于两性关系的定位并没有一个统一的认识，更没有一个系统的主张，但在意识倾向上她们都不再将自己的地位根植于男性，不再依靠男性，不再积极讨论怎样找到一个有钱的男人而自己做一个贤内助，而是鼓励自强、自信、自立，认为两性之间应该是平等的，也追求两性关系的平等。众多读者通过这类博客对自己的性别观念进行重新思考。因此，这类博客实际上达到了张扬女性主体性的目的。

2. 积极介入公共话语空间的博客

这类博客的作者积极介入政治、经济、文化、军事、社会等各个领域的公共话语空间之中，或发挥自己的专业知识，或表达自己的想法、见解，在探讨话题的过程中表现出一种积极参与社会建构的姿态，她们也许没有标榜自己是女性主义者，甚至自己也不知道这样的行为是在与男性争夺话语权，她们没有明确的女性主义的思想意识，但是在客观上拓展了女性主义的话语新空间。

接下来以闾丘露薇的博客为例进行阐述。

闾丘露薇是凤凰卫视的大牌记者，曾因只身深入伊拉克而被称为"战地记者"，其博客曾被评为"中国传媒人女性博客中最有内容的博客"。其对时事的强烈关注以及独特观点，使读者在了解她作为一名非同寻常的记者的行踪和日常生活所体现的记者特色之余，更看出了其在公共领域内参与建构的能力。

---

① 《小女人的福气》，http://blog.sina.com.cn/u/476bdd0a010002dw，2006 年 3 月 28 日。

今年看两会代表，只能够透过媒体，而了解他们的工作，当然最重要的是看他们的大会发言以及所做的提案。有政协代表提出将"汉服"作为国服，并且获得了人大代表的呼应，应该用"汉服"作为学位服。也有人大代表要求星巴克撤出故宫，尽管是过去了的话题，但是因为人大代表这个身份的重要性，海外媒体当然不敢放过。既然身为立法的一分子，有时间关心如此细微的问题，我当然对他们抱有期望，期望代表们能够关心更多的，真正关系到民生的问题。[1]

除了这种纯粹工作意义上的博客，还有由自己的现实生活状况而引发的一些话题，我们从中可以看出，这些博客仍然没有脱离记者的敏感以及对公共领域话题的关注。

这些日子一直有一个问题困扰着自己，那就是，明年当我回到工作岗位之后，我到底希望能够在哪个城市生活和工作，香港，上海，还有北京？经过这些年，总是希望能够有一个城市，在那里有一个自己的家，而不是一个临时住所。

从我的职业考虑，当然我更希望能够在北京，毕竟是中国的政治中心，在新闻的第一线，当然是每个记者的希望……北京的天气，沙尘暴，空气污染，对我来说，这倒是小问题，因为工作的关系经常出差，在北京实际上也不是待真的很多的时间。我最担心的，其实还是如果病了，要在北京求医……在北京，还要忍受一件事情，那就是越来越严重的交通堵塞问题。我就试过，从北京的城东到城西，高峰时候，要花上差不多两个小时的时间，而现在的问题是，高峰时间已经从上下班，扩展到几乎是白天大部分的时段。[2]

闾丘露薇在博客中谈论的几乎都是参与社会建构的公共话题，这无疑拓展了女性的话语空间，使女性往往不敢涉足的话题不再成为男性用以排斥女性进入公共领域的阻碍。但是其博客受到男权的认可是有两个前提条

---

[1] 《我看两会代表》，http://blog.sina.com.cn/u/46c9d5da010006v4，2007 年 3 月 13 日。

[2] 《我的烦恼》，http://blog.sina.com.cn/u/46c9d5da01000621，2006 年 12 月 25 日。

件的。第一，其现实社会中的身份受到了认可。闾丘露薇因其战地报道而荣获"2003 年中国青年年度人物评选候选人"，所以其移植到博客中的观点不是一般小女人的无稽之谈。第二，众多博客读者特别是男性读者要看的是"战地玫瑰""全世界最美、最性感的女人"对男性话题的看法如何，其实质上是将闾丘露薇作为一种物质化、客体化的审美对象来对待的。

这类博客最突出的表现就是数量少，在众多博客种类之中，参加社会建构、参与公共空间话题讨论的女性人数较之现实社会并没有突飞猛进的增长，我们不排除一部分女性以男性或中性的话语模式参与讨论，但是这反而更加证明了女性没有摆脱原有社会中被拦于公共空间之外的生存处境，是否得到男权的认可还未可知。

3. 建构私人空间，不涉足公共领域的博客

这类博客成为女性的一种私人化空间，远离政治、经济、文化等宏大主题的探讨，而是一味展示生活的细节，很多博客借助所探讨话题的女性化，给男性树立了一个壁垒，使男性无法或者没有兴趣进入自己的私人空间，从而保证了女性私人空间的独立性，让女性能够在这个空间里自由精彩地绽放自己。这类博客大多是一些普普通通的女性对自己的普通生活或者自己感兴趣的女性话题进行讲述和探讨，她们有的津津乐道于自己的爱情，有的甜蜜地秀着自己可爱的宝宝，有的兴致勃勃地赞美旅游路上的天气，有的兴高采烈地谈论美容、健身的经验，有的有条有理地教人如何照顾宠物，有的图文并茂地展示自己的精湛厨艺……为博客取名也可以体现出博主的兴趣爱好，有人自名"煮妇"，有的甚至干脆取名"狐狸精"，号称自己的理想是："管理家庭，经营幸福，即使痛苦与困难如影随形。"

接下来以胖星儿的博客为例进行阐述。博客网评论她为：不光会做菜，而且把做菜与写博客有机结合，她的私房菜博客跟散文一般有味道。她的口号是"做做饭、说说爱"。她在每一篇博客中都是探讨日常生活，然后再附之相应的一道菜的做法。

　　酱肘子做成功背后有道关键程序是很多人不知道的：在沸腾肉锅里炖着的肘子虽然酥软但是一碰即破，根本没有办法切片端盘，因此需要包裹紧放入冰箱晾凉，有了袋子的约束，你根本没必要再管它，肉自己就规矩得有了形状，既酥软又不破碎，任你切割。

　　如对男人，他既已经被婚姻罩住，你便由他自己吧，一边晾着

他，反而自觉得很守规矩，婚姻也便在你掌控之中。①

　　这类博客对美容、健身、育儿等女性关心的话题进行热烈、积极的探讨，甚至通过博客建立一些"圈子"，与具有相同兴趣爱好的博友们进行更加便捷的交流，使对相同话题感兴趣的女性都可以畅所欲言，在交流中一起建构属于女性的话语空间。而这些女性感兴趣的话题，原本在现实生活中只能是完全私人化的话题，最多可以跟自己的私密好友进行一定程度的探讨。现代社会的生活节奏很快，进入职场的女性迫于工作压力，很少有机会与自己的私密好友畅快地交流自己的心得体会，最多是通过电话简单交流，这显然不能满足女性的要求，网络上的其他媒体也是女性重要的交流空间，但与博客相比都稍逊一筹，博客相对于其他网络媒体来说具有明显的优势，因而女性在博客空间中找到了自己真正需要的话语空间，可以通过这样一个空间丰富自己的知识，了解他人的想法，共同探讨，共同进步。因而，对于女性来说，博客就成为交流的新空间，女性可以根据自己的兴趣爱好，来建构自己的一片天地，营造属于自己一个人的空间。

　　对于女性来说，追求美并不仅仅是为了取悦男性，得到男性的赏识，吸引男性的目光，抬高自己的身价，而更是为了自身，爱美是女性的天性。所以，对美容、健身话题的探讨是女性自身的需求，也是为了自身的健康考虑。女性在博客空间中积极关注美容话题，一起探讨何种化妆品对何种皮肤问题的解决有所裨益，什么样的情况应该采用什么样的瘦身方式等。这样的探讨对男性来说可能很无聊，但是女性乐此不疲，尤其是几个人聚到一起，更是讨论得积极热烈。女性在美化自己的同时，也从中得到了快乐，身心舒畅。

　　女性主义对两性之间差异的探讨是充满争议的，不同的理论流派提出了不同的观点，从而使两性差异成为女性主义理论发展中的一个重要概念。自由主义女性主义认为两性之间不存在差异，提倡男女平等；社会主义女性主义认为两性之间存在差异，倡导男女平等；文化女性主义和激进女性主义则认为两性之间存在差异，提出女尊男卑的观念；后现代女性主

　　① 《男人讲的如何留住男人的道理——酱肘子》，http://blog.sina.com.cn/u/5919b50c01000a9w，2007年4月4日。

义则认为两性之间存在文化差异，不存在生理差异。因此，可以认为，女性建构私人空间，试图有别于男性的做法也是符合女性主义理念的，在一定程度上体现了女性区别于男性的性别意识。

三　没有呈现女性主义话语新空间

这类博客有意展露女性的身体，或书写女性隐私，或贴图片以迎合男性的欲望，吸引男性的目光，以提高点击率，这样的博客就可以被视作没有呈现女性主义话语新空间。因为这一类博客基本不存在女性主义意识，在客观上也没有达到宣传女性主义的效果。

1. 女性明星博客和美女贴图博客

这类博客，毫无疑问的是另一种迎合男性眼光的博客。这些博客的作者经常将自己的照片发布出来，展示自己的美丽与性感，吸引别人的眼球，以提高博客的点击率，提升自己的知名度。

（1）明星博客。

女性明星博客比较特殊，因为它们是采用"实名制"的一类博客。这些明星利用自己在现实社会中的名人效应，在博客提供的空间中展示公众形象之外的自我，以引起他人的兴趣，强化了博客的娱乐性。女性明星在博客空间中的身份与其现实身份是相互依存的，是对自己现实身份的补充或修改，一般不会与现实空间中的身份和公众形象有太大出入，因而她们无须像草根博客的作者一样从零开始建构自己的网络身份，但是这样也就使她们无法享有一般草根博客匿名的自由，而是要更多地考虑对自己公众形象的影响。女性明星博客通常有以下几方面的内容倾向：宣传自己、揭秘隐私（包括他人的隐私）、发布最新信息等。女性明星开博的目的无外乎就是提高自己的知名度，从而促进其在现实社会中的事业发展。在女性明星的博客中也有大量的贴图，这样往往比仅仅使用文字来书写自己的博客更有吸引力，会引发更多的点击量，更加能够提升自己的人气，尤其是在人气有所下滑的时候，通过博客的爆料，往往可以引发媒体对自己的关注。

当然，明星博客的功利性是非常强的，而且没有"匿名"的保护，必然使得她们不能在网络中尽情地释放自己，不能"畅所欲言"。因此，我们更容易看出这类博客内容的单一性和目的性。

（2）美女贴图博客。

美女贴图博客大多是一些草根博客，博主通常是将自己的照片发布在博客中，以吸引他人的眼球，从而提升自己的人气，提高自己的网络知名度。

这两类博客有一个共同的特点，即照片与文字的数量相差悬殊，文字往往是作为照片的辅助说明出现的，甚至有很多博客文章只有一个标题，下面的内容全是照片。无疑，在当今这个读图时代，"感受型"的照片给人的印象要比文字更直观、更形象，但是也更缺乏文字给人的想象空间。照片无法很好地表达人的思想、观点，因此这类博客并没有拓展女性的话语空间。

2. 以木子美等为代表的身体写作博客

木子美、竹影青瞳、流氓燕等博客引导了一场身体写作的风潮，这些貌似极大地拓展了女性的话语空间，打破了男性的话语霸权，在对女性真实的生命体验与价值立场进行着自我言说，明确了女性的性别特征，高扬了女性的主体意识，实则非然。

由此，我们已经大致可以看出广大女性占据网络话语空间的几种不同方式。那么在网络这个虚拟的空间之中，女性是不是真的如一些乐观的女性主义者所希望的那样，找到了一片属于自己的天空，真正拓展了其生存空间呢？

第五节　博客只是延伸了女性的生存空间

一　博客没有拓展网络中女性新的生存空间

1. 女性网络话语空间浪费

非常值得注意的一个现象就是在博客快速增长的同时，伴随着巨大的网络资源的浪费，超过70%的博客空间成为"无效空间"。已经申请的博客空间大量闲置，说明有很多人一时跟风而申请了博客（话语空间），但在使用了几次之后就不再使用了。虽然无从判断其中女性博客的数量，但是我们可以推测，至少有相当一部分女性博客已经被荒废了，这是否意味着女性主义者所寄予厚望的博客空间对于广大女性来说仅仅是一种时尚的游戏方式呢？由此可见，对于拓展网络新空间的意义并不是所有女性都能够自觉意识到的。原因很可能是：第一，有的女性在通过网络建构自身的过程中遇到了障碍，但是在网络中的不成功较之现实生活更无足轻重，成功是继续前进的动力，不成功也只是游戏一场而已；第二，有的女性拥有了话语空间却没有真正的话语可说；第三，有的女性仍然不适应在公共空间说话。

2. 女性网络话语权的消解

人立于天地之间，究竟以怎样的生存方式，博得自己的一席之地呢？无疑，话语就是其中的一种重要方式。而在网络空间中，话语就成为构造网络中人的最重要的方式。

从前文分析的几类博客中，我们看到了女性正在努力用自己的方式占据着网络的新空间，但是，她们是否拓展了自己的生存空间呢？因为网络生存空间的维度是靠语言来呈现的，因此通过对以上几类博客话语讲述方式的呈现，我们可以看出：在网络的虚拟空间中，女性或大声叫喊，或喃喃自语，貌似找到了一个没有束缚、没有限制的说话场域，甚至有不少女性主义者认为借助博客这个"零门槛"的平台，女性在网络这个新空间中拓展了原有的生存空间。但是，实际上如何呢？女性在原来现实社会中的那一套旧有的修辞方式是否得到了彻底的改变呢？

简·皮特门认为，通常情况下，社会话语并不显现女性，就好像全体公民都是无性别的，或者说他们都被默认为是男性。虽然以博客为代表的网络空间使女性地位得到了提高，女性可以"自由"地表达自己的观点，但是可以发现男性话语霸权在网络空间中依然存在，女性所采用的修辞方式并没有发生天翻地覆的变化。无论是标榜女性主义的文字，还是一些小女人文字，都只是一种女性原有生存状态的移植。

首先，语言作为社会文化传统的载体，是一种制度化的产物，男性在一代一代地建构这种话语体系，使之成为权力体制。正如王岳川所说，男性拥有绝对的意识形态话语权，这使他们能够完全掌握文化领域中文化符号体系的操纵权、话语理论创造权和语言意义解释权。而在网络中，女性无法从根本上摆脱这种浸满了男性意识形态的话语，女性没有掌握主流话语权，她们的文字不是运用话语权，而是改写话语，是将现成的语言、现成的观念、现成的叙事模式改写得不那么"规范"，以便适于女性使用。网络话语沿袭了传统社会文化中的话语体系。虽然女性在网络空间中日益活跃和主动，日益想改变她们从属的地位，但要看到男性在网络空间中比女性更为活跃，有时也更具有进攻性。网络在拓展女性话语权的同时，早已将男性的声音扩大了无数倍。

其次，虽然博客的内容各种各样，但是其中所呈现出来的都是一种女性深层的文化心理现象，女性主义意识在时代飞速发展的背景下日益鲜明。所以网络空间中的女性，一方面是非常独立和解放的女性，另一方面又是残留男权依附意识的女性。在社会传统文化中，女性始终处于依附男性的状态，这是男权意识的一种历史性构造。而女性在这样强大的意识下不自觉地把完成这种文化塑造作为己任。所以，网络空间中的女性身上充斥着矛盾，实际上这呈现了当下女性生存状态的一种困境。反映在话语上，就表现为女性在网络中使用另一套话语策略，以迂回的方式得到男权的认可而获得有限的位置。也就是说，网络空间中女性的话语权不是在明确的反男权意识下获得的。这虽然是女性艰难的争取独立的进步，但也揭示了女性话语危机的严重性，在一定程度上可以说女性主义要在网络中崛起仍是不容乐观的。

所以，女性在网络中拓展的那部分话语空间实际上仅仅是少部分女性做到的，而且所谓的拓展了女性主义的话语空间也不过是女性原有房间外的一个露台而已，女性仍然没有走出阁楼，因为女性用以占领新空间的话语修辞方式较之现实世界中原有的修辞方式并没有本质上的改变。博客对于女性来说并没有拓展其生存空间，而只是现实世界生存空间的一种延伸而已。

二　博客没有拓展现实中女性的生存空间

1. 女性网络话语权的虚拟性

女性网络话语权的实现过于倚重网络的技术特性，因此具有不稳定性。而且这种话语权在匿名和虚拟的状态下实现，作为一种权力，实际上是一种想象中的权力。从网络传播的角度来看，博客话语传播效果的实现没有一个确定有效的保障机制。女性以博客的身份标识在网络空间中进行话语表述，其实际享用的仅仅是博客网站的各种便利，而不是分享其权威性和权力资源。女性话语权的实现在很大程度上是由博客个体的网络活动能力来决定的。女性的话语权作为一种网络话语实践，它带给了广大女性前所未有的话语空间，但由于网络的虚拟特性和博客话语实践的自我性，博客话语权在网络世界中成为一种依赖技术特性的话语权，也正是从这个意义上来说，博客的话语权目前还只是一种想象中的权力，它的建立和完善还需要一个漫长的过程。①

2. 女性网络话语权的限制性

我们应该清醒地意识到一个不可忽视的事实，那就是网络空间中的女性仍只是广大女性中的一部分，她们并不能代表大部分没有被照亮的仍然处于完全失语状态中的女性。我国作为发展中国家，由于通信基础设施缺乏、数据传输费用昂贵、网络服务项目有限等因素的制约，计算机网络尚未普及，而且女性上网者比例较男性要低近 17 个百分点。因此，这里说的女性主义只是一定阶层的女性主义而已，现在言说通过以博客为代表的网络谋求女性权利、创造女性话语、拓展女性生存空间、发展女性主义还为时尚早。

互联网作为人类生存的一个新的技术平台，由于其所带来的一系列全新体验，曾被视为一个真正民主和平等的场所，被寄予希望可以实现人与人之间的无障碍互动和交流。但是，随着对互联网认识的深入，人们发现这里并不是一个超越现实的空间，相反，这个空间里的一切都折射出现实空间的种种问题。因此，互联网虽然是一个全新的电子空间，但它仍然是现实空间的延伸，它所带来的网络化生活本身是建立在现实的人类社会生活基础之上的，并不能从根本上改变我们的社会性别结构和社会性别关系，只要这个空间与我们休戚相关，它就不可能摆脱现实中性别关系的影响，这注定了网络空间中的性别问题将长期存在。所以，女性主义的发展仍然不容乐观。但是我们也应该看到网络作为一种新兴的电子媒介，应该是有便利条件，也有义务和责任纠正现实生活中的性别偏见，虽然这是一个长期而艰难的过程，但当网络这一革命性媒体嵌入这个进程中，我们还是希冀男女平权进程会加速推进，从而真正改变中国女性的地位。

博客为女性主义的发展提供了新的契机，许多女性主义者都对博客时代的到来感到欣喜，但正如本书所阐述的，博客虽然大大拓展了女性的话语空间，但是并没有实质性地拓展女性的生存空间。

---

① 王耀龙：《博客话语权的网络特性》，《今传媒》2006 年第 10 期。

| 第二章 |

短信传播与两性关系的文化建构

短信诞生于 20 世纪 90 年代，而在我国，人们对其开始广泛关注还是在进入 21 世纪之后，但其发展速度是空前的，年发送量从 2000 年的 10 亿条增长到 2006 年的 4300 亿条。短信之所以能够得到如此快的发展，不仅是由于我国人口基数大，手机用户多，还有一个非常重要的原因是短信符合中国人含蓄内敛的性格和注重礼仪的特点，当然短信使用简单、收发便捷、传递迅速、可移动等优点也是重要的原因。

随着短信的发展，短信文学的概念在研究界尤其是文学界产生，虽然短信能否成为新的文学形式尚未得到文学界的一致认可，但短信的确具有很强的文学性，短信中运用了大量的文学修辞手段，语言具有浓厚的文学色彩，也讲究叙事、结构等传统文学注重的技巧。

短信在对现代社会生活产生重要影响的同时，对两性关系也有重要的作用，尤其对于女性来说，短信提供了一个新的话语表达空间，而且这个空间是自由开放的、能够移动的，可以使沟通与交流更加便捷、高效。运用女性主义的观点来看，短信的确给两性提供了平等交流的平台，尤其是对于女性来说，在理论上存在获得与男性平等的地位的机会，但实际情况不尽如人意。短信在为两性的平等交流提供新空间、产生积极影响的同时，也带来了一些负面效应，对两性关系发展前景的影响也不容乐观。

短信的发展极其迅速，成为现代社会信息传递的新媒介，承担起大众传播和人际传播的双重使命，甚至有的研究者认为短信已经成为继互联网之后的"第五媒介"。虽然短信是否能真正成为"第五媒介"尚未得到研究界的一致认可，但毋庸置疑，在不经意间短信已经成为现代人生活的一个重要组成部分，也在无形中影响着人们的生活方式和生活观念，对在社会中生存的人们（尤其是两性之间）的人际关系、心理状态等均产生了微

妙的影响。本章通过运用相关的理论，首先对短信的发展史进行了梳理，
然后对短信的概念进行了界定，并对短信进行了分类，简述了短信的基本
功能；其次对短信传播的过程进行了细致分析，具体分析了传播媒介、传
播者、受众、讯息、传播效果等内容，包括短信的语言特点、修辞手段
等；再次，运用后现代主义文化理论将短信对现代生活产生的影响进行了
分析；然后，分析了短信传播对现代社会两性关系的影响，从正面效应和
负面效应两个方面来进行探讨；最后，对短信的发展前景和短信对两性关
系持续影响的前景进行了简要的分析。

第一节　短信的定义、分类及功能

一　短信发展史

短信自诞生至被用户广泛使用，发展之迅速可谓一个奇迹，尤其是在
我国，短信已经发展到繁荣成熟阶段，而且不断有新的成员加入。首先来
回顾一下短信的发展历程。

世界上第一条短信诞生于 1992 年，由英国 Vodafone 公司开发成功，
是技术人员依靠 GSM 网络，通过电脑向移动电话发送的。

1998 年，我国的手机短信作为电信业的一项增值服务正式开通。

2000 年，中国移动公司和中国联通公司先后正式在我国开通手机短信
息服务。

2002 年，中国移动公司正式推出多媒体短信（即彩信）业务，手机短
信风靡一时，发送手机短信成为一种时尚。

2012 年，工信部公布的统计数据显示，全国移动短信发送量达到
8973.1 亿条，同比增长 2.1%；我国移动电话用户达到 11 亿户，其中短信
业务用户达到 7.6 亿户，渗透率为 69%。

随着技术的发展，短信也在不断地发展、完善和更新，已经历了
SMS、EMS、MMS 几个代际转换。

第一代短信：SMS（Short Messaging Service），即短消息业务。SMS 短消
息的长度被限定在 160 个字节之内，能够兼容的内容包括文本、数字或二进
制非文本数据。SMS 短消息是在 20 世纪 80 年代被提出的，在我国，这项业
务最早是在 2000 年底伴随着中国移动公司的"移动梦网"计划开始推出的。

第二代短信：EMS（Enhanced Messaging Service），即增强信息服务。EMS 诞生于 2000 年，比起 SMS 来，EMS 的优势是除了能够发送文本短消息之外，还可以发送简单的图片、声音和动画等信息，存储量更大，而且仍然可以在原有运行 SMS 的网络上运行，因此无须对基础网络进行升级，发送途径和操作也没有差别。

第三代短信：MMS（Multi-media Messaging Service），多媒体信息服务，即彩信。通过 MMS，手机可以收发多媒体消息，包括文本、声音、图像、视频等。MMS 的数据量比较大，必须有较高的传输速率才可以支持语音、互联网浏览、电子邮件、会议电视等多种数据业务，MMS 利用 EDGE（Enhanced Data GSM Evolution）技术，在 GPRS 的支持下，以 WAP（无线应用协议）为载体传送视频片段、图片、声音和文字，除了可以在手机间传送外，还可以在手机与电脑之间进行信息和数据传送。具有 MMS 功能的手机的独特之处在于其内置的媒体编辑器使用户可以很方便地编写多媒体信息。如果安装上一个内置或外置的照相机，用户还可以制作出 Power-Point 格式的信息或电子明信片。①

下面我们来看一下 2000 年以来全国短信发送量及其创造的经济效益的有关统计数据，借此可以略窥短信繁荣之一斑。

2000 年，全年短信发送量为 10 亿条；2001 年，全年短信发送量为 189 亿条；2002 年，全年短信发送量为 900 亿条；2003 年，春节期间短信发送量为 70 亿条，全年 1371 亿条；2004 年，春节期间短信发送量为 98 亿条，全年 2177 亿条，占全球短信发送量的 1/3；2005 年，春节期间短信发送量为 110 亿条，全年 3046 亿条，占全球短信发送量的近 1/3，手机用户达 3.9 亿户；2006 年，春节期间短信发送量为 126 亿条，平均每个手机用户发送 30 条，全年 4300 亿条，手机用户达 4.6 亿户，手机普及率达 35.3%；2007 年，春节期间短信发送量为 152 亿条，平均每个手机用户发送 33 条。

二 短信的定义

1. 传播学界定

对于短信如何界定，研究界尤其是传播学界有诸多看法。从所搜

---

① 徐海玲：《手机短信的新闻传播学解读》，硕士学位论文，南京师范大学，2005。

集到的资料来看，从传播学视角出发来界定短信是比较常见的，许多研究者都给出了自己的定义，下面我们就来简单看一下几种不同的看法。

手机短信是一种全新的相对独立的交互模式，融合了纸质媒介的书写、互联网的交互、无线通信的即时移动便捷和 Email 的可保存可重发的特征，具有比语言文字更为丰富的多媒体功能，是一种全新的性能优越的传播媒介，有媒体将其称为继互联网之后的"第五媒体"。[1]

对于手机短信，有人做出如下定义：它是基于报刊、广播、电视、互联网四大媒体，以个人移动终端为平台，以人机之间、人人之间的互动为传播方式，以海量信息和高速普及的通信网络为依托的新兴媒体。它为用户提供的是一种更加自由、更加详尽、更加多角度、更加具有时效性的信息服务。[2]

从技术角度来看，短信是指基于移动通信网络，利用信道传递简单消息的业务，属于一种非实时的、非语音的数据通信业务，是数字手机与中文寻呼机功能的合二为一。它可由移动通信终端（手机）发起，也可由移动网络运营商的短信平台服务器发起，还可由与移动运营商短信平台互联的网络业务提供商发起。

在传播学概念上做出的比较精确的表述则是：手机短信是以文字这种符号系统作为主要信息负载者，以无线电波作为传播渠道，以支持中英文显示的数字手机作为信息接收终端的一种现代传播方式。在一定层面上，它兼具人际传播和大众传播的双重属性，从而成为人们获取信息的又一途径。[3]

2. 文学界定

短信是否属于文学在学术界还存有争议，但不可否认的是短信已经具有了文学的特性，短信文本中运用了多种修辞手法，有起承转合，有结构有内容。从 2004 年开始，天涯杂志社就联合其他单位共同主办短信文学大赛，而且邀请了众多国内著名作家担任评委，通过大赛产生了许多优秀的诗歌、散文、小说等短信文学作品，如《扛梯子的人》《墙上

---

① 刘英姿：《手机短信的文化解读》，《湖南人文科技学院学报》2004 年第 4 期。
② 刘伟：《手机短信的六种媒体优势》，《新闻爱好者》2004 年第 5 期。
③ 张培君：《从传播学的角度解读手机短信的媒体角色》，硕士学位论文，郑州大学，2005。

的马》等。

上海大学的葛红兵教授把手机短信定义为："以手机发送为传播形式，以格言体为基础的短小精悍、时效性及文学性并具的文学新样式。"① 短信写手戴鹏飞给带有文学特性的短信下的定义是："每自然段基本 70 个字；段落结尾或幽默，或哲理，或双关，或言情；隔行；简化故事情节，淡化矛盾冲突，强化语言精彩，深化标点意义；对白生动、夸张；采用现代手法；用环境隐喻内心的一种新文体。"② 一些专业作家也发表了自己的看法：著名学者周国平说"用最少的文字来表达最多的内容，是短信文学的基本要求，我很赞赏"；著名作家韩少功说"短信是文学的零食"；著名作家莫言认为"短信文学同样可以写出流传甚至是经典之作"；诗人树才认为"短信文学不光给短信服务增添了新内容，还将给文学注入新的活力，带来新的可能"。③ 著名作家李锐、格非等也认为短信是文学，只是载体不同而已，不能因为文学载体的不同而否认短信的文学本质，而且他们认为短信同样可以达到与传统文学一样的艺术水平，不会比其他载体的文学差。

短信的文学性已经得到了文学界的认可，短信已经成为文学的新载体。文本短信中大量运用了传统文学采用的比喻、拟人、排比、对偶、顶真等修辞手段，同样也讲究叙事方式、文章结构等，与传统文学并无二致。2004 年 8 月我国第一部短信小说《城外》问世，并以 18 万元的高价售出；同年 11 月在上海和北京同时首发的《距离》号称是"中国第一部真正意义上的手机小说"，采用了彩信的形式向读者发送。这都体现了短信已经被社会作为新的文学形式接受了。

3. 对本章所探讨的短信的界定

从不同的角度出发，对短信就有不同的认识，根据研究目的，本章所探讨的短信具有如下几个特征。

第一，在两性之间传播，至少一方确知是异性传播；第二，主要指文本短信，语音短信（包括彩铃）、多媒体短信仅作为背景资料；第三，不

---

① 王凌虹：《在语言狂欢的背后——"灰色短信"的后现代文化症候及社会文化原因》，《红河学院学报》2006 年第 3 期。
② 《短信：悄然改变传统》，《中国民航报》2005 年 3 月 2 日。
③ 天涯杂志社编《E 拇指短信文学选粹——中国全球通第二届短信文学大赛优秀作品》，南海出版公司，2005。

包括广告、新闻、天气预报等公共信息类短信；第四，以移动电话为载体收发，包括手机、小灵通；第五，短信来源不计，可原创，可转发，可为短信写手之作。

三 短信分类

到目前为止，对短信的分类还没有一个统一严格的标准，许多研究者出于不同的研究目的，提出了不同的分类方法。有的按照表现形式将短信分为文字短信、语音短信、图片短信和多媒体短信；有的按照内容大致将短信分为信息沟通类短信、情感交流类短信、娱乐休闲类短信三大类，但之下的小类则有多种不同的划分方法。

1. 三大类分类法

这种分类法主要将短信分为三个大类，即娱乐休闲类、情感交流类、信息沟通类，强调了短信的娱乐、沟通、表达情感的基本功能。在这三大类之下又细分为十几个小类，将短信运用的基本方面大致囊括其中（见表2-1）。

表2-1 三大类短信分类法

类型	娱乐休闲类	情感交流类	信息沟通类
具体内容	幽默调侃类 整人类 黄段子 短信小说 短信诗歌	友情类 爱情类 节日祝福类	新闻类 预告类 通知类 手机版报纸

资料来源：王莉《对短信文化流行的分析》，《东南传播》2005年第8期。

2. 小类分类法

《新周刊》委托北京勺海市场研究公司对北京、上海、广州三个城市的居民做了一项有关手机短信消费行为的调查，这份调查将短信分为问候语、笑话、黄段子、闲聊、股票信息、互动游戏、正经事情、情感表达、工作沟通、图片、彩票信息11类，并对使用短信的消费者的年龄和各类短信的使用率做了统计（见表2-2）。

表 2 - 2　不同年龄对不同类别短信的使用率

单位：%

年龄 短信类别	15~19岁	20~25岁	26~35岁	36~45岁	46~55岁
问候语	56.7	61.6	72.8	75.0	50.0
笑话	56.7	63.7	51.2	30.9	22.7
黄段子	6.7	14.4	6.4	4.4	8.7
闲聊	86.7	76.0	57.6	27.9	31.8
股票信息	4.8	6.4	2.9	4.5	4.6
互动游戏	3.3	2.1	3.2	2.0	—
正经事情	60.0	56.2	62.4	58.8	68.2
情感表达	40.0	43.8	31.2	8.8	9.1
工作沟通	23.3	34.9	49.6	39.7	31.8
图片	30.0	17.8	12.0	4.4	4.5
彩票信息	3.4	4.0	2.9	3.1	—

资料来源：项国雄、黄小琴《从人际传播的角度对手机短信进行文本解读》，《现代传播》2004年第6期。

专业短信网站上的分类更为细致，新浪网的短信频道中列出的短信就有非常笑话、饮食男女、头条新闻、娱乐新闻、新闻快递、爆笑空间、爱情加油站、新浪英语角、财经风向标、娱乐空间、体育梦工厂、时尚生活苑、游戏修炼场、便民服务坊等类别；网易在短信频道中列出了新闻时事、足彩资讯、移动股市、保健养生、每日笑话、生活资讯、星座预测、天气预报、脑筋急转弯、心理测试、招聘信息等类别。其他的门户网站也都有各自的短信频道，其中罗列的类别也是多种多样。短信已经成为网站盈利的重要来源，据报道，2007年前后网站收益的30%~40%来源于短信订阅服务。

3. 本章所研究短信的分类

本章将短信大致分为娱乐休闲类、情感交流类、信息沟通类这三大类，其下又分为若干小类，如娱乐休闲类短信分幽默笑话、整人短信、益智短信（对诗、猜字句、测试），情感交流类短信又可分为友情短信、爱情短信、节日祝福短信、闲聊短信、暧昧短信，信息沟通类短信又分为工作短信、生活短信等。

（1）娱乐休闲类短信。

娱乐休闲类短信主要是用来消遣娱乐的，是短信乐趣的来源，也是

"拇指族"为短信着迷的一个重要原因。

幽默笑话类短信是娱乐休闲类短信的重要组成部分，也是"拇指族"发送短信的重要内容，是现代人在竞争越来越激烈的社会中宣泄情感的重要手段和方式。例如，"我对房东说房子很满意，价格也合适，可我总觉得周围环境有些乱，安全问题……不等我说完，房东就说：'您放心租住，附近三个抢劫的和两个小偷昨天都被抓走了……'"，在收到这样的短信后，都会莞尔一笑，体验到短信带来的快乐。

整人短信也被称为调侃短信，主要是用来调侃短信接收者的，几乎所有的短信使用者都接收过此类短信。例如，"小驴对妈妈说：'妈妈，愚人节有人给我发恶意短信了，我回不回？'妈妈说：'别上当，猪才回，是驴就不回！'"，这样的短信让人哭笑不得，回不回都不行。

益智短信也是比较常见的短信，通常表现为对春联、对诗、猜字（并连成一句话）、歇后语、小测试等。例如，"天鹅飞去鸟不归，怀念昔日空费心，云开月下双七影，水流几处又相逢，日落月初人倚月，单身贵族尔相随。（我不能没有你）"，这就是一条猜字连句的短信。

（2）情感交流类短信。

情感交流类短信主要用来表达情感，联系、维系、增进感情，是日常短信中非常重要的组成部分，尤其逢年过节的时候，不管是远隔万里还是近在咫尺，很多人都愿意用一条短信来承载自己对对方的浓浓深情。

友情类短信非常普及，运用广泛，不管亲疏远近，都可以通过短信来传达情谊、表达情感。例如，"朋友就像片片拼图，结合后构成一幅美丽的图画，如果不见了一片，就永远不会完整，你就是我不想遗失的那重要的一片！"，字里行间都透露出浓浓的深情和友谊，很好地传达了朋友的深深祝福，这种形式也适应了中国人情感含蓄的特点，友情在短信的传递中得以充分表达。

爱情类短信是两性之间情感沟通的一个重要桥梁，也是本书讨论的重点。随着现代通信工具的广泛应用，情书的表现形式从书信演变为电子文本，发送爱情短信如今已经成为一种时尚的爱情表达方式。无论是仰慕、追求，还是热恋，短信的方便快捷，尤其是信息传递的私密性和含蓄性，都使其成为现代人表达爱情最好的桥梁和纽带。例如，"如果有1000个人从我身边走过，我也能分辨出你，因为999个人是踏在地上，只有你踏在我的心里"，这样的短信能够传递到情人的心里，其中蕴含的浓浓爱意总会让情人深深感动，而且短信给人充分的想象空间，也给了爱情以幻想的空间。

节日祝福短信是节日里最方便、快捷而有效的传递祝福的工具，现在的节日极其丰富，一年大大小小、国内国外的节日数不胜数，在如此多的节日里，祝福短信成为时代的宠儿，满载着祝福奔向人们的手机。例如，"在新的一年里，祝你一帆风顺，二龙腾飞，三羊开泰，四季平安，五福临门，六六大顺，七星高照，八方来财，九九同心，十全十美"，这样的祝福会让人感觉非常温馨，而且传达了发送者浓浓的情谊。

闲聊类短信也是短信的一个重要部分，在年轻人中广为流传，深受年轻人的喜爱。因为短信可以随想随发，而且资费低廉，集诸种优势于一身。在大学校园里，随处可见的"拇指族"几乎都有过短信聊天的经历，而且很多人已经习惯了这一方式，甚至很少打电话聊天了。

（3）信息沟通类短信。

信息沟通类短信主要用于工作联系和生活联系。工作中短信的应用已经非常普遍了，会议安排、日程调整等信息都可以通过短信来传达，短信在工作中应用的广泛程度甚至可以与 QQ、MSN 等相较。生活中的短信应用同样极其广泛，短信的方便、快捷、低廉、有效的特点被使用者所看重，生活中的诸多琐碎小事都可以通过短信来完成，人们使用短信的频率甚至比电话还要高，短信的优势凸显。

四　短信的功能

短信对现代社会生活产生了重要的影响，已经深入生活的各个方面，不同类型的短信具有不同的功能和用途，在使用短信的时候，人们会根据不同的目的选择适合实际情况的短信。从短信的分类来看，短信具有娱乐功能、情感沟通功能、信息传递功能等，下面就来具体看一下短信的这些功能是如何体现的。

2002 年，华东师范大学对大学生使用短信的情况做了一个调查，发现社交类短信使用率达 48%，抒情短信使用率达 86%，搞笑短信使用率达 60%，真正用于工作、学习沟通的短信占短信使用总量的比例很低，娱乐性成为短信的重要特性之一。① 短信已成为现代人的休闲娱乐方式，人们

---

① 李林悦：《论当代手机短信文化的民间性》，《宁波广播电视大学学报》2006 年第 1 期。

工作越来越忙，生活节奏不断加快，休闲娱乐的时间越来越少，而短信价格低廉、收发便捷，成为人们忙里偷闲、轻松娱乐的首选方式。轻松诙谐、幽默搞笑的短信通常会使人们忘记工作、生活的劳累，尽情享受那难得的欢笑和愉悦。娱乐功能是短信的重要功能之一，尤其对于"拇指族"来说，短信已经成为娱乐的重要来源。下面来看一些幽默短信，借以了解这类短信的魅力。

还记得那年在树下军训吗？教练对同学们说："第一排报数！"你惊讶地看着教练，教练又大声说了一遍："报数！"于是，你极不情愿地转过身去抱住了树！

从前，有一个姑娘叫乔妮娜，她和一个叫沙德的小伙子相爱了。他们在一起看星星时，一颗流星划过天空。于是，他们将这颗星命名为乔妮娜沙德星。

沟通情感也是短信的重要功能之一，短信可以培育爱情、维系友情、联络亲情，为现代人提供了方便、快捷、高效的沟通手段。爱情短信是恋人之间的天使，承担着传递爱情的重任，而且现在越来越多的人选择短信作为维系情感的主要方式，因为短信比情书、电话、电子邮件等方式更具有优势。现代人生活在"陌生人社会"中，自己的亲友很多不在同一个地方，空间的距离大大减少了彼此之间面对面交流的机会。在短信出现之前，大多是采用书信、电话、电子邮件、网上聊天等方式来沟通情感，但是仍然存在许多不足，在时空选择上有许多不方便的地方，而短信的出现正好可以弥补这些缺憾，做到了随时随地沟通，真正实现沟通无阻隔，只要是在通信卫星信号可以覆盖到的地方就可以交流。短信在情感交流上有着独特的魅力，下面就来看一些充满浓浓情谊的短信。

不是因为寂寞才想你，而是因为想你才寂寞。孤独的感觉之所以如此之重，只是因为想你想得太深。

愿甜蜜伴你走过每一天，温馨随你度过每一时，平安同你走过每一分，快乐陪你度过每一秒。

大海之深，不及你我情谊深；钻石之贵，不及你我友谊珍贵；天变，地变，你我友情永远不变！

传递信息也是短信一项重要和基本的功能，短信诞生之初，主要就是用来传递信息的。在生活和工作中，短信都起到了很大的作用，使事物的安排更加便捷高效。在工作中，短信可以用来安排会议，提醒对方其他的相关信息，甚至可以用来与商业客户谈判，用途极为广泛。在生活中，短信对于安排生活琐事非常合适，很多事情让人觉得没有写信、发电报、打电话的必要，简简单单一条短信就可以完成。短信因而受到越来越多人的欢迎和信赖，甚至有人产生了"短信依赖症"，一天收不到几条短信就会觉得不安，甚至情绪低落。

2004 年，首次中国短信使用趋势的全国性调查结果揭晓，调查发现，短信已成为我国用户传递非正式信息的标准方式：86%的被访者准备用短信向朋友拜年；90%的被访者承认曾经使用短信为朋友发送生日祝福；61%的被访者说他们曾通过短信提出约会请求；8%的被访者说他们会通过短信求婚；12%的被访者表示会通过短信来拒绝对方。调查还揭示，在我国，89%的被访者会给朋友发短信；58%的被访者会给家人发短信；30%的被访者则主要给男朋友或女朋友发短信。同时，在 23～35 岁之间的被访者中，55%的人每天发 20 条以上的短信。①

第二节　两性之间的短信传播活动分析

一　传播媒介

传播媒介又称信道，是讯息的搬运者，也是将传播过程中的各种因素连接起来的纽带。②

1. 短信具有成为第五媒介的潜质

麦克卢汉的"媒介即讯息"理论认为，媒介是社会发展的基本动力。每一种新媒介的诞生，都开创了人类感知和认识世界的新方式，传播媒介的变革大大改变了人类的感觉，同时改变了人与人之间的相互关系，并且创造出了新的社会行为类型。电子媒介，尤其是广播电视网络的普及，已经改变了人们必须群居或者集中在某个区域才能够获取信息的状况，以瞬

---

① 张培君：《从传播学的角度解读手机短信的媒体角色》，硕士学位论文，郑州大学，2005。
② 郭庆光：《传播学教程》，中国人民大学出版社，1999，第 59 页。

时的传播速度和强烈的现场感、目击感，把遥远的世界拉得很近，使人与人之间的距离大大缩小，人类在更大的范围内被重新部落化了，整个世界就依靠媒介变成了一个"地球村"。短信的出现，目前在一定程度上已经开始改变人与人之间的相互关系，即使足不出户，人们凭借手机也可以与人交流，还可以获知所需要的信息。实际上，短信凭借着即时、快捷、方便、互动等种种优势，已经创造出了一种崭新的社会行为类型。

第五媒介是指继报纸、广播、电视、互联网之后出现的又一种理想的新兴传播媒体，能够将网络和电视的功能集于一体，通过宽带流媒体技术，把各种文字、图像或音频信息数字化后再传输给用户。短信是否已经具备了第五媒介的特性，在研究界尚无定论，但是其兼具大众传播和人际传播的功能，具有成为第五媒介的潜质。

有研究者认为，第五媒介应该是能够将报刊的"存内容于家庭"的优点、广播电视"用户自由增长"的优点和网络媒体"个性化服务"的优点整合在一起的一种新的传媒形式，而且非常重要的一点是移动性，即第五媒介应该是一种可移动媒介。移动媒介是一种具备移动性的可接入电信网、互联网和广播电视网的，并且具有大众传播媒介功能的接入终端。要成为移动媒介，首先应具备以下几个特点：传播主体的交互性、传播媒介的移动性、传播网络的融合性、传播内容的丰富性、传输条件的宽带化、传播工具的可存储性。① 短信已经基本具备了移动媒介的潜质，而且随着彩信的发展和手机4G时代的来临，短信作为移动媒介的可能性不断增加。

第五媒介是在原有四种媒介的基础上发展起来的，它的兴起并不意味着取代原有的媒介，媒介发展史也已经证明，任何新兴的媒介都无法取代既有媒介。② 新兴媒介与既有媒介之间肯定会产生激烈的竞争，但也会相互补充、相互促进、共同发展。从目前的情况来看，短信传播功能的实现在很大程度上得益于原有四种媒介的支持，至少，新闻资讯的来源在很大程度上依赖于原有媒介的既有资源。

而且，由于文本字数受到限制，短信的传播深度受到比较大的影响，人们往往是通过短信快捷地得到简要信息，如果需要进行详细了解，那就只能借助原有媒介了。目前来看，短信和原有四种媒介既竞争又合作的关

① 付玉辉：《第五媒体与手机短信》，《南通大学学报》（哲社版）2005年第1期。
② 马宁秀：《简析兴起于手机短信的第五媒体》，《新闻战线》2005年第5期。

系还将长期存在，短信还不具备自立门户的能力。随着人们对传媒需求的多元化，短信和其他媒介一样只需要在这种情况下尽力担当起自己应当担当的角色，更加合理地对资源进行开发分配，更加有效地传播信息，从而共同推动中国传媒业的发展。

2. 短信与其他媒介的比较

无论短信能否成为第五媒介，作为新兴媒介，与其他媒介相比，短信确实具备一定的优势，所以才能受到人们的青睐。短信作为人际传播的重要手段，在现代社会发挥了重要的人际沟通工具的功能，下面通过短信与其他传播媒介的比较来探讨一下短信的优势和特点。

（1）短信与书信。

与传统的书信相比，短信的优势是非常明显的，因而现代人开始热衷于用短信来代替书信。短信比书信传播的速度快，虽然少了"家书抵万金"的期待，但及时了解亲人是否平安应该是人们更需要的。短信在传播过程中不容易丢失，不需要中间环节，具有高效抵达的特点，而书信在邮寄的过程中中间环节过多，易发生丢失的情况。当然，短信的字数受到限制，在交流的深度上不如书信。短信也不能辨别笔迹，缺失了书信所具备的一个重要信息。在现代社会中人们的生活节奏越来越快，很少有时间再坐在桌前，给远方的亲友写一封信，在没有短信之前，人们宁愿选择电话作为交流的工具，短信适应了现代人的快节奏生活，而且迎合了人们方便、高效的心理需求。

（2）短信与电话。

电话是现代社会人们之间交流的重要工具，主要是通过语音的传递来实现信息和情感的交流，当然可视电话的发明让电话具备了图像与语音同时传播的特点。短信与电话相比，同样具有一些优势。短信比电话成本低，这也是短信一诞生就得到迅猛发展的重要原因之一。发送短信不必双方同时在场，而且也不会占线，而电话必须要求双方同时在场，一方不在场，交流就无法完成。短信具有可存储的特点，交流内容都可以记录下来，而且即使对方不在场，也可以传递信息，电话却做不到这样。短信更加随意，不像电话那样正式，生活中的一些琐碎问题都可以通过一条短信解决。短信还具有去现场性，对方不能获知自己的声音、表情和动作，容易保护自己。短信比电话的隐秘性好，电话尤其是移动电话的通话内容，很容易被人窃听，而且在公共场所使用电话的时候，交流的内容容易被别人听到，如果通过短信交流，就没有这样的麻烦，短信只存在自己的手机中，只有想给别人看，别人才能了解交流的内容，如果不告诉别人，别人甚至不知道自己在与他人交流。最后，在公共场所，比如公交车、图书馆、医院、教室等，使用电话交流是极其不方便、不礼貌的，而短信则能轻而易举解决这些问题，既达到了交流的目的，也不会显得不礼貌。当然，电话也有自身的优势，电话更容易把问题说清楚，不费时（短信需要输入文字的时间），交流时对方可以通过多种渠道来了解交流内容，不仅依靠话语内容，而且还可以通过语气来判断对方的情绪。

（3）短信与电子邮件。

电子邮件是在第四媒介——互联网兴起以后才逐渐被人认知的，也可以被视为书信的电子版，发送简便、即时，得到网民的喜爱。短信与电子邮件相比，同样具有自身的特点和优势。发送短信比发送电子邮件更简便、更随意，要发送电子邮件必须能够上网，这就限制其使用的灵活性，短信恰恰解决了这些问题，成本低、方便、灵活，互动性甚至比电子邮件都好。

（4）短信与网络聊天工具。

目前国内网民使用最多的网络聊天工具是 QQ、MSN、Skype，尤其以 QQ 最为普及。由于这些聊天工具的基本功能差不多，下面就以 QQ 为例与短信进行一个简单的对比。短信和 QQ 有很多相似之处，都是利用文字（当然后者也可以利用语音和视频，但仍需要配备相关设备），都具有互动性，都是即时通信，而且同样具有存储功能，可以有一方不在场，而且价格都很低廉（QQ 是免费聊天工具）。短信与 QQ 相比较同样有自己的优势，短信具有移动性，可随时随地收发，而 QQ 则要依托互联网。另外，QQ 很容易受到病毒攻击，号码被盗的现象也时有发生，而且很多时候交流的双方素未谋面，交流内容中容易出现虚假信息，而短信的收发双方一般具有现实中的社会关系，可信度高。当然，也不得不承认，QQ 要比短信的空间大，可以收发比较大的文件、资料。

通过短信与其他媒介的比较，可以大概归纳出短信具有的几个特点和优势，这也是在现代社会中，人们在众多传播媒介中选择短信的部分原因。

第一，内容的隐秘性。短信是一种极私人化的媒介，是一种完全私密的沟通方式，这就为用户提供了方便，利用短信可以传递最隐秘的信息，不用担心别人会窥见这些信息，给使用者一种安全感。

第二，方便快捷。可以说，短信比起任何一种媒介来说都更加便捷，短信既是电子时代的数字传媒，又具有移动性，可以随时随地进行传播，不受时间、空间的限制。

第三，高效。短信提供的空间不大，这就要求发送者言简意赅，表达尽量简洁。而且短信可以直接传递到人们的身边，更直接，不像电子邮件，要上网打开邮箱才能查看。短信所依赖的工具——手机，是人们随身携带的，所以，要想获得最及时的回复，最佳的选择就是发送短信。

第四，价格低廉。短信的发展得益于资费的低廉，当然短信不像电话要占用通信网络的空间，从技术上讲只是语音通信的一个附带功能。短信与电话、电子邮件、网络聊天工具相比，价格都是相对低廉的，电话通信就不用说了，电子邮件和网络聊天工具看似是免费业务，但购置相关的硬件设备需要比较大的花费，而且还要缴纳网费。

第五，受众广泛。2007年统计数字表明，我国手机用户已经超过4亿人。调查也显示，手机用户中有超过70%（保守数字）的人使用短信功能，因而可以说短信的受众在各类人际传媒中是最多的。

第六，即时互动性。互动性是人际传媒必备的特性之一，而短信具有即时互动性，能够使发受双方随时取得联系，进行交流沟通。书信同样具有互动性，但互动频率不够，耗费的时间太长。当然网络聊天工具和电子邮件也都能做到，但总体效果不如短信，因为短信的移动性使短信的即时互动落到了实处。

第七，可存储性。短信的发送不受对方是否在场的制约，即使对方不在场，或者手机处于关机状态，短信也能自行存储，待对方开机以后同样能够接收到信息，而不像电话，占线就会影响交流。同时，短信文本也可以存储于手机之中，可以留待日后查看，或转发他人，甚至可以作为法庭证据。

第八，随意性。短信被人们接受和喜爱的一个重要原因就是它具有的随意性，有很多小事，人们认为没有必要打电话或专门打开电脑，只要一条短信就可以轻松把问题解决。短信的随意性还体现在人们经常收发一些娱乐短信，或者利用短信来聊天，短信可以营造一种轻松愉快的氛围，让人充分享受其中的乐趣。人们很少会打电话给对方讲笑话，有了短信，发现或者自创一些有意思的内容，拿来与朋友们分享，共同享受乐趣，其乐融融，何乐而不为呢？

第九，去现场性。也可以理解为信息缺失性，因为文本短信依靠的仅仅是文字（当然还有一些简单符号），没有声音、表情、动作，听不出语气，看不到表情，只能依靠文字来进行想象，当然这也为人们提供了充分的想象空间。在接收到短信时，人们可以迅速回复，也可以思考一段时间后再来回复，甚至可以不回复，由于对方无法感知自己的反应，这就使沟通脱离了限定的场所，对双方而言都更为轻松随意、自由自在。

当然，短信虽然具有很多特点和优势，但是人们总是会感觉不如原初的面对面的人际交流那样完美。当面交流是任何需要媒介中转的交流所不可比的，短信也是一样。但是在现代社会中，人们每天都在为工作奔波，为生活劳苦，很少有时间能够坐下来与亲友进行面对面交流，这是媒介发展造成的恶果，也是新的传播媒介诞生的原因和存在的意义。短信可以说是最适应现代社会生活特点的一种人际传播工具，能够给人们提供信息，完成人们之间情感的交流与沟通，成为深受人们青睐的传播工具。可以说，现在短信已成为一种无法替代的人际交流方式，也将必然地影响并改变现代人们的表达方式。

二 传播者

传播者又称信源，指传播行为的引发者，即以发出信息的方式主动作用于他人的人。在传播活动中，传播者既可以是个人，也可以是群体或组织。[①]

传播者作为传播活动的发起者，具有重要作用，在两性间的短信传播活动中，主动发送信息的人对整个传播活动会产生重要的甚至是决定性的影响。两性之间，是否开始短信交流掌握在首先发送短信的一方手里，没有性别的区分，任何一方都可以首先发送短信，但现实中往往是男方主动开始，尤其是在恋爱中的男女之间。这符合社会正常的两性关系模式，男子一般都会被认为是应该主动的一方。当然基于不同的目的会有不同的情况出现，前文对短信进行了比较详细的分类，下面就根据分类来看一下具体的情况。

---

① 郭庆光:《传播学教程》，中国人民大学出版社，1999，第58页。

娱乐休闲类短信中的幽默笑话和整人短信是短信使用者非常喜爱的，在发送这些短信时基本没有性别区别，一般两性都会积极地与对方分享此类短信，博取对方一笑。而益智短信尤其是爱情测试类短信的传播者则多为女性。猜字连句的短信与测试类短信相仿，不仅是考验接收者的智力，更重要的是传达自己的心意。

情感交流类短信是联系两性之间情感的重要纽带，也是使用最频繁的短信之一。两性间的友情短信以女性首发的情况居多，这与女性温柔体贴、心思缜密的性格特点是分不开的。而且女性发送的友情短信大多是情意绵绵、温馨感人类型的。例如，"朋友就是雨天里的那把伞，朋友就是晴空里的那阵风，朋友就是感冒时的那剂苦药，朋友就是连在一起的两块肉，当一块痛时，另一块也跟着痛"。而男性发送的友情短信则大多带有调侃味道，更加幽默搞笑，这是两性发送短信的重要区别。爱情短信是情人之间感情的桥梁，发挥着重要的作用，有很多是山盟海誓。对于恋爱中的男女来说，爱情短信已经代替了以前的情书。现在有很多恋人相互记录对方发送给自己的短信，用作爱情的见证，也是彼此之间浪漫的收藏。通过发送爱情短信来坚固自己的爱情堡垒成为现代两性的通用模式，收到爱情短信甚至比接到对方的电话还要兴奋，而且短信具有耐存储性，可以方便地留存住那些浪漫美好的瞬间。

节日祝福短信也是两性之间交流情感的重要方式，不管中国的传统节日还是西方的"洋节"，现代社会的人们都习惯用短信来互致问候。一般来讲，女性因其特有的性格特质，往往成为首发祝福短信的一方，男性由于不太重视各种各样的节日，尤其是小节日，所以一般会在接收到祝福短信之后再发送祝福给自己的亲友。

闲聊短信的发送一般也没有明显的性别区分，发送者一般是在自己闲暇、无聊、郁闷时想起用短信来聊天，而且女性一般会在闺中密友之外，选择男友或关系非常好的男性朋友聊天，一般不会跟关系一般的异性通过短信聊天。而男性则经常会在有空余时间或心情不好的时候选择群发式聊天，一般会选择给自己感觉不错的女性发送聊天短信，当然一般会首先考虑到自己的女朋友。

对于暧昧短信，一般来说，男性比较倾向于发送此类短信，仅有个别女性会将此类短信发送给异性朋友。男性在发送此类短信时一般都抱着好玩、调侃的心态，并非认真对待，这也体现出男性的主动性。

信息类短信在传播者层面上基本没有性别区分，大多是因为实际需要才选择发送此类短信的，所以达成目的即可，甚至很多都不需要接收者的回复或反应。

三 受众

受众，即信息的接收者和反应者，传播者的作用对象。"作用对象"一词并不意味着受传者是一种完全被动的存在，相反，其可以通过反馈活动来影响传播者。受传者可以是个人，也可以是群体或组织。[①]

1. 受众接收短信后的反应

在两性间的短信传播过程中，作为受众，即接收短信的一方，会对接收到的短信做出适当的反应。短信虽然是即时通信工具，但也具有延时反应的特性，在收到短信之后，受众可以立即回复，也可以延迟回复，甚至不回复。这是短信所具有的特点之一，也是其备受人们喜爱和关注的原因之一。

对于一般的娱乐类短信和祝福短信，受众的反应大多有以下几种。第一种，不回复。这是由于接收此类短信过多，已经没有太多新鲜感了。第二种，回复同类短信。这是出于礼貌或交换信息的考虑，一般是直接或稍微修改后转发已有的类似短信。第三种，回复问候或聊天短信。一般是受众与短信发送者已经有一段时间没有联系，或确知对方最近经历了比较重要的事情，想了解对方近况，也有出于礼貌原则的考虑。第四种，延迟回复。一般是由于双方关系一般或受众接收短信后没有时间回复，对于前者，受众开始不回复是因为并不重视对方，而后来回复则主要是出于礼貌或担心既有关系恶化。

对于信息类短信，受众在很多情况下都不会回复，或者仅回复简单的"好的""知道了""收到"之类的答复信息，再有一种可能就是因为某些细节不清楚而回复询问。

下面着重讨论一下受众对暧昧短信的反应。暧昧短信是非常复杂的一类短信，不太容易下一个准确的定义，但是大致的特征是比较容易把握的。所谓暧昧短信，简单说来就是涉及性的短信，当然很多时候并不是在

---

① 郭庆光：《传播学教程》，中国人民大学出版社，1999，第58页。

文本短信中直接体现出来的，而是需要经过受众想象、推理才能得出判断的，这就更体现了短信的特性之——隐秘性。受众在接收到暧昧短信之后，通常的反应有以下几种。第一种，不回复并删除。这样的受众一般是极度抵触此类短信的，隐含拒绝对方的用意，也是提示对方不要再发送类似短信。第二种，不回复，储存。这样的受众可能是抱着好玩、好奇的心态，偶尔会将短信翻出来仔细分析一下，或者日后转发给自己的朋友，或者不明白对方的用意，需要考虑定位的。第三种，回复，批评对方。这样的受众一般也是比较抵触此类短信，并希望对方不要再发送类似短信。第四种，回复同类短信。这样的受众一般与发送者关系密切，彼此知根知底，仅把此类短信作为娱乐手段，或者接受对方的暧昧暗示，与对方有着相同的暧昧心理。第五种，回复分析短信内容的短信。这样的受众一般是经常收发此类短信，比较老到，当然也有一部分是因为没有完全看懂短信的内容而询问。

最后来看一下受众对爱情短信的反应。爱情短信一般可以分为表白、追求、热恋、婚约、分手等几类，处于不同阶段的男女对短信的反应不尽相同。对于表白短信，受众如果接受表白，一般就会很快回复，与发送者积极进行沟通，如果不愿接受表白，同时又要顾及对方的面子和双方日后的关系，就可以延迟回复，委婉拒绝，同样也可以不回复，这样对方就会明白自己的心意。对于追求短信，当然这个阶段的男女已经确定关系了，一般来讲，受众会感觉温馨甜蜜，并且会积极回复，这样双方的关系会继续升温。或者，受众想考验对方的感情，故意延迟回复甚至不回复，对方可能就会发送更多的短信来问候，这样受众就会得到满足。热恋短信是处于恋爱期的男女非常重要的工具，一般受众都会积极回复，甚至编写回复短信的时候是迫不及待的，会觉得收发短信的速度太慢了。用短信来求婚是当今的时尚，调查显示，大概有8%的人选择用短信求婚，比起传统的求婚方式，这种方式既省事又可以避免造成尴尬，还可以给对方一个思考的空间，非常适应国人的需要。当然，现在用短信来充当结婚请柬的也越来越多，前文已述，不再赘述。分手短信更是对现代两性关系的一大贡献，方便快捷，比传统的书信更有优势，而且避免了当面告知的尴尬，受众通过短信获知分手的消息，不会觉得面子上太难看，自尊心得到保护，可以使自己所受的伤害降到最低。

2. 成为传播者

受传者和传播者并不是固定不变的角色，在一般传播过程中，这两者能够发生角色的转换或交替。一个人在发出讯息时是传播者，而在接收讯息时则又在扮演受传者的角色。[①]

在两性间的短信传播过程中，传播者与受众的身份并不是固定不变的。由于短信是一种人际传播的工具，双向性和互动性是人际传播的基本属性，所以受众在接收到传播者的短信后，只要进行回复，就马上变为传播者，而原先的传播者就成了受众，只要这样的传播活动继续进行，受众与传播者的角色就会不断地互换。受众在成为传播者之后，就会掌握新的传播活动的主动权和控制权，他可以遵从合作原则，继续前一传播活动的话题，也可以找新的话题，要求对方参与自己建构的话题。

四　传播内容

又称讯息，指由一组相互关联的有意义符号组成，能够表达某种完整意义的信息。讯息是传播者和受传者之间社会互动的介质，通过讯息，两者之间发生意义的交换，达到互动的目的。[②]

1. 文本短信的特点

中国传统文化具有含蓄、内敛、不张扬的特性，追求"山重水复疑无路，柳暗花明又一村"的深幽意境，中国人的性格也多被认为具有庄重、理智、拘谨的特点。含蓄内敛的民族性格决定了中国人更愿意用文字的书面形式来表达情感，中国几千年的深厚文化积淀以及汉语独有的魅力为文本短信的发展提供了极其有利的条件。中国人在很多时候不愿意当面表达情感，包括父母、恋人和同事之间，短信虽然字数不多，但适应了中国人含蓄内敛的性格特征，所以深受中国人的喜爱，我国短信的年发送量占世界总发送量的1/3，这便是很好的证明。中国人性格中有豁达、乐观、幽默的一面，汉语是几千年传统文化的结晶，汉字的音、形、意可以相互转化、借代，故很多俚语、歇后语，往往能产生诙谐幽默的效果。短信很好地体现了文字本身的魅力，用浓缩的语言来调侃生活，透露出中国人稳重

---

① 郭庆光：《传播学教程》，中国人民大学出版社，1999，第58页。
② 郭庆光：《传播学教程》，中国人民大学出版社，1999，第58页。

而又圆通的品格。

文字还具有模糊性，很多时候，同一段文字在不同的语境之下会有不同的含义和效果，甚至在相同的语境下也可能产生不同的理解。有些人就充分利用了文字的模糊性，有意制造一些歧义，造成语言的多义理解，来掩盖自己的真实目的。在暧昧短信中，大量存在利用模糊性来表达隐蔽含义的情况。在两性之间，发送暧昧短信还是存在一定风险的，因而很多人为了既表达出自己的想法又掩盖自己的企图，就故意使短信表达变得含混不清，以方便自己从有可能造成的尴尬局面中顺利脱身。

2. 短信文本修辞分析

短信就是短信传播活动中的传播内容，前文已经讨论过短信的文学性问题，在这里再着重分析一下短信一般运用的修辞手法，也是对短信具备文学性观点的旁证。

短信中运用了多种修辞手法，在 70 个汉字的限定范围内，正是这些修辞的使用大大增加了短信的魅力。在短信中经常会出现押韵、谐音、叠音等语音修辞手法，给人朗朗上口、音律优美的感觉，如"天气变得好快，寒流悄悄袭来，因为你的可爱，所以给你关怀，晚上毯子要盖，别把猪脚冻坏，没事儿叼根骨头，那样可以补钙，不要再骂我坏，祝你天天愉快"。

比喻是短信中常用的修辞手段，也是最古老的修辞手法之一。好的比喻能够变抽象为具体，使短信更富有内涵和寓意，还能使具体的东西变得更加形象生动、新颖别致。例如，"好女人是水，温柔甜美；好女人是山，美丽端庄；好女人是花，人见人夸。祝节日快乐"，这条短信把女人温柔、高贵、美丽的气质特征用水、山、花喻指出来，用恰当的比喻对女性进行了赞美。

比拟也是常用的修辞手法之一，恰当地使用能够给人生动活泼、栩栩如生的感觉，能增强语言的形象性、生动性和感染力，有利于抒发感情，也能引发人的无限遐想，体味它的意境，并获得一种艺术的享受。如，"白云不向天空承诺，但朝夕相伴；风景不向眼睛说出永恒，但始终美丽怡人；星星不向夜空许下光明，但努力闪烁；我不向你倾诉思念，但永远牵挂。格外地想念你！祝新春快乐"，这条短信将白云、天空、风景、眼睛、星星、夜空都拟人化了，使这些事物都具备了人的情感，暗合发送者对接收者的浓浓情谊。

排比是短信中经常使用的一种修辞手法，尤其是祝福类短信中使用得很多。排比的运用能够弥补词穷而意未尽的缺陷，不仅能很好地表情达意，而且能够给人一种清晰明快的节奏感。排比的使用还可以起到加强语气、增强语势的作用，能使语意畅达、层次清楚，而且便于抒情。短信中的排比句式常常与比喻、比拟、反复等修辞手法联合使用，这就使排比更富有艺术性和感染力。例如，"月光很美比不上朋友的安慰；星星很美比不上友情的点缀；夜空很美比不上友谊的珍贵。中秋到来，愿你天天快乐"。

对偶也是短信中经常运用的一种修辞手法，是从古诗中脱胎而来的，所以具有诗歌的多重属性，也是汉语独具特色的修辞手段。很多短信会借鉴古典诗词，运用对偶的修辞手法来表达情意，因而更具审美价值和文学色彩。例如，"日圆，月圆，团团圆圆；官源，财源，左右逢源；人缘，福缘，缘缘不断；情愿，心愿，愿愿随心。元宵节快乐"。

夸张的修辞手法在短信中也是经常出现的，很多笑话、爱情短信会运用夸张的表现手法。夸张可以增强语言的表现力，能够表现出对所要表达的人或事物的褒贬态度，从而激起受众的共鸣，引发奇妙的联想和想象，还有利于揭示事物的本质。例如，"世界上本来没有沙漠，我每想你一次，上帝就落下一粒沙，因此有了撒哈拉；世界上本来也没有海，我每想你一次，上帝就掉下一滴眼泪，于是便有了太平洋"。

仿拟也称仿词，是短信比较常见的修辞方式之一，是仿照古典诗词、俗语、流行歌曲、经典电影台词等既有表达创造出来的新方式，使短信语言更加生动活泼、风趣幽默，而且具有强烈的讽刺效果，也有助于深刻揭示事物的内在本质和矛盾。

对比的修辞手法也是可以在短信中经常发现的，这一手法的运用可以使客观事物之间的对立统一关系表现得更集中、更突出、更鲜明。对比不仅可以使语言色彩鲜明，而且可以使事物得到全面的呈现。例如，"你可知道你能够走出我的视野，却永远走不出我对你的殷殷思念；你能够远离我的身影，却永远不能远离我对你的浓浓眷恋"。

顶真也是汉语传统的修辞手法之一，能够起到说理准确严谨、叙事条理清晰、抒情格调清新的效果。在短信中运用顶真的修辞手法可以更加准确地反映客观事物之间的联系，可以使语势连贯顺畅、环环相扣，给人流畅明快的蝉联美感。例如，"书不尽言，言不尽意，意不尽情，情不自禁地对你说声——我真的好想你"。

短信中运用的修辞手法还有很多，比如借代、反复、层递、映衬、设问、反问、拈连等，在这里不再一一赘述。修辞是汉语的重要表现手法，通过修辞的运用，对不好直接表达的内容，就可以进行婉转表达，可以借他物而言当下事，适应了中国文化的特点和中国人的性格。因而，短信修辞的运用使短信更加契合中国文化的特性，使短信更加受到中国人的喜爱和青睐。

五　传播过程及效果分析

噪音理论认为，传播活动并不是在封闭的真空中进行的，传播过程内外的各种障碍因素会形成对讯息的干扰，这对传播过程来说是一个不可忽略的重要因素。[①] 传播活动是在噪音干扰下的一定环境中进行的，传播活动中的各个部分都会受到各种因素的影响和制约，这样会使传播的效果受到一定程度的影响。

下面就对两性间的短信传播活动进行简要分析，试图找出影响短信传播的因素，并对传播的效果进行评估。

1. 短信传播过程分析

人际传播是个人与个人之间的信息传播活动，也是由两个个体系统相互连接组成的信息传播系统。[②]

本书所探讨的短信传播就是借助媒介进行的人际传播活动，在传播的过程中存在多种因素的影响，下面就对短信传播过程中所受到的影响与制约因素进行简要的分析。

第一，传播者。马莱兹克在其传播系统模式中认为，影响和制约传播者的因素包括传播者的自我印象、人格结构、同僚群体、社会环境、所处的组织，以及媒介内容的公共性所产生的约束力，受众的自发反馈所产生的约束力，来自讯息本身以及媒介性质的压力或约束力等。[③] 作为两性间短信传播活动的传播者，自身的许多条件和因素都会对传播活动产生影响，自信心强、性格开朗的人通常会积极主动地引发短信传播，从而使两性之间获得交流的机会增多，在这里不管男性还是女性，都是同样的。而

① 郭庆光：《传播学教程》，中国人民大学出版社，1999，第61页。
② 郭庆光：《传播学教程》，中国人民大学出版社，1999，第81页。
③ 郭庆光：《传播学教程》，中国人民大学出版社，1999，第67页。

生活于比较开放的环境之中，较少受到管束等，都会对短信传播产生积极的影响，比如大学生、独立生活的青年男女，都是短信的积极传播者，同时这也与他们的年龄有关系。调查显示，青年人群是使用短信最多的群体。在现实社会中已经建立了一个比较庞大的关系网络的人，正好可以利用短信维持这个关系网的运转，而且成本较低，又能够产生非常好的效果。对于关系不太亲密的朋友，可以较长时间联系一次，既可以向对方表明自己没有忘记对方，又可以减少自己维持关系的成本（包括时间和精力）。对于关系亲密的朋友，可以每天都保持联系，毕竟短信的价格非常低廉，不用担心经济问题。对于一般的娱乐短信和信息类短信，就传播者来说，基本不存在发送选择的问题，无非是喜欢发送短信的人多发一些，而情感类短信却会有不同的情况出现。友情类和祝福类短信一般是女性发送得多一些，男性由于本身的性格特质发送得相对少一些。爱情类短信的情况比较复杂，一般来讲，出于传统观念的影响，男性往往会是主动的一方，所以给女性发送爱情短信也相对较多。但也会有不同情形，如果女性是主动追求者，或者两人的关系已经非常稳固，那么女性发送的爱情短信可能要多于男性。暧昧短信的情况也是比较复杂的，通常来讲，男性会比较多地发送，女性出于害羞心理和既有观念的影响较少向异性发送暧昧短信。不过也有一些女性是例外，这些女性大多性格非常开朗大方、活泼好动，在生活中也特别喜欢与男性为伍，甚至有些本身就具有某些男性特质。传播者在发送短信前也会考虑受众的心理，会考虑所发送的短信会引发什么样的结果，这样的结果是不是自己想要的，这些考虑都会对传播者造成无形的影响。短信这一媒介几乎没有什么约束力，几乎所有的信息都可以发送，"把关人"在短信中是缺失的，发送内容仅依靠传播者的道德感和需求来把握。

第二，受众。马莱兹克认为影响和制约传播活动中受众的因素有受众的自我印象、人格结构、群体关系、所处社会环境，以及讯息内容的效果或影响和来自媒介的约束力等。① 受众是要对传播者所传播的信息做出反馈、反应的，是整个传播活动的终端，虽然理论上其处于被动接收的地位，但是同样会对传播活动产生积极而有效的影响。对传播者发送短信的情况所做的分析在这里同样适用。对于性格活泼开朗、喜欢幽默搞笑、生

---

① 郭庆光：《传播学教程》，中国人民大学出版社，1999，第67页。

活环境宽松、社会关系网络庞大的人来说，其通常会对接收到的短信做出积极的反应，尤其是对幽默笑话和整人类短信，他们甚至会产生与对方竞争的想法，在接收到对方的此类短信后，会寻找一条更加幽默、更有创意的同类短信回复对方。对于爱情短信，受众通常会积极反应，除非双方关系尚处于萌芽阶段或者受众一方对传播者并无接受之心，否则处于恋爱（尤其是热恋）中的人在接收到对方的此类短信之后，一般都会做出回复的反应。暧昧短信的情况有些复杂，对于接收到此类短信的受众来说，其要考虑和对方是何种关系，对方发送这一短信又是何种用意。在很多时候，受众对接收到的短信并不是依据文本来理解，而是要考虑语境，要考虑短信的言外之意。

第三，媒介和讯息。马莱兹克在分析影响和制约媒介和讯息的因素时认为，这些因素包括传播者对讯息内容的选择和加工，受众对媒介内容的接触选择和对媒介的印象。[1] 传播者发送短信不只是依靠文本来说话，更是通过双方既有关系等因素来营造一个语境，借以表达自己的想法。可以说传播者在发送短信时都会对短信进行选择和加工，无论是自创短信还是转发、改编短信，都存在传播者的意图表达。

2. 短信传播效果分析

传播效果具有双重含义，一是指传播行为在受众身上引起的心理、态度和行为的变化，二是指传播活动对受众和社会所产生的一切影响和结果的总和，不管这些影响是有意的还是无意的、直接的还是间接的、显在的还是潜在的。传播效果大致分为三个层面，即认知层面（外部信息作用于人们的知觉和记忆系统，引起人们知识量的增加和知识构成的变化）、心理和态度层面（信息作用于人们的观念或价值体系而引起情绪或感情的变化）、行动层面（信息引起人们的变化通过言行表现出来）。[2]

认知是短信传播所产生的一个必然结果，尤其是信息类短信，基本是以认知为目的的，不管是用于工作还是生活的短信，传递信息，让对方了解信息里包含的内容是信息类短信存在的意义。当然，其他类型的短信同样具有认知功能，可以增加受众在相关方面的资料储备，情感类短信也会起到告知对方自己的感情状态的效果。

---

① 郭庆光：《传播学教程》，中国人民大学出版社，1999，第67页。
② 郭庆光：《传播学教程》，中国人民大学出版社，1999，第188页。

心理和态度的变化在短信传播过程中也是非常重要的。短信作为信息传播的媒介，不仅正在积极介入生活，而且正在发挥着越来越重要的作用，改变着人们的生活方式和生活观念。娱乐类短信会给人带来快乐、愉悦，使人放松心情，缓解紧张的工作带来的压力和疲惫，帮助人适应快节奏的生活，让人的生活充满乐趣。友情类和祝福类短信会让人感觉到温馨，感受到朋友的关怀，为人营造和维系良好的人际关系，让人心情舒畅，减少孤独感的产生，避免落寞情绪的出现。爱情短信是恋人之间爱的使者，不仅会使人感受到恋人浓浓的爱意，也会使人心情愉悦，情绪兴奋，催生一种美好浪漫的氛围。暧昧短信给人们带来的心理变化就比较复杂了，可能会让人觉得厌烦，影响情绪，但如果是在现实生活中也会讨论此类话题的亲密友人之间，则同样会给人带来身心的愉悦。同时，暧昧短信是性文化的重要组成部分，是人类性欲望的表达方式，暧昧短信有助于人类性的表达和性心理的健康。

短信传播同样能够引发现实行动的发生。从福柯的"话语即权力"的理论来看，短信就是通过语言文字来体现自身"权力"的。人们都生活在语言的世界之中，每天的生活和工作都摆脱不了语言的控制，语言既是工具又是束缚人的手段。

短信同样可以"以言行事"，通过发送爱情短信走到一起的恋人有很多，通过短信联系而完成的事情每时每刻都在发生。

第三节　短信传播对现代社会生活的影响

随着改革开放和市场经济的发展，加之西方思潮的涌入，我国社会已经在一定程度上出现了后现代的文化语境，这是紧随西方社会之后发生的，短信便是在这样的文化语境下应运而生的，就是杰姆逊认为的新时代里的新"文化文本"。随着市场经济的发展和商业的发达，消费主义盛行于世，都市消费文化成为时代的音符，继而大众文化——在现代工业社会产生并流行的一种消费性和娱乐性的文化形态——迅速崛起。短信正是大众文化阵营中的重要分子，为大众文化的迅速广泛传播提供了一个新的方式和途径。

在后现代文化的语境之下，崇高和神圣被消解了，权威也被颠覆了，多元化、多样性、差异性成为时代的标志，正如加拿大学者大卫·莱昂所言，现代性带来一个多元化的世界，是与传统社会有天壤之别的新世界短信中缺失了"把关人"，没有一个权威化的审查机制存在，因而任何人都可以随意发送短信，充分享有自主权，从而使短信文本更加多样化。发送者也追求短信的差异性，希望所发送的短信体现出自己的个性，与他人有区别。应该说，现代社会正处于一个张扬个性的时代，人们对个性的追求也有了一个开阔的空间。个性化成为后现代社会的重要内容，追求个性独特成为时代的声音。短信在多方面实现了用户的个性化要求，不管是形式上的还是内容上的，短信文本就是体现用户个性的一个重要方式，用户甚至可以用短信来辅助建构自己的现实身份。

快餐文化是后现代文化中的一个重要概念，短信也体现出了快餐文化的特性，不仅是因为其传播速度快、文本短，更重要的原因是短信具有极强的复制性，而且表达内容缺乏深度，容易流于表面。杰姆逊甚至认为"后现代主义中最基本的主题就是复制"。短信在很多情况下都是转发的，尤其是节日祝福类短信，很少有人会抱着写信的态度来编写短信，基本是转发一些既有的短信，人们认为这同样可以传达自己的意思，正如杰姆逊引述的利奥塔的观点，人们实际上只愿意使用触手可及的东西，而很少会费力探索世界的基本原理和知识。复制性不仅与短信缺乏深度有关，而且使人们产生一种非真实和不确定的感觉，尤其是在短信传播中，大量转发短信的存在在一定程度上影响了短信表达内容的可信度。比如，收到节日祝福的短信后，人们可能会认为短信不是对方自己编写的，从而怀疑对方的诚意。

信息化是现代社会的重要特征之一，新知识、新事物随时随地涌现，海量信息充斥了整个社会，生活更是瞬息万变，人们的生活节奏也在不断加快，及时获取有效信息就成为生活的重要内容。在信息发展的同时，人们的空间距离感正在逐渐丧失，空间不再是阻隔人们信息沟通的障碍，短信等通信工具的出现解决空间距离造成的许多问题。但这也带来了新的问题，正是由于空间的阻隔消失，现代社会成为流动的社会。随着社会和人们的流动，陌生人的社会随之形成，城市里很少再有邻里的问候，有的只是冰冷的防盗门，因而城市居民开始变得更加节制和冷漠，虽然每个人给他人的感觉都是文质彬彬的，都把自己当作文明人，但实际上已经自觉地疏远那些亲密的关系。人们想要进行交流和沟通，就必须依靠通信工具，需要媒介的帮助，媒介已经深深嵌入人们的自我塑造之中。随着市场经济和信息技术的发展，整个世界成为一个小小的"村落"，全球化时代来临，世界成为一个真正统一的整体，信息网络可以将任何一个节点发生的事件以近似无时差的速度传递到整个网络的任何地方，短信等即时通信工具可谓"功不可没"，它使人们生活在一个网络之中，在方便交流的同时也给自己戴上了镣铐，使自己置身于"圆形监狱"之中。

一 短信传播对现代生活的积极影响

短信对现代社会生活的诸多方面都产生了重要的、积极的影响，增进了人们之间的沟通与交流，为人们提供了娱乐享受，创造了巨大的经济效益，推动了法治的完善和发展。短信成为现代社会生活的重要组成部分，发挥着越来越多的功能。

1. 短信成为现代社会新的恋爱手段

短信是一种非常有效的传递情感的方式，尤其是年轻人，更倾向于用短信来表达爱意、维系情感，很多人喜欢用短信来约会，甚至用短信来求婚。由于错发短信而走到一起的青年男女比比皆是。现在的"拇指族"用短信来谈恋爱，让短信来做红娘已经成为一种时尚。[1]

2. 短信成为现代社会人们的重要娱乐手段

短信不仅是传递信息和沟通情感的重要手段，而且具有娱乐功能，是人们消遣、排解郁闷情绪、打发无聊时间的好工具。很多幽默笑话的短信会让接收者放松紧张的神经，提起继续工作或学习的精神，有报道称一位女士为其丈夫定制了每日幽默短信，成为丈夫缓解压力和放松紧张情绪的有效手段。"拇指族"们在心情不好的时候也会借助短信来找好友聊天，排解郁闷情绪。在等车或坐公交车等无聊的时候，很多人会借助手机来打发时间。

3. 短信成为现代社会人们联络感情、沟通交流的重要手段

我们生活在一个需要沟通的社会，沟通是人类社会交往的基本过程，也是一切社会赖以形成的基础。沟通感情也是短信的重要功能之一。现代社会的人们由于工作压力大，精神紧张，身边又处处是"陌生人"，短信就成为与亲人、朋友进行感情交流和沟通的重要工具和方式，尤其是在节日期间，短信可以传递美好的节日祝福，中国人在春节假期发送短信尤为

---

[1] http://www.jhnews.com.cn/gb/content/2007-03/03/content_770520.htm.

频繁，这在短信发送量上就可以看出。

另外，短信还可以作为结婚请柬来用，而且大有代替传统结婚请柬的趋势。人们工作压力很大，生活忙碌，使用短信请柬节省了挑选、填写、发送传统纸质请柬的精力和金钱，并且环保、高效，因而深得年轻人的喜爱。短信还催生了新的职业——短信写手，就是一些短信网站或内容服务商招揽的一批专业创作短信的人。他们编写短信，并将这些短信卖给网站或内容服务商，按照短信的下载量和发送率来收取提成。短信还可以作为法庭的证据，短信的可信度已经得到法庭的认可，相信随着相关法律的健全，短信会扮演越来越重要的角色，短信也推动了信息行业的立法进程。

二 短信传播对现代生活的消极影响

短信在积极影响现代社会生活的同时，不可避免地带来了一些消极的影响，这也符合许多科技新成果的双刃剑特性。由于短信"把关人"的缺失，不容易得到有效监管，目前也没有相应的法律法规，一部分短信存在内容虚假、低俗的情况。

1. 短信造成骚扰

短信骚扰是短信受到批评的重要原因之一。由于短信的发送没有监管机制，只能依靠发送者自身的修养和道德感，所以出现了多种形式的骚扰短信。低俗短信，或称黄色短信、色情短信，是短信用户经常遇到的，尤其让人担心的是，青少年非常喜欢使用短信，收到这样的短信可能会对他们的心理健康造成一定的不良影响。虚假广告、诈骗信息，这是目前短信案件的重要部分，正是由于短信"把关人"的缺失造成的，当然也存在服务商为谋取经济利益而纵容的情况。现在通信运营商已经改进技术，有些已经开始对每天发送超过 200 条短信的用户进行监管，这在一定程度上可以减少此类短信造成的负面影响。

2. 短信对人的生理和心理的影响

现代社会的人们，尤其是"拇指族"，开始出现一种新病，被称为"手机手"，就是由于长时间使用手机发送短信或玩游戏而导致的手指活动不灵活的疾病，严重的时候甚至会导致肌肉萎缩。对于"拇指族"来说，每天收发短信是重要的生活内容，如果因为手机故障而不能收发短信，情绪就可能会变得有些烦躁，可能会感觉生活缺失了重要的内容，甚至郁郁寡欢。《中国青年报》曾报道，南开大学一个学生课题组曾对天津部分高校学生做过一个抽样调查，发现有 73.2% 的大学生有"手机依赖症"，而大多数学生真正依赖的是短信。根据调查，大学生每月发送短信的数量集中在 200 ~ 500 条，90% 的大学生每月发送短信数量在 100 条以上，每月发送短信 500 条以上的约占 15%。① 短信作为人际传播的重要工具，使人们之间的交流和沟通变得非常便捷，但同时也减少了人们之间面对面交流的机会，在高校中甚至出现住在隔壁的同学也是通过短信来交流的情况。这就影响了人们的语言表达和情感交流，甚至还会使人变得内向。新华网曾报道，英国普利茅斯大学的研究人员对 1000 名使用短信的人进行调查后发现，越是频繁收发短信的人，所表现出来的社会忧虑感和内向型个性就越明显。② 短信可能会使人们变得不再习惯用语言来表达自己，有位专家曾发出这样的警告："现在的孩子们常常用简单的单音节词交流，只会叽里咕噜，这将明显影响他们今后的语言表达能力。"

3. 频繁收发短信会影响正常的工作和学习

收发短信虽说一次并不占用很长时间，但短信总是引人牵挂，尤其是与亲友聊天之时，很难舍得将手机放下，去做其他事情。工作或学习的时候用短信聊天，更是会影响效率，只能事倍功半。现在的中学生拥有手机的比例很高，他们正处于渴望交流、叛逆的时期，经常会相互发送短信聊天，有的孩子一天甚至聊几个小时，对正常的学习造成影响。高校中随处可见低头走路，而眼睛紧盯着手机屏幕收发短信的学生。在课堂上进行短信聊天则会影响正常的教学秩序。

4. 暧昧短信容易引发情感危机

短信由于其隐蔽性和抵达的高效性而备受人们的青睐，也正是这样的原因，暧昧短信的出现常常会引发男女之间的感情危机。

第四节 短信传播对现代两性
关系的文化建构

短信已经对现代社会生活产生了重要影响，成为人们之间尤其是两性

---

① 张国、张剑、李新玲：《调查显示 73.2% 大学生形成手机依赖》，《中国青年报》2006 年 11 月 6 日。

② http://health. online. sh. cn/health/gb/content/2007 - 01/11/conlent_1831572. htm.

之间传递信息、沟通情感的重要手段和方式。短信的出现对现代社会中两性关系的协调与发展发挥了微妙的作用，甚至对两性关系的重新建构都有着不可忽视的影响。当然，每个事物都有两面性，短信同样摆脱不了"双刃剑"的命运，在对两性关系产生积极影响和作用的同时，也给两性关系带来了负面影响，短信远非有的研究者认为的那样没有缺陷与毛病，它并非对两性关系进行了革命性的变革，也没有颠覆传统社会对两性的观念和规制。

一　短信传播对现代两性关系建构的正面效应

短信适应了现代社会生活的快节奏，方便了现代人的生活，受到现代人的喜爱和关注，对现代两性关系也产生了积极的影响，尤其是对于女性而言，短信作为新的传播媒介，在理论上存在颠覆既有权力关系、消解男权话语的可能，从而有利于建立新的合理的两性关系。

1. 为女性提供一个更加开放、自由、便捷而又隐蔽的方式来表达自我

短信是现代电子传媒的一种，具有电子传媒的共性，比如数字传输、传播迅速、自由度高、互动性强、方便高效等，这些特点都使短信充分适应了现代社会生活，尤其是都市的快节奏生活，给人们的生活带来了便利。对于现代社会中的女性而言，短信是继互联网之后的又一个崭新的平台，女性可以在这个平台上充分表达自己的意愿，不会受到管制，因为短信同样缺失"把关人"，而且比互联网更直接深入人们的生活和观念。下面来简单看一下短信为女性的话语表达提供了哪些便利条件。

首先，短信作为电子媒介的一种，更加开放、自由。虽然开放和自由是现代电子传媒的共性，但短信由于本身具有可移动性，自由开放的空间就能够随处存在。短信出现以后，女性可以随时进行话语表达，而且不受任何限制，不像传统的传播媒介一样，发表的内容要经过重重审查，短信是随意的，想说什么就说什么。

其次，短信具有隐蔽性。短信传递的过程是：发送者——通信服务商的服务器——接收者。没有其他的中间环节，因而信息不易丢失，也不易被他人了解，除非发送者或接收者有意给他人看。良好的隐蔽性为女性克服害羞心理提供了有效的帮助，使女性在交流的时候更有安全感，不会担

心所交流的内容被第三方看到。在电影《天下无贼》中，刘若英饰演的角色就跟刘德华饰演的角色利用短信交流自己的想法，而就坐在他们身边的"傻根"却全然不知。

再次，女性使用短信的时候，比较容易掌握主动权，从而能够控制交流的内容和深度。虽然短信的许多特点在其他电子媒介中都可以找到踪影，但将各种特性融合在一起就是短信的优势了。短信的隐秘性为女性使用短信，进而掌握两性间短信传播中的主动权提供了非常大的作用。在传统观念中，女性往往被认为是害羞的、含蓄的、习惯被动地位的、服从的，实际上这都是男权主义的观念，女性同样需要主动表达，需要话语权力，想要控制交流过程，而不是被动地接受安排，服从男性的要求。短信给女性带来了主动表达自己话语的机会和空间，女性可以在与男性的短信交流中积极掌握主动权，控制交流内容以及交流的深度，只谈论自己感兴趣的话题，对于自己不感兴趣的话题可以拒绝讨论，使交流的整个过程都处在自己的控制之下，充分表达自己的观点和想法，这非常有利于女性独立人格的形成和发展。应该说，短信作为新的媒介工具，确实为女性提供了一个非常理想的话语空间，而且这个新空间是女性可以自由把握的，理论上并不受男权主义的侵害，女性能够充分地表达自我。现在已经有越来越多的人采用短信来表白，其中不乏女性，这样的方式使双方都更加自由、放松，没有负担。如果对方有意，那就可以成就一段姻缘；即使对方无意，也不会对双方造成太大的心理压力。女性通过短信来表白情感，表达自己的欲望和要求，有利于自身的心理成长，尤其是性心理的健康发展，不再龟缩在传统观念限制的局域内，隐埋自己的感情和欲望。

最后，短信传播有高效抵达的特点。这里所谓的高效，有两个含义：一是信息不容易丢失，传播的成功率高，能够传递到对方的接收终端；二是抵达对方接收终端后，能够有效引起接收者的反应。在传统社会观念中，女性的地位是地下的，正如巴尔扎克在《婚姻生理学》中所说："女人的命运和她唯一的荣耀是赢得男人的心……她是一份动产，确切地说，只是男人的附属品。"[①] 女性发表的意见往往不被重视、被认为不值一提，女性被剥夺了话语权，女性的声音在传统传媒尤指大众传媒中被淹没了。短信恰恰给女性提供了一个新的可以充分表达自己话语的空间，这个空间是自

---

① 〔法〕西蒙娜·德·波伏瓦：《第二性》，陶铁柱译，中国书籍出版社，2004，第107页。

由开放的，能够使女性直接有效地在男权的领域中发出自己的声音，引起男权制和社会的注意，女性的话语新空间就在短信中得到了确立。

2. 易于增进两性间的感情交流，有利于促进两性之间和谐关系的养成

短信这种新的人际传播工具，对于沟通两性之间的情感具有积极的作用，尤其是短信具有多种媒体优势，逐渐成为现代社会中两性之间进行沟通交流的重要手段。短信是适应现代社会的发展而兴起的，体现了现代通信技术的进步和信息社会网络的进一步发展，每一个在社会中生存的人都进一步被网络化，被纳入一个统一的信息网络。在信息社会中，随着科技的不断发展，人们的生活方式和生活理念都在发生着改变，科技改变生活早已不是一句空谈。技术的发展和生活观念的改变，都会对两性之间的关系产生微妙的影响，在这样一个信息高度发达、科技日新月异、生活节奏不断加快、新生事物不断涌现的时代，女性越来越认识到自身所处的环境，并发出不满的声音，女性主义的影响在女性中间进一步扩大，女性的自主意识开始不断加强，女性开始进一步思考两性之间的关系，在新时代科技发展的基础上开始规划新的两性合理关系的宏伟蓝图。

短信作为一种两性之间的交流工具，因其方便、快捷、可移动、隐秘性好、高效而成为两性之间进行沟通的非常重要的手段之一。女性可以通过短信表达自己的需求和欲望，摆脱传统社会观念和传统传播媒介的规约与束缚，大胆地表达自己的需求，不再遮掩自己的想法。在现代社会中，女性在与男性的交往中更加积极主动，自主意识和主体感逐渐加强，开始努力在与男性的交流之中起主导作用，女性不再扮演传统观念或者说男权观念支配下的服从者的角色。当然，并不是因为短信的出现，女性的自主意识才发展到如此地步，但是短信的确给了女性一个非常好的话语空间和权力运作空间，对于女性主体意识的发展起到了助推的作用。

3. 短信有利于改变女性在传播媒介中的"失语"境地

从传统的传媒来看，男性话语一直是主流话语，男性掌控着传媒中的话语霸权，女性则处于"失语"的境地。传统传媒的话语以男性话语为规范，男性话语就是标准和主体，这就导致了女性话语对男性话语具有依赖性，女性的话语表达总是要参照男性的话语标准，需要加上一个性别标签才能表达清楚。例如，在表达女性人大代表或其他女性的重要人物的身份时，需要注明"女"，因为在以男性话语为主流话语的传媒中，这些人物的身份被"默认"为男性，而一旦出现女性人物时，就"自然而然"需要添加一个性别标签。而且在男权话语中，女性是属于私人空间的，是男性的附属存在，而男性则天然属于公共空间，居主导地位，女性话语不被准许进入公共话语空间之中，如果女性的声音试图进入公共空间，对男性来说，那就是一种僭越，那就违背了男性为女性规定的地位。因而，女性话语只被允许出现在男性规制的范围内，即使进入公共话语空间，也是维护男权制的，受到男性话语控制的。男性话语在传统传媒中，往往以或暴露或隐晦的方式宣扬两性的性别模式，构建"贤妻良母"式的社会性别话语，将女性置于边缘地位，将女性话语逐出主流话语空间。女性形象在传统传媒中一直被塑造为男性的母亲、妻子、女儿，成为应该为男性牺牲的人，岳飞的母亲、霍金的妻子都是男性话语极力树立的女性形象的楷模，就是因为她们为男性做出了巨大的牺牲。女性形象有时候也作为男性的附属品而出现，男性话语把女性的特征归纳为肉体的、非理性的、温柔的、母性的、依赖的，而将男性的特征归纳为精神的、理智的、勇敢的、独立的，女性总是会作为一个需要男性保护的弱者形象在传统传媒中登场，女性始终被塑造成依附于男性的"第二性"。

短信则给女性提供了一个可以充分表达自己话语的空间，女性可以通过短信掌握话语权，发出自己的声音，而不再受制于男性话语。女性在短信提供的话语空间中，可以通过发出自己的声音并将声音传达给男性，来彰显女性的主体意识，展示女性的独立姿态，获得女性的独立存在价值。女性的觉醒通过短信这一渠道来传达，不仅更加方便快捷，而且有助于推动女性主体意识的成长和成熟。正如西方女性主义学者认为的，女性要从男权制的统治下解放出来，就必须解构和颠覆男性话语，获取女性自己的话语权。在过去，女性由于没有自己的话语系统而被男性话语所压迫，即使表达女性独立的意识与思想，也必须借助男性话语来表达，这使女性经常陷入男性话语的陷阱之中，也使女性经常产生矛盾的心理，甚至对女性话语权的发展丧失信心和希望。随着短信等新兴传媒的兴起，女性建构自身话语的使命有了依托，短信必将为女性文化的构建和女性话语权的保障做出贡献。

二 短信传播对现代社会两性关系建构的负面效应

短信对现代社会生活产生了非常重要的影响，为女性提供了新的话语空间，也对现代社会的两性关系具有积极意义，但是同时，短信也带来了一些负面影响。由于缺失了"把关人"的作用，虽然短信有自由开放的一面，但也带来了一些负面效应。短信使用者经常会收到一些骚扰短信（或称垃圾短信），这些都给短信的发展带来了非常不好的影响，降低了人们对短信的信任程度和使用热情。

1. 短信文本中存在对女性话语的误读和对女性形象的歪曲

许多短信都存在对女性话语误读的情况，而且男权意识往往借助这样的误读来歪曲女性形象，释放男性的性欲望。短信中存在的对女性话语的误读和对女性形象的歪曲成为众多男性的娱乐来源，同时对女性的心理造成了不良的影响，不利于女性主体意识的觉醒和女性话语的表达，进一步加固了男权制为女性制作的牢笼。

2. 短信传播中存在男权制的"移植"现象

女性主义者认为，人类社会的发展史就是女性的受压迫史，社会就是男权制的社会，处处都存在男权观念的影子，女性被塑造为"第二性"，是他者。对于男权制的定义，许多女性主义研究者有不同的看法，但大体的观念是一致的：

> 男权制就是将男性身体和生活模式视为正式和理想的社会组织形式。
>
> 这是一个系统的、结构化的、不公正的男性统治女性的制度。男权制包括这样一些制度（如政策、实践、地位、机构、角色和期望）和行为，它们为男性授予特权（较高的身份、价值和特权）。这些制度和行为构成了性别主义的概念框架，后者反过来维护前者，将前者合理化。男权制的核心是对男性特权和权力的维护和将其合理化。[①]

女性主义者认为女性是最早受压迫的群体，女性受压迫是在一切社会中普遍存在的；女性受压迫最深，而且是很难摆脱的；女性所受到的男权的压迫给女性造成了最大的痛苦。所以女性主义者倡导推翻男权制，打破男权主义观念，最终实现两性平等。当然，现代社会中处处可见男权观念的影子，女性作为一个性别受到的压迫远未终止，在制度、法律、经济、

---

① 李银河：《女性主义》，山东人民出版社，2005，第5页。

教育等各个方面女性仍然遭受着压迫，尤其是人们的观念仍然是以男权为中心的，这种观念甚至已经渗透到人的潜意识层面，很多女性甚至没有反抗的意识，仍然蜷缩于男权观念划给她们的小天地里。

在两性之间传播的短信，主要是依赖既有社会关系网进行的，许多短信文本中存在双方既有关系的影子，可以说短信中存在社会既有关系"移植"的现象。在娱乐类短信中，男权观念经常借动物或其他形象现身。而在情感类短信中，男性总是在无形中流露自己的男权中心主义，女性与男性的交流也往往容易被男性操控。信息类短信则比较"中性化"，基本上是沟通工作或生活信息，讨论比较实际的事务，因而性别关系往往不太明显。

第五节　结语

文本短信虽然仍是当今短信传播中的主流，但语音短信、彩铃、彩信已经得到突飞猛进的发展。短信本来是商业运作的产物，通信服务商看中的是短信的经济价值，而彩铃、彩信比文本短信更能给其带来经济效益。随着短信的发展，其对现代社会中的两性关系必然会产生持续的影响，甚至影响会越来越大。

一　短信发展的前景

1. 语音短信、彩铃、彩信的发展

语音短信是一种新型的点对点语音短信业务，是一种用声音来代替文字输入传递信息的方式，这就为那些不习惯使用文字输入的人（一般是年龄偏大的人）带来了便利，既可以发送短信，追赶时尚，又避免了使用键盘输入文字的麻烦，操作简单、资费便宜，还可以保留发送者的原声。通过语音短信，可以实现语音点播（相声、笑话、音乐等）、语音聊天、文本语音转换等功能。有人认为，语音短信将使"耳朵文化"成为"拇指文化"的替代者，但实际情况并非如此。语音短信的发展并不像乐观的研究者所预计的那样，其并没有受到用户的过多关注。因为短信用户大多为年轻人，在手机上输入文字对他们来说没有障碍。再者，语音短信和语音通话相比没有太大区别，而且丧失了文字本身的魅力。

彩铃（Coloring Ring Back Tone，CRBT），也称个性化回铃音业务，是

一种新型的短信。在各网站的短信频道中，彩铃有着重要的位置，是网站盈利的重要法宝。彩铃可以分为被叫彩铃和接收彩铃两种，前者是其他人在拨打彩铃用户的电话时可以听到的铃声，后者是彩铃用户自由设置的，不同的人打来的电话会有不同的铃声。彩铃用户可以随时根据自己的心情来设置或更改自己的彩铃，除了可以挑选铃声之外，什么时候使用、对谁使用什么样的铃声，都可以根据自己的意愿来安排，这也许是彩铃最诱人的地方。丰富多彩的彩铃可以体现出用户的个性，彩铃用户甚至可以自己创作彩铃。

彩信也被称为多媒体短信，是集文字、声音、图像于一体的具有强大功能的短信。彩信的容量非常大，最多可以容纳2万个汉字，解决了文本短信空间狭小的问题，不再限制交流的深度，但这样大的空间，对于一般的短信用户来说，似乎是不太必要的。彩信也可以容纳音频文件，可以发送语音信息，兼具语音短信的功能。彩信最吸引人的地方在于其可以传递图像，图片、动漫、视频等都可以通过彩信来发送，这种新的短信形式受到"拇指族"的喜爱和欢迎，收发彩信成为新的时尚。但彩信的资费较高，对学生来说，文本短信仍然会是他们的首选。

2. 文本短信的前景

目前，文本短信是短信传播中的主流，虽然受到其他短信类型的冲击，尤其是彩信的巨大威胁，但仍然能够保持高占有率，可见与其他类型短信相比，文本短信还是具有一定优势的。首先，文本短信价格低廉，这也是短信最初发展起来的一个重要因素。其次，中国人比较含蓄、内敛、注重礼仪，文本短信很适合中国人的性格。

对于文本短信的发展前景，有的研究者非常担心，一方面是由于彩信的崛起和冲击，另一方面是由于短信的负面影响。的确，文本短信与彩信相比，在很多方面有所欠缺，但很多时候劣势也会转化成优势，如文本短信的空间小就既是劣势又是优势。现在公安部门加大了打击利用短信犯罪的力度，各大通信服务商也采取了相应的措施抵制骚扰短信或垃圾短信，很多组织、社团举行了文明短信的征集活动，如天涯杂志社主办的每年一次的短信文学大赛等，以正面的、积极的、高尚的作品来引导短信发展的方向，净化短信环境。所以，文本短信还是会继续发展，前景还是比较光明的，不会受到其他类型短信发展的太大影响，随着短信的负面效应逐步得到控制，文本短信应该会发展得越来越好。

二 短信对两性关系的影响

短信对现代社会中的两性关系已经产生了重要影响，既有积极方面的，也有消极方面的，随着短信的发展，其对两性关系势必将产生持续的影响。

首先，随着经济的发展和人们生活水平的提高，会有越来越多的人拥有手机，使用短信。目前，手机已经是都市生活中不可缺少的一个组成部分，普及率非常高，而农村地区随着经济条件的进一步改善，手机的普及率也会随之提高，尤其是在年轻人中间。手机普及率提高了，使用短信的用户必然增加，短信必然会越来越多地介入两性生活之中，对两性关系产生微妙的影响。

其次，对于目前已经是短信用户的人来说，随着短信使用越来越频繁，他们会逐渐习惯这样的交流沟通方式，进而可能会对短信产生某种程度的依赖。对于现在的"拇指族"来说，收发短信已经成为其每天生活的一部分，他们总把手机带在身边，否则就会心烦意乱。如果一段时间内没有收到短信，可能会感到不适应，总是有一种短信提示铃声响了的幻觉，甚至会把别人收到短信时的提示音当作自己的。而且当手机没有及时充电而导致关机或收不到信号时，他们会产生焦虑和无力感，脾气也会变得暴躁。所以，短信已经成为两性之间传递信息和沟通情感的重要手段。而短信对两性关系的影响不是一朝一夕的，随着两性对短信依赖程度的加深，短信势必会对两性之间的关系产生日益重要的影响。

再次，随着手机技术的改进与革新，短信必然会不断完善和进步，使用空间更大，资费更低，收发更简便。随着短信技术上的改善，其必然会更加受到短信用户的喜爱，使用就会更频繁，进而对两性之间的交流和沟通产生更大的影响。

最后，短信也会与其他媒介联合起来，资源共享，使自身的功能更加强大。有很多研究者指出，新的传播媒介应该是对既有媒介功能的整合。随着技术的发展，短信不仅能够具备传统媒介的基本功能，而且由于自身良好的移动性，会成为备受瞩目的新媒介。短信与传统媒介的联合，使人们能够更加便捷地获得所需信息，使两性之间的交流更加高效。

三　短信对现代社会及两性关系的重要意义

　　短信适应了现代社会快节奏的生活和高效的信息传播的需要，体现出明显的快餐文化特性，对现代社会生活产生了重要的影响。短信具有明显的文学性，使用的修辞手法也是多种多样的，同时具有民间色彩。短信不仅对现代社会生活和两性关系产生了积极的效应，也带来了一些不利的影响，骚扰短信、垃圾短信严重影响了人们正常的生活和工作，也对接收者尤其是青少年群体的心理产生了不良影响。加之相关的法律不健全，有些服务商一味追求经济利益，对骚扰短信、垃圾短信采取纵容姑息的态度，监管不力，导致短信的负面效应得不到及时有效的抑制。但不能否认，短信为现代社会的人们带来了便利，使两性之间的情感交流更加方便、顺畅，对两性关系也具有明显的积极意义。

　　短信为现代社会中的两性提供了一个全新的沟通方式，为女性提供了新的话语空间，已经对两性关系产生了重要的影响，也必将对未来两性关系的发展发挥作用。理论上存在着女性主义所期望的实现两性平等的可能，但实际情况并非如此。传播学者麦克卢汉认为，任何一种媒介都是"人的延伸"，短信也是如此。在短信中同样存在性别的不平等，短信仍然受到现实社会中男权主义观念的影响，这也验证了女性主义所预言的：女性所受的压迫是最深的，性别的压迫是最难根除的。

第三章

社会性别角色在微信中的呈现

第一节 作为社会性别角色呈现
新空间的微信

　　微信是"中国第一个真正具有世界性"的手机互联网社交应用产品，它第一次将移动互联网的交流方式牢牢嵌入用户的日常熟人交际圈中，并且以此为根基为用户建立了互联互动的"朋友圈"。微信作为新一代网络社交工具，消除了网络空间的虚拟性、匿名性，用户更倾向于用它来记录自己的真实生活，进而构建自我形象，并得到"熟人"的回应。在构建现代社会人与人社交新空间的同时，微信也成为社会性别角色呈现的重要场所，大大拓展了两性沟通与交流的场景。

一　微信的诞生和发展

　　微信是腾讯公司继 QQ 之后推出的又一款社交软件，其诞生要追溯到 2010 年 10 月，公司总裁马化腾将其定名为"微信"。最初产品定位为"能发照片的免费短信软件"，由张小龙带领的腾讯广州研发中心产品团队开发，充分利用了 Foxmail 和 QQ 邮箱等产品的经验。2011 年初，微信针对 iPhone 用户发布 1.0 测试版，支持通过 QQ 号导入现有联系人资料，但仅具备即时通信、分享照片和更换头像等简单功能，并不被外界看好。紧接着，微信 1.1、1.2 和 1.3 三个测试版相继发布，增加了对手机通讯录的读取、与腾讯微博私信的互通、多人会话等功能，于 2011 年 4 月底获得了 400 多万名注册用户。2011 年 5 月，微信 2.0 版本发布，增加了语音对讲功能，此举刺激了微信用户的迅猛增长。随后，微信 2.0 版本又进行多次升级更新，尤其是对视频信息的支持和查看"附近的人"功能的实现，再次使微信用户激增，达到 1500 万名。2011 年国庆节当日，微信 3.0 版本发布，增加了极具创造性和趣味性的"摇一摇""漂流瓶"等功能，同时支持繁体中文语言界面，后期更新版本又增加了英文界面，促使微信用户于同年底突破 5000 万名。2012 年，微信进入高速发展期，3 月，用户数量突破 1 亿名，确定英文名为"WeChat"，并推出多种语言版本。更为重要的是，朋友圈出现，方便使用者建立网络熟人社交圈，而且大大增加了微信的用户黏度。同时，增加了视频聊天、语音搜索等功能，2012 年 9 月微信用户数量突破 2 亿名，正式宣告了微信时代的来临。2013 年 1 月，微信用户超过 3 亿名，随后腾讯公司推出最关键的一项功能——微信支付，为微信商业网络的建立奠定了重要基础，虽然当时腾讯官方承诺绝不向用户收费。2014 年，根据中国互联网络信息中心公布的数据，中国网民数量达到 6.32 亿名，手机网民数量达到 5.27 亿名，而微信注册用户在同一时期达到了惊人的 6 亿名，微信成为全球第一大即时通信软件，确立了移动互联网时代"一种生活方式"的产品定位。时至今日，微信仍在不断更新升级，不断推出新的使用功能，如微信红包等，大大方便了用户的生活，超越了同时期的其他社交软件。

二　微信的功能和特点

1. 微信功能

微信最初是一款基于移动智能终端的即时通信软件，但随着版本的不断升级和发展，其提供的产品和服务日益丰富，不再局限于通信功能，逐步凸显出社交功能、媒体传播功能、娱乐功能、商务服务功能、信息处理功能等，成为多内容、多媒体、多应用的平台。

（1）通信功能。

这是微信最初具备也是最核心的功能，支持发送文字、图片、语音、视频实现即时通信。用户通过微信给好友发送信息，对方在线立即可以接收到信息，即使对方不在线，登录微信后也能即刻收到信息，当然这也与网络环境有关。通过视频聊天和语音实时对讲，用户之间可以实现实时沟通，由于资费低（仅需承担网络流量费用）、使用方便，此功能对电信运营商产生了巨大的挑战。微信可以实现随时随地沟通，极其便捷高效。

微信不仅支持点对点的通信，更可以实现一点对多点、多点对多点的即时通信，在各类通信平台的比拼中占据优势。

（2）社交功能。

这是微信最重要的功能之一，也是探讨的重点。微信首先实现了个体与个体之间的交流，这是两性交往的主要方式。微信为人与人之间跨越时空的交流与沟通提供了渠道、空间和平台，将两性交往的时空进行了无限的扩展。两性通过微信进行的互动与交流采用了丰富多样的载体和符号，与面对面的交往方式相比，可以说毫不逊色。微信是以熟人社交为核心的，好友一般是手机通讯录中的联系人或 QQ 好友，所以可以说微信建构了熟人交际圈，大大方便了熟人之间的交流与沟通。同时，微信开启了与陌生人交友的新场景，摇一摇、查看附近的人、漂流瓶、扫描二维码等方式都为实现微信交友带来了便利，满足了用户不断结识新朋友的社交本能。中国人的性格往往含蓄内敛，不善言辞，在现实生活中少与陌生人搭讪，而微信等网络社交软件提供了与陌生人交友的网络途径，适应了人们的社交心理。微信不仅提供了与陌生人交友的途径，而且非常注重交友方式的趣味性，设计的操作场景都非常耐人寻味，摇一摇、漂流瓶都可以实现随机速配交友，并能够隐藏现实生活中自己扮演的社会角色。摇一摇往往摇出来的是异性，查看附近的人刷出来的也基本上是异性，捡到的漂流瓶也往往来自异性，这是系统的自动设置，为两性交往提供了契机。当然也不排除有人利用此功能发布违规信息，造成安全隐患。实际上，微信是一种"浅社交"，表面上方便了人与人之间的联系、交往，事实上却降低了人际交流的"层次"，在某种意义上来说甚至使人与人之间的关系疏远了。视频聊天等功能貌似提供了人与人之间面对面交流的新方式、新途径，但隔绝了太多面对面交往时能够传递和体现出的信息，比如身体的热度（不能握手或进行其他身体接触），而且人面对摄像头会有一种"表演"的感觉，或者说非真实的体验，与面对面交往相比，会产生不自然的情绪和状态。相信随着 VR 技术的不断发展，这方面的体验会有所改善，但终究还是不能完全代替面对面交流。

（3）媒体传播功能。

微信的媒体功能主要体现在微信公众平台、订阅号等产品上，当然朋友圈、微信群也具备相关属性，在此不讨论微信公众平台和订阅号，着重讨论一下朋友圈。用户可以通过朋友圈发表文字、图片、视频、音频等，同时可通过其他软件将文章等分享到朋友圈，还可以对好友新发的信息进行"评论"或"点赞"，这些功能的实现都为传播信息提供了可能。朋友圈已经成为自媒体传播的主阵地，为用户的自我呈现提供了空间和平台。

（4）娱乐功能。

微信的游戏、影音等娱乐内容的接入为用户提供了大量的娱乐内容，大大增强了用户黏度，进一步刺激了用户的增长。微信游戏是基于微信平台开发的社交互动游戏，丰富了好友在微信平台的互动方式，提高了互动频率。微信好友可以一起参与互动游戏，还可以在朋友圈晒成绩，游戏结束后还能自动生成好友成绩排名，增强了游戏的趣味性、互动性和用户附着度。影音娱乐是微信提供的又一大众娱乐内容，微信"摇一摇"功能不仅可以摇人，还可以摇歌曲、摇电视节目，丰富了微信平台的娱乐内容。同时，微信用户还可以将视频网站的内容通过微信进行分享，将这些影音娱乐内容导入微信平台。

（5）商务服务功能。

随着微信的不断升级，其所能实现的商务服务功能越来越强大，如购物、支付、收款、提现、发红包、手机充值、理财、缴费、信用卡还款、Q币充值甚至社保查询等生活服务，还有与第三方合作的服务，如滴滴出行等，这些功能的实现，使微信成为一个"大超市"，用户基本上可以购买到想要的任何服务。两性在使用这些服务功能时也体现出了比较显著的差异，为社会性别角色的呈现提供了又一个广阔的空间。

（6）信息处理功能。

在数字化时代，很多东西都变成了数字符号，人们与自己、他人、周围事物的联系都变成比特（BIT）在空间中流动，以往依靠大脑、双手和其他方式处理信息的方式已然改变。微信提供了信息记录、收藏等功能，帮助用户实现了简便的个人信息处理。用户可以根据自己的需求，将信息储存在微信提供的网络云存储空间，并且可以实现分类存储，便于重新查询使用，不需要担心自己的手机丢失造成信息遗失等问题，尤其是朋友圈，成为记录用户生活的"日记""传记"，通过它可以将用户发布的信息完整保存下来，成为用户生命历程最真实的记录。

2. 微信的特点

微信的特点可以从两个角度来分析，一是微信作为传播媒介而具备的传播特点，二是微信作为社交工具所具备的社交特点，这是微信两个最核心的功能，即通信功能和社交功能。

微信传播的特点包括以下几点。

第一，从传播主体来看，微信具有用户准实名性与地位高度平等性。可以说，微信传播是一种扁平化的真实传播，微信用户的好友主要来源于手机通讯录、QQ好友，因为手机号码是实名制的，QQ好友一般也是建立在现实生活真实关系基础上的，因此微信好友就具备了明显的准实名性特征。微信用户之间的传播是一种平等交流，用户拥有平等的机会进行信息传播，去表达情感和愿望。因此，微信用户之间的人际传播是朋友、熟人之间的沟通，传播行为的主体具有平等性，不存在某一方的权威性或不平等性。

第二，从传播模式来看，微信传播具有迅速、高效的特点。微信用户数量不断刷新，2016年的数据显示微信注册用户量已经超过6亿人，其中月活跃用户达到5亿多人。由于微信具有方便、容易使用、设计人性化等特点，而且用户的活跃程度高，所以经常出现社会热点事件在朋友圈刷屏的情况，信息传播极为迅速、高效。

第三，从传播内容来看，微信传播具有丰富性和多样性。微信中传播的不仅有用户原创发布的内容，更有大量分享和链接，这些传播内容使得微信传播呈现出丰富性和多样性。而且，微信传播的内容一般篇幅比较简短，实用性、趣味性较强，这非常好地适应了当代人碎片化的阅读时间和快餐化的阅读习惯。微信中分享和链接的内容一般来自QQ、微博、门户网站等渠道，涉及的领域极其广泛，可以适应不同用户的需求。微信用户可以使用文字、图片、表情、视频等形式呈现自我或传播信息。

微信社交的特点包括以下几点。

第一，微信社交以"强关系"为主，"弱关系"为辅，也就是说微信用户的社交对象以现实生活中的熟人为主，陌生人比例偏低。费孝通先生的《乡土中国》对中国式的社交关系进行了精准的概括，认为中国人的社交关系往往是熟人的社交关系，是依据血缘与地缘结构而形成的共同体，中国文化有重视人情世故的特性。微信恰恰迎合了中国人社交关系的特点，是在现实社交网络的基础上建立起来的虚拟社交网络，这是一种"强关系"的连接。调查显示，微信用户的好友往往是家人、朋友、同事、同学等现实生活中的熟人，往往是先有了电话号码或QQ号码，才添加为微信好友的。微信的社交功能为熟人之间提供了加深感情的新渠道，加强了熟人之间的交流，增进了熟人之间的沟通。当然,微信用户也可以通过附近的人、摇一摇、漂流瓶、扫一扫等微信功能与陌生人建立关系,扩大自己的交际圈,但从各种调查的结果来看,这种社交方式所占比例不高。

第二,微信社交圈层化,社交范围有限制,安全性强。由于微信好友大多是基于现实生活中的熟人关系而添加的,所以微信的朋友圈属于私密性强、安全性高的群体,好友具有准实名性。微信朋友圈的成员之间联系紧密,只有共同的好友之间才能共享信息,这就排除了陌生人带来的安全隐患,增强了圈子成员间的亲密感和安全感,营造了交流过程和社交活动愉快而轻松的氛围。微信朋友圈的私密交流使用户有了归属感和认同感,现实社会中的角色身份得以维持,也有利于塑造理想的个体形象。

第三,微信社交具有极强的弹性,微信好友并非全部来源于现实生活的熟人交际圈,也有相当一部分是以陌生人身份进入朋友圈的,这就体现出微信社交关系的复杂性和不确定性。微信用户可以使用附近的人、摇一摇、漂流瓶、扫一扫等功能与陌生人建立临时性或持续性的社交关系,这丰富了微信用户的社交形式,但也带来了不确定性和潜在的安全威胁。

第四,微信用户具备年轻化、精英化的特点,因而微信社交成为时代浪潮。2016 年,腾讯公布的用户数据报告显示,微信用户的平均年龄为 26 岁,97.7% 的用户在 50 岁以下,86.2% 的用户为 18 ~ 36 岁,80% 的微信用户的身份是企业职员、学生、自由职业者和事业单位职员,并且我国有 80% 的高资产净值人群在使用微信,这类人是社会的中坚力量,他们追求新鲜事物,具备极强的学习能力,能够很快适应新事物,他们助推微信成为最热门的社交软件,微信社交成为最流行的社交方式。

三　两性关系构建的新空间——朋友圈

加拿大学者麦克卢汉在其著作《理解媒介》中提出重要观点——"媒介即人的延伸","媒介即是讯息"。媒介与人的关系是相对独立的,但对人的感知会产生强烈的影响,不同的媒介对人不同的感官起作用,比如:书面媒介会影响人的视觉,使人的感知呈线状结构;视听媒介会影响人的触觉,使人的感知呈三维结构。媒介本身才是真正有意义的讯息,人类只有在拥有了某种媒介之后才有可能从事与之相适应的传播和其他社会活动,而媒介最重要的作用就是"影响了我们理解和思考的习惯",因而真正有意义、有价值的"讯息"不是媒体所传播的内容，而是媒介这一传播工具的性质、它所开创的可能性以及带来的社会变革。微信朋友圈正是当代社会重要的新媒介，它扩展了人所能感知的世界，承载了时代的讯息，影响着人类对社会的理解和思考，对人类社会尤其是社会性别角色的建构产生了重大影响。

朋友圈是微信上的一个社交功能，用户可以通过朋友圈发表文字、图片和视频，同时可通过其他软件将文章或者音乐分享到朋友圈，用户还可以对好友新发的消息进行"评论"或"点赞"，用户只能看共同好友的评论或点赞。朋友圈中的好友一般是通过手机通讯录或 QQ 好友导入的，主要是已经建立关系的亲戚、朋友、同学、同事等联系人。也就是说，圈内的好友在现实社会中已经非常熟悉了，彼此之间的交流是比较频繁的，用户这才有需要和动机添加其为微信好友。因此，朋友圈被视为一个以熟人为主的虚拟网络社区，用户之间的交流更多地发生在熟人之间，私密性比较好，其交流内容更加随意、多样。当然，在朋友圈好友中也有一部分是通过摇一摇、附近的人、漂流瓶、扫一扫、雷达加朋友等方式添加的，而通过这些方式添加的好友与用户之间的关系往往较远，甚至是陌生人。微信本身是属于"强关系"的媒介，对陌生人是相对排斥的，然而，随着朋友圈的无限扩张，许多陌生人可以通过各种通道进入用户的朋友圈。朋友数量的不断增长，意味着用户的交往范围不断扩大。但是，微信原本具有的私密性在悄悄改变，微信社交的私人情感表达也面临被公共化的危险。

微信朋友圈拓宽了移动社交的横向和纵向空间，满足了用户情感交流、自我实现、缓解焦虑的需求，将大众传播和人际传播结合起来，促进了虚拟社交和熟人关系的融合，对人类社会产生了重要影响，尤其对社会性别角色的建构和呈现具有重要意义。

1. 微信朋友圈大大拓展了两性社交的新空间

社会性别角色是在两性之间的社会交往过程中呈现的，朋友圈突破了传统社交模式，为两性社交提供了近似于面对面交往的新的网络空间，不仅能够实现语言、表情、手势等方式的直接交流，而且实现了跨越时空的交流，完全不受时间、地点的限制，实现了真正的即时、远距离联系。朋友圈社交远远超越了书信等印刷媒介社交方式，实现了多媒体交流，不局限于文字，交流方式更多样，交流内容更丰富，交流渠道更便捷，尤其是实现了即时交流，大大节约了交流的时间成本。朋友圈社交也超越了电话社交方式，突破了传统电信交流方式，不仅能通过语音交流，而且实现了可视交流，满足了社交双方的需要，大大提升了人们的社交体验兴趣，能够更好地激发人们的社交欲望和热情。朋友圈社交也超过了电子邮件等网络媒介社交方式，更加便捷高效，实用性和趣味性更强，更受人们欢迎。

2. 微信朋友圈具备似真似幻、真假相依的域场特性

朋友圈用户与好友的关系一般是基于现实生活中的真实关系，这就使朋友圈建立在真实性的基础之上，好友间能够建立信任关系，发布消息时更加放松、自由、随意，安全性、私密性都能够得到保障。然而，朋友圈毕竟是一个虚拟网络空间，好友之间的交流是通过发送的文字、图片、视频等介质实现的，还不能完全等同于现实社会中人与人面对面的交流，好友之间的交流存在着被误读的可能，也存在着发布不真实信息的可能，再加上部分"弱关系"人、陌生人在朋友圈存在，其对朋友圈中发布消息的真实性也有一定的影响。

3. 微信朋友圈是一个自我表露的舞台，每个人都可以在其中呈现真实的自我，或者理想的自我

在朋友圈中用户可以自由表达自己对社会问题的观点和态度，可以表露自己的兴趣和爱好，可以流露自己的情感和情绪，还可以展示自己的身体和特点。通过自我表露，可以让朋友圈的好友更好地了解自己，可以建构一个真实全面的自我或者理想的自我。朋友圈中两性之间在自我表露过程中，不断地进行着沟通和交流，不断实现着性别角色的建构和接受，朋友圈为两性的互动提供了极佳的平台和契机。

4. 微信朋友圈为两性性别角色的建构提供了新空间

在微信朋友圈中，两性之间可以通过多种渠道来进行性别角色的建构，包括文字、语音、图片、视频等，当然两性之间在性别角色构建过程中存在着较显著的差异，比如女性更善于利用文字和图片叙事来建构性别角色，男性往往更加直接、简单。两性在社会性别建构过程中，不断对理想自我进行探索和呈现，往往有意愿呈现超越现实的形象，比如在朋友圈发布图片之前往往会选择先将图片进行美化处理，因而大量修图软件应运而生，人们在朋友圈看到的图片往往与真实场景有差距。两性在朋友圈中建构社会性别角色的过程中，体现出两性之间平等、自由的关系，每个人的身份建构较少受到他人影响，两性平等在这里存在实现的可能。

用户使用微信朋友圈发布消息的动机有很多种，其中最基本的有以下三种。

第一，自我倾诉动机。这主要是指人们以表达内心情感为目的而在朋友圈发布消息的动机。在当今纷繁复杂的社会生活中，人们承受的压力越来越大，生活节奏也越来越快，向好友倾诉的时间和机会却越来越少。微信朋友圈很好地解决了这一问题，用户可以自由地诉说自己的心情与感受，包括成功的喜悦、失败的懊恼等，在倾诉过程中，用户获得了一种在现实生活中较难实现的心理体验。

第二，自我满足动机。这主要是指人们为了在与他人交往的过程中得到心理上的满足而在朋友圈发布消息的动机。由于人们在现实社会生活中面临着种种因素的限制，大多数人不能完全按照自己的意愿表达自己，难以获得心理上的满足。而朋友圈却可以突破种种限制，用户可以依据自己的意愿在朋友圈中发布各种状态，塑造一个理想的自我，在与好友的交流过程中获得心理上的满足感。

第三，社会交往动机。这主要是指人们为加强与好友之间的沟通和交流而在朋友圈发布消息的动机。人是群居动物，在生活中必须与他人建立各种联系。人们总是通过与他人交往来展示自己，从而获得心理上的满足。微信朋友圈用户与好友进行互动，最重要的一个因素就是加强与好友之间的联系。当微信用户在朋友圈中发布状态后，好友往往会通过评论或点赞的方式与之进行交流与沟通。这不仅加强了好友之间的交流与沟通，更促进了双方的社会交往，也使用户获得某种心理上的慰藉和满足，实现自己的价值，建构自我形象。

第二节　两性微信使用情况分析

2016年8月，根据中文互联网数据研究资讯中心发布的《2016年微信影响力报告》，微信月活跃用户接近7亿人，其中男性用户比例为67.5%，女性用户比例为32.5%，这个结果大大颠覆了人们的传统观点。当然，这一结果出现的原因是多方面的，但微信功能日益增多、给用户带来更好的使用体验、提供更丰富的功能等无疑是重要的原因。

从微信用户的职业分布情况来看，最多的是企业员工，达到40.4%；排名第二的是自由职业者，达到25.3%；排名第三的是学生，达到14.4%（见图3-1）。

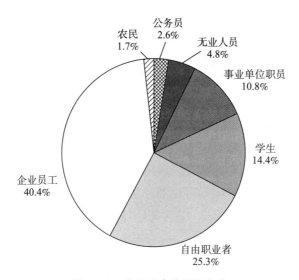

图3-1　微信用户的职业分布

资料来源：http://www.199it.com/archives/508221.html。

　　每天都会打开微信的用户达到94%，61%的用户每天打开微信超过10次，每天打开微信超过30次的用户即"重度用户"达到36%（见图3-2）。这是一组惊人的数字，意味着微信的使用频率再创新高，不仅越来越多的人选择使用微信，而且越来越多的人越来越频繁地使用微信，足见微信强大的功能和用户附着力。

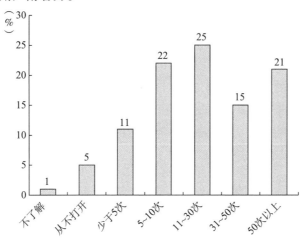

图3-2　对微信是否了解及用户每天打开微信次数统计

资料来源：http://www.199it.com/archives/508221.html。

　　再来看看微信用户每天使用微信的时间情况，其中78%的用户每天使用超过半小时，54%的用户超过1小时，32%的用户超过2小时，甚至有17%的用户超过4小时（见图3－3）。可见微信用户的黏性之强，不仅有越来越多的人每天高频率地使用微信，而且越来越多的人长时间使用微信，微信成为人们生活中极为重要的工具，甚至引发了微信"上瘾"的社会问题。

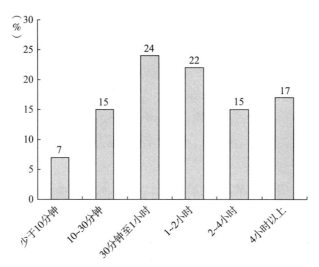

图3－3　微信用户每天使用微信的时间

资料来源：http://www.199it.com/archives/508221.html。

　　一起看看2014年和2015年的微信好友数据，可以明显看到微信好友剧增的情况。2015年有55.1%的用户的好友人数超过了100人，而拥有50位以下好友的用户比例则比2014年下降16个百分点，好友数超过200人的微信用户比例比2014年增加15.8个百分点（见图3－4）。微信社交已经成为时代的潮流，这一现象也为两性的交流与沟通带来了契机，推动了微信空间中社会性别角色的建构。

　　用户使用微信功能的情况丝毫不出人意料，排在前两位的就是朋友圈和微信消息，使用率分别达到58%和53.5%。由此看来，微信的首要功能还是社交功能，两性的社会性别角色在微信空间的建构主要就是通过这两大途径来实现的。

　　在朋友圈发布的内容中，用户更关注好友的个人生活内容，比例高达61.4%，而对好友分享的文章和链接的关注度仅为29.8%。也就是说，微

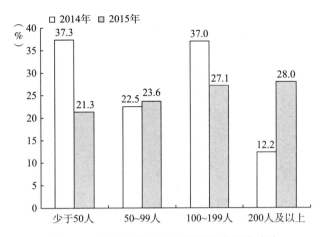

图 3 - 4　2014 年和 2015 年微信好友数量统计

资料来源：http://www.199it.com/archives/508221.html。

信朋友圈是一个货真价实的朋友社交圈，好友之间可以通过朋友圈发布的状态，来表达对彼此的关心和牵挂，进行自我表露、张扬个性、宣泄情绪、表达情感，这是一个真正的交流沟通平台，大大加强了朋友间的信息沟通和情感交流，深受用户的喜爱。

　　再来看好友对朋友圈内容的反应，57.6% 的用户会为好友状态点赞，而 38.5% 的用户会附上评论，将好友状态再次进行分享的比例只有 23.8%（见图 3 - 5）。这些数据充分说明了"点赞党"是非常庞大的一个群体，人

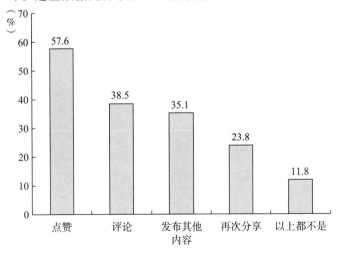

图 3 - 5　微信用户对朋友圈状态的反应

资料来源：http://www.199it.com/archives/508221.html。

们往往是因为点赞比较简单省事而为，评论还需要仔细琢磨说些什么，往往又没有充裕的思考时间，有时候也真不知道该说些什么好。但是，这就带来了一个问题，有些人连好友状态的内容都不看而一味点赞，就会闹出很多笑话和令人哭笑不得的事情。

在朋友圈发布的内容中，最受欢迎的就是图片，还有表达个人生活情趣的短文本，受欢迎比例分别为50.7%和50.0%，而小视频由于流量花费较高等比例稍微低一些，也达到了45.2%（见图3-6）。另外，只有22.3%的用户会看朋友圈里分享的文章，这种情况的出现符合现代社会人的心理。

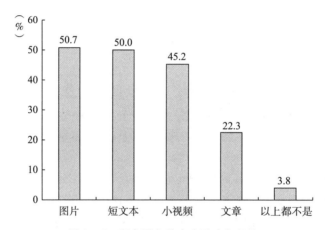

图3-6 朋友圈各种内容受欢迎程度

资料来源：http://www.199it.com/archives/508221.html。

一 男性微信使用情况

1. 使用动机

男性使用微信时会觉得容易操作，学习起来也很简单，而且觉得有趣味性。

2. 使用习惯

男性一般比较关注时政信息等内容，兴趣点比较固定，习惯于从其他平台转载一些经济、政治、军事等信息，或通过理性思考后发布一些自己的评论。男性往往排斥微信营销。男性使用朋友圈发布状态时比较随意，也较少修饰。男性往往使用文字方式与好友交流。男性较少有规律地清理自己的通讯录，往往疏于对好友信息的管理。

3. 隐私保护

男性对微信的隐私保护问题一般不存在忧虑情绪，原因可能在于其很少在朋友圈发布私密信息，也有自身安全感较强，对自己的生活充满信心等因素的影响。男性在填写注册信息时往往比较随意，并不完全真实。

4. 使用行为

男性往往愿意尝试使用摇一摇、附近的人、漂流瓶等功能结识陌生人，并且有较大的意愿与异性陌生人进行交流，从而拓展自己的人际关系，建立更为丰富的社交关系，拓宽自己的交际范围。

5. 好友构成

男性的微信好友中除了通过手机通讯录、QQ 好友列表添加的熟人之外，往往还有相当一部分陌生人。

6. 使用目的

男性使用微信并非为了维系现实中的社会关系，而是为了扩大交际圈，享受微信带来的更加便捷的服务。

7. 使用社交功能的频率

男性使用微信社交功能的频率比女性低，其更倾向于使用微信的娱乐功能、商务服务功能等。

8. 使用时间

男性在使用微信的时间上呈现碎片化的特点，其一般不会连续花费较长的时间在微信上。

9. 使用空间

男性在较为开放的公共空间使用微信的情况比较普遍，其一般不担心安全问题。

二　女性微信使用情况

1. 使用动机

女性使用微信往往是由于环境压力，因为其他朋友使用了，为了保持联系而选择注册微信。

2. 使用习惯

女性使用微信的时间比较多，更新状态也比较频繁。女性一般比较关注时尚、娱乐或者私密性较强的内容，兴趣点比较分散。女性往往愿意关注朋友圈里的代购信息。女性使用朋友圈发布状态时会刻意准备，修饰图片，发布的内容一般涉及个人兴趣。女性往往更多地通过图片与好友交流，尤其擅长自拍。女性一般习惯规律性地清理自己的通讯录，更愿意花费时间来维护自己的微信社交圈。

3. 隐私保护

女性往往对微信的隐私保护问题比较担忧，害怕自己的信息泄露，不敢与陌生人交往。女性在填写微信的注册信息时往往会填写真实信息。

4. 使用行为

女性往往不敢尝试通过摇一摇、附近的人、漂流瓶等功能来结识陌生人，而会花费更多的精力来维系既有的交际圈。

5. 好友构成

女性的微信好友往往是通过手机通讯录、QQ 好友列表添加的熟人，很少有陌生人，微信好友中出现的陌生人也往往是对方主动添加，女性被动接受的。

6. 使用目的

女性使用微信大多出于维系现实中社会关系的需要，方便与家人、朋友进行交流，同时喜欢在社交网络中进行自我呈现进而得到满足。

7. 使用社交功能的频率

女性使用微信社交功能的频率比较高，与家人、朋友、同学、同事、领导或老师等进行交流与沟通，从而更好地巩固社交关系。

8. 使用时间

女性每天使用微信的时间往往比男性长，而且愿意花费较长的连续时间在微信上，自己从中获得心理满足和情感慰藉。

9. 使用空间

女性往往比较注重使用微信时的私密空间，不希望被外界打扰，希望自己能够更好地投入。

三 基于"使用与满足"理论视角的分析

"使用与满足"理论是从受众的心理动机和心理需求角度出发，结合心理学和社会学相关知识，解释人们使用媒介以得到满足的行为，提出受众接受媒介的社会原因和心理动机。美国社会学家卡茨是这一理论的代表人物，在其著作《个人对大众传播的使用》中首先提出该理论，他将媒介接触行为概括为一个"社会因素＋心理因素—媒介期待—媒介接触—需求满足"的因果连锁过程，提出了"使用与满足"过程的基本模式（见图3－7）。

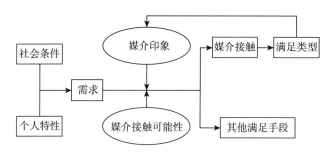

图3－7　"使用与满足"理论的基本模式

资料来源：李浩《网络自媒体的使用与满足——基于高校大学生微信使用的实证研究》，《浙江学刊》2014年第5期。

第一，人们接触和使用媒介的目的是满足自己的需要，这种需求和社会因素以及个人的心理因素有关。

第二，人们接触和使用媒介有两个条件：一是接触媒介的可能性；二是受众对媒介满足需求的评价，这是在过去媒介接触经验的基础上形成的。

第三，受众选择特定的媒介和内容开始使用。

第四，接触使用后的结果有两种：一种是需求得到满足；另一种是需求未得到满足。

第五，无论需求是否得到满足，都将影响到以后人们的媒介选择使用行为，人们会根据使用媒介后需求满足的情况来修正既有的媒介印象，在不同程度上改变着对媒介的期待。

"使用与满足"理论有如下五个基本的假设。

第一，受众使用媒介是有目的的，基于心理或社会的需求，想借使用媒介来满足需求。

第二，传播过程需要靠受众把媒介的使用及需求的满足情况联系起来，也就是说受众才是媒介的主动使用者，受众使用媒介来满足自身的需求。

第三，媒介所能满足的需求，只是人们需求的一部分，媒介在满足这些需求时，必须与其他传统的需求满足方式相竞争，只有更好地满足人们需求才有可能被受众广泛使用。

第四，研究资料来源于受众的自我体验报告。也就是说，这个理论假设受众是理性的，能了解自己的兴趣、动机、需求，并且能够清楚地表达出来。研究者根据受众的回答来推断其使用媒介的目的。

第五，没有必要对媒介做任何价值判断。

卡茨将人类的需求分成五大类，分别是认知需求、情感表达需求、个人能力提升需求、社交需求和缓解压力需求。"使用与满足"理论就是解释了媒介如何识别人们的这些需求，通过自身的功能满足人们的需求，激发用户产生使用动机，从而使需求得到满足的过程。在现代社会中，人们会产生多种需求，因而会选择使用不同的媒介来有针对性地满足自己的需求。而当一种媒介能够更好地丰富人们的使用体验的时候，人们就会自觉提高对该媒介的使用频率，进而对这种媒介产生依赖。微信就是能够满足人们各种需求的媒介，通过使用微信，人们在不同层面的多种需求都能得到满足，并进而引发对微信的依赖，前文提到的微信使用数据可以很好地体现这一点。

1. 微信满足了人们的认知需求

认知需求是人类最主要的需要和动机之一，指个体对事物的追寻、认知、了解的内在动力，如求知欲、好奇心等。微信很好地满足了用户的认知需求，提供了大量公众号、订阅号，而且实现分享与链接功能，可以将门户网站的内容导入微信平台，满足用户的认知需求。目前国内很多知名媒体、政府机构、权威专业组织都在微信上开设了账号，提供的信息更加丰富、及时，而且真实可靠，极大地满足了微信用户获取外部资讯的需要。而且微信实现了精准信息推送，如果用户对某一领域的知识有需求，可以订阅此领域权威机构的微信公众号，随时都可以接收相关知识信息，满足自己的求知欲。用户在微信朋友圈每天都可以第一时间看到好友更新的状态，尤其对自己关心的好友的近况能够及时把握。另外，社会热点话题经常会引爆朋友圈，而且各种各样的相关信息也会不断被引入朋友圈讨论，这些都能够很好地满足用户的好奇心。

2. 微信满足了人们的情感表达需求

用户可以通过文字、图片、语音、视频等微信功能与好友交流互动，而且可以不受时间、地域的限制，实现随时随地沟通。这大大方便了用户维系自己的既有交际圈，从而为用户表达情感提供了便利的条件。微信的语音通话功能一般是用户最经常也最愿意使用的一个功能，声音传播比其他传播载体，如文字、图片等更能表达出传播者的个人感情和情绪，好友之间通过语音交流可以感受到彼此的情绪状态，实现无障碍沟通，这省去了打字的麻烦，而且相较于视频交流更加经济实惠。研究也发现，相较于其他传统的联系方式，进行微信语音对话的时候，用户的情绪一般会更放松，说话更自在，沟通更有效，并且可以进一步增强好友之间的亲密程度，使人们在微信这个较为私密的空间中更好地满足情感需求。近些年，人口流动呈现出越来越频繁的趋势，而且距离也越来越远，尤其是前往国外读书、工作的人数不断增长，这就产生了巨大的用户需求。当然，微信诞生前人们可以采用电话、短信、QQ、MSN 等工具进行交流，但往往会遇到资费、设备等问题，影响交流的质量。自从有了微信，这款完全基于移动社交的新媒介，使人们交流沟通起来更加方便，也更加频繁。微信提供的强大功能，很好地满足了用户的情感需求，使用户的情感表达更加便捷、高效，增进了用户与好友的情感交流，拉进了彼此的心理距离。

3. 微信满足了人们的个人能力提升需求

微信功能强大，它不仅是一个通信工具，一款社交软件，一个游戏平台，一个商业平台，它还是一个素质拓展平台。用户可以通过订阅专业领域的微信公众号来了解信息、掌握动态、思考问题，并且还能够在互动区域表达自己的观点，与他人进行交流，这就为提升个人的专业能力提供了学习交流的平台，满足了用户的需求。再者，用户在微信朋友圈中可以分享自己感兴趣的文章、链接，这些内容一部分是自己的兴趣所在，还有相当一部分与自己的工作或学习有着紧密的联系。我们知道，微信的主要用户群体是 18~36 岁的年轻人，这正是人生中学习知识、提升技能、开创事业的关键时期，因而，微信用户朋友圈就成为汇聚知识、积聚能量的重要平台，用户通过自己和好友的分享，不断获取能量，进一步完善自己，从而使个人能力得到提升，打造一个更加优秀的自己。微信为用户提供了非常好的个人能力提升平台，用户又非常有意愿利用这一平台实现自己的升华和完善，两相契合，所以说微信很好地满足了人们的个人能力提升需求。

4. 微信满足了人们的社交需求

一方面，微信联系人主要来源于手机通讯录和 QQ 好友列表，微信的朋友圈总体上来说还是一个"强关系"的熟人交际圈。微信虽然也可以添加陌生人，但用户往往更看重微信所带来的私密空间，并不会像使用 QQ 那样，随意添加陌生人，而是需要经过验证，用户做出判断后才决定是否添加陌生人，安全性很高，从而保护了用户的使用安全和避免了恶意信息的骚扰。微信用户对微信的认可度普遍比较高，并且认为微信确实建立了"强关系"的交际圈，促进了现代社会中人与人之间信息的流通，满足了用户与其关系链中其他成员的沟通交流需求，促进了用户与好友之间情感的表达，稳定了用户的社会关系链。另一方面，微信用户好友中显然也有一部分是通过摇一摇、附近的人、漂流瓶等途径添加的陌生人，而这些人进入用户的朋友圈后便与用户产生了关系，这是一种"弱关系"，一般并不十分紧密。用户通过添加陌生人，进一步扩大了自己的社交圈，突破了现实生活中固有交际圈的束缚，实现了跨越时空限制的社交，这些交际对象可能与用户有着共同的兴趣爱好，也可能仅仅是彼此之间的空间距离比较近。总之，微信实现了维系既有社交圈与开拓新社交圈的融合，满足了用户全方位的社交需求，而且形成的新社交圈超越了私人空间的属性，成为具备一定公开性的公共空间。

5. 微信满足了人们缓解压力的需求

一些调查研究发现，宣泄情绪、缓解压力是很多人选择使用微信的重要原因。对很多人来说，在朋友圈发状态，表达自己的情绪，宣泄自己的不满，获得好友的鼓励和支持，已经成为生活的一部分。

这些表达往往会引来好友的关心和问候，好友会了解其发状态的原因，或好言相劝，或调侃打岔，或同仇敌忾，甚至最后约在一起吃饭、聚会，帮助其舒缓情绪、缓解压力。对于用户来讲，情绪不好的时候发完状态，心情就已经平复了不少，再有众多好友的劝解宽慰，甚至还有线下的聚会活动，负面情绪就彻底消散了。对于朋友圈的好友来说，看到朋友情绪不好，遇到挫折和困难，及时提供心理援助，实际上对自己工作和生活中遇到的一些困难也就看淡了，尤其是看到别人比自己还要值得同情，自己遇到的困难无形中就被弱化了，紧张的情绪也就舒缓了，同时也就缓解了压力。微信用户在情绪不好的时候，往往也会找到自己最亲密的朋友长时间地聊天，以此来宣泄情绪、缓解压力，在聊天的过程中，甚至会出现咒骂、哭泣、愤怒等情形，同时会得到好友及时的情感支持。好友一般都能做到很好的共情，不仅能倾听，同时还能提供友善的建议，从而帮助用户将负面情绪宣泄殆尽，完成蜕变，恢复往日的风采。所以说，微信很好地满足了人们缓解压力的需求。

6. 微信满足了人们降低成本的需求

微信作为一款基于移动互联网的社交软件，只需要耗费一定网络流量，即可实现随时随地与好友联系。一方面，目前 WiFi 信号遍地都是，尤其是在城市中，人们甚至不需要使用自己的移动数据流量就可以欢畅地使用微信，而微信用户从地域的角度来说，也主要集中在城市。人们走在大街上，开启 WLAN，一般都可以搜索出不下 10 个账号，当然很多账号是设有密码的，但也有相当一部分是没有密码的，比如咖啡厅、饭馆、酒店、商场等，这时用户就可以免费上网，开始一段微信旅程。另一方面，即使在没有 WiFi 信号的地方，用户同样可以使用电信运营商提供的数据流量服务，除了在极偏远的地区信号不能覆盖而无法上网。微信用户通过发送语音、文字来与好友交流沟通不需要耗费太多流量，因而所产生的费用一般来说用户是可以承担的。但是，如果使用更多的图片、视频来交流，就会耗费较多流量，用户使用的时候就会进行考量，这在一定程度上限制了用户对微信的使用频率及时长。总体来说，微信为人们提供了一个低门槛甚至零门槛的通信平台，大大满足了人们降低成本的需求。

7. 微信满足了人们娱乐休闲的需求

根据相关调查的结果，现在有越来越多的人开始将微信作为娱乐休闲的平台，从中获得娱乐的快感和消遣的乐趣，其实微信对人们娱乐休闲需求的满足也是众多用户选择其作为社交平台的一个重要原因。娱乐休闲可以很好地放松人的身心，养精蓄锐，从而在工作、学习中更好地表现，获得更好的成绩。很多人在学习、工作之余，将大量闲暇时间花在微信上，与朋友进行交流和沟通，在朋友圈里自由发布各种状态，在游戏中心尝试各种角色带来的挑战，分享各种信息。微信极大地丰富了人们娱乐休闲的选择，而且使用户在各个维度都获得了满足。微信用户不仅自己获得了娱乐享受，同时还经常将有趣的内容分享给自己的好友，并发布自己的娱乐体验，鼓励好友积极参与体验，以获得相同或类似的感官享受。对用户来说，不仅自己能够通过微信获得丰富的娱乐体验，而且能使好友也获得相似的娱乐体验，这进一步增强了彼此的亲密关系，而且拥有了更多的共同话题。

8. 微信满足了人们追求时尚的需求

微信最初的用户群主要就是年轻一代的知识分子和高薪白领，他们对微信的推广起到了巨大的作用。年轻人喜欢新奇感，愿意探索新世界，具有极强的好奇心去了解新事物，因而微信一出现便受到了他们的关注。而年轻知识分子，尤其是大学生，还有企业的白领，正是引导时代潮流的一个群体，通过他们的体验分享，借助他们的传播，微信迅速在年轻人群体中得到广泛支持。微信迅速成为"时尚""前卫"的代名词，在社会上造成了不使用微信就落伍的效应，微信成为人们手机 App 里的标配，长期在手机应用商店的 App 下载排行榜中位列第一。可以说年轻群体对新生事物充满好奇和勇于尝试的天性，造就了微信的传奇。不仅如此，在微信创建朋友圈后，大量用户每天都会发布或更新自己的状态，从而在自己的社交圈中塑造积极的自我形象。

9. 微信满足了人们从众的心理需求

从众心理一般是指在一定的群体压力下，人们会不自觉地放弃自己的观点、态度或者行为，选择与大多数人类似的观点或者倾向，也就是我们在日常生活中常说的随大流。在群体压力下，通常来说从众心理的驱动可以使从众的个体获得匿名的安全感和满足感。调查发现，很多用户使用微信的最初原因是身边很多朋友在用，为了便于与朋友沟通才开始使用微信，由此可以看出，人们的从众心理在微信的广泛传播中起到了极其重要的作用。微信最初的推广策略就是邀请大量名人、明星做代言，分享自己的使用体验，挑起人们的使用欲望。以名人、明星为代表的社会精英阶层首先开始使用微信，这在无形中对普通大众产生了一些影响和压力，促使人们在从众心理的影响下向群体压力低头。由此，很多人迅速成为微信的用户。时下，微信已然成为年轻人之间沟通交流的首选工具，人们在微信的朋友圈里可以得到自我认同感和率性表现自我的自由，这为用户提供了极佳的切身体验，进一步增强了用户的黏性。在日常生活中，我们随处都能见到微信"扫一扫"二维码的标志，随时可以听到朋友间的微信对讲语音。可以说，微信已经实现了"病毒式"扩散和传播，并逐渐成为人们的一种生活方式。

10. 微信满足了人们自我实现的需求

根据马斯洛的需求层次理论，基本的生理需求是人类最底层的需求，安全需求也属于低层需求，在满足了这些需求之后，人们往往会追求更高层次的需求。自我实现的需求属于人类最高层次的需求，人们在自己的日常工作、学习、生活中，总是希望能表现出最好的一面，从而获得周边人们的关注和认同，尤其是希望获得异性的青睐，呈现自己的魅力，实现自我的形象定位，塑造一个理想自我。美国社会学家库利提出了"镜中我"的概念，这是社会学界一个非常经典的概念。他认为，人的自我认识是在社会互动中逐步形成的，外界人群对自己的认识、评价、看法、观点等就是自己的一面镜子，通过这面镜子人们在活动中不断地调整自我的行为和思想，从而完成对自我认识的升华。他人的关注在自我实现过程中可以让自我获得更加完美的展现。在任何一个社会群体中，由于每个人都有着不同的身份特征和社会地位，而现代社会生活节奏越来越快，在这样的前提下，就会出现这样的情况：有的人不断被他人关注和认同，但有的人消失在人们的视线里，不是每个人都能够得到周边人们足够的关注和认同。微信的诞生，正满足了人们寻求关注的需求，这是一个平等的舞台，人们可以在一定程度上脱离现实社会中的身份和地位的限制，每个人都可以自由地表达自己，多角度、全方位地展示自己，从而获得朋友的关注和认同，实现自我。在现实生活中，人们往往没有充足的时间和机会去表达自己、展示自己，因而无法获得周边人们的关注和认同，而微信正好给用户提供了绝佳的平台，可以帮助人们得到在现实生活中无法获得的关注和认同。用户在微信平台尤其是朋友圈发布自己的状态，往往会得到好友们的评论或点赞，从而增强自信心，产生强烈的归属感，获得安全感，缓解压力。可以说，微信为个人展现自我提供了多种可能性，帮助用户实现了身份认同，不断强化自我表现意识，引发进一步的自我展示行为。越来越多的人喜欢使用微信，喜欢自己成为朋友们关注焦点的感觉，同时他们也非常乐于关注朋友的动态。

第三节　两性气质在微信中的体现

一　性别气质理论概述

科研人员对动物的行为模式进行了荷尔蒙研究，从获得的生理学指标来看，雄性与雌性具有典型差异，其中比较显著的特征就是：生理雌性动物喜欢幼体或幼仔，生理雄性动物喜好竞争并具有强烈的领地意识。人类行为在某些方面与动物行为相仿。一般来说，女性多喜欢婚姻和婚礼，而且相较于事业会更加重视自己的婚姻生活，有一些典型行为，如小时候大多喜欢玩娃娃、过家家等活动；男性小时候一般喜欢活动量大的游戏，更加自信，成年后想干事业，大多持有事业比家庭、为人父母更加重要的观点。对于这种性别间的行为和倾向差异，有人认为只是社会角色不同，不存在价值高低的差异，而有人却认为不同的性别特征（气质）赋予了两性不同的价值地位，认为男性的价值远远高于女性的价值。这就引起了学者们对性别气质的深入研究，在研究的过程中，呈现出两种比较有影响力的观点，即性别气质本质论和性别气质社会建构论，在此对这些研究进行一个简单梳理。

1. 性别气质本质论

性别气质本质论是将人的生理性别与社会性别（性别气质）相等同，认为男女性别气质差异的根源就是两性生理上所具有的本质不同，因而男人具有男性气质，女人具有女性气质，泾渭分明。性别气质一定是以男女两性的第一性征和第二性征为基础的，是一整套固化的、强调两性对立的心理特点和行为特征。男性气质指的是男性具有成就取向和关注完成任务的行动取向的一系列性格和心理特点，女性气质是指女性具有对人亲切、对他人关心等亲和取向的一系列性格和心理特点。比如说，男性往往具有勇敢、理性、智慧等特征，女性身上体现出的特征则是感性、温和、亲切等。

女性主义学者认为，性别气质本质论是站在父权制的立场，从维护男权文化的社会统治角度，将男尊女卑、男优女劣的性别不平等披上了一件合法化的外衣，并认为女性的低等地位应该归因于女性特殊的生理原因，女性天生就应该是男人的一部分并依附于男人。

其实，在西方哲学思想发展史中就一直有这样的传统，自柏拉图以来就已经开始强调男人是与理性、优势、抽象、公共领域、统治支配相联系的，女人则是与感性、劣势、具体、私人领域、依附从属相联系的，两性自然就被置于主仆、优劣、自然和社会的二元对立的思维框架中，由此引申出的两性关系便变成了一种男尊女卑、男优女劣的等级关系。男性一直被置于积极、主动、占支配的地位，女性则只能处于一种消极、被动、受控制的地位。近现代的西方哲学家诸如卢梭、康德等人都继承了古希腊先贤二元论的思维模式下形成的性别偏见，把女性视为依附并从属于男性、缺乏见识、智力平平的形象，并把女性的生存空间限定在家庭之中，而把男性的生存空间定位于公共领域之中，甚至贬低女性价值，高扬男性价值，从而进一步深化了以男性为中心的社会统治。人类历史进入 20 世纪，弗洛伊德从心理学角度用精神分析学对两性不同性别气质的产生做出了详细阐述，认为两性性别气质的不同主要是"阳具崇拜"和"阉割情结"在起作用。弗洛伊德依然从男性中心论出发，认为男性才是真正完整而健全的人，女人则是不完整的，是不能与男人相媲美的，作为女人总是会为此感到自卑的。于是，在家庭中，女孩会自觉地倾向于认同温柔、和蔼可亲的母亲角色，这样才能够赢得男人的青睐。由于母亲无微不至的呵护，男孩产生了恋母情结，但是这样会面临父亲的"阉割"，于是男孩会主动屈服并向具有权威性的父亲看齐，并自觉接受其思想和行为规范，于是两性不同的性别气质在"俄狄浦斯情结"的作用下逐步形成。弗洛伊德阐释的性别气质的形成主要是以男性的性别特征和男性话语权力为核心的，女性则被严重边缘化，处于话语和权力的真空地带，后来的女性主义者对弗洛伊德男性中心主义的立场进行了激烈的批判。20 世纪中期以前，以性别气质本质论为基础的性别角色论大行其道，社会要着力塑造与两性生理性别相适应的性别气质和性别角色，对两性进行不同的性别气质培养，以强化甚至固化两性应该具备的性别气质特征。因而，两性被置于二元对立的性别气质框架中，男性气质成为社会主导的气质，女性气质是作为男性气质的附属，男性气质总体上是优于女性气质的。

性别气质本质论完全从生理性别出发来界定两性性别气质，建立了性别气质二元对立的思维框架，彻底忽视了性别气质内部个体的差异性特征，只是片面地把性别气质范畴化，使男尊女卑的性别气质刻板印象不断被强化，这就是性别气质本质论的缺陷。

2. 性别气质社会建构论

20 世纪中期之后，性别气质社会建构论在众多女性主义学者的强烈奋争下走上了历史舞台，开始向性别气质本质论发起挑战。性别气质建构论指出性别气质不是先天的，而是受一定历史时期的文化传统与习惯信仰以及占统治地位的权力话语等影响所建构起来的，而且性别气质是不稳定的和可塑的，两性不同的性别气质主要是受具体的社会文化环境的影响，不同社会文化建构的社会性别气质也是不同的。

美国人类学家玛格丽特·米德对相距 100 英里以内的三个原始部落进行了田野调查，于 1935 年出版了著名的《三个原始部落的性别与气质》

一书，挑战了人们对固化的性别气质的传统认识，全面系统地介绍了阿拉佩什人、蒙杜古马人和德昌布利人三个原始部落的性别与气质情况，发现三个部落中男人和女人的性别气质迥然不同，印证了性别气质社会建构论的观点。

美国思想家和人类学家艾斯勒在其著作《圣杯与剑——我们的历史，我们的未来》（被普林斯顿大学著名人类文化学家蒙塔古誉为"自达尔文《物种起源》以来最重要的一本书"）中，也揭示了性别气质在历史文化中不断被塑造的特点，并倡导建立一种两性平等、和谐、合作的新型伙伴关系。

随着女性主义运动浪潮的发展，一大批女性主义的著名人物和经典著作陆续出现。比如，西蒙娜·德·波伏娃在其著作《第二性》中写道："女人并不是生就的，而宁可说是逐渐形成的"，社会对女性的认识是"女人的所谓'特性'：她'沉迷于内在性'，她乖张，她世故和小心眼，她对事实或精确度缺乏判断力，她没有道德意识，她是可鄙的功利主义者，她虚伪、做作、贪图私利，等等"，而且女人有许多缺点，"如平庸、懒惰、轻浮"，还有"淫荡""功利"，女性"自恋""自私"，而且"虚荣、冲动"，女人要想反抗，采用的形式只有"哭"、"大发脾气"和"自杀"。但是，作者认为"女人的'特性'——她的信念，她的价值，她的智慧，她的道德，她的情趣，她的行为，应当由她的处境来解释"。① 于是，波伏娃从哲学、心理学、生物学、历史和神话等方面分析了不同社会形态中女性的次等地位和与其相对应的女性气质，一针见血地指出女性作为"他者"地位的产生并不是由生理原因决定的，而是在社会中不断被塑造的结果，也就是说女性的性别气质是由社会建构的。

凯特·米利特在1970年出版的《性的政治》一书中谈道，社会上被广泛接受的观点就是男性的特征是积极进取的、有智慧的、有力量的和有功效的，女性的特征则是顺从的、无知的、有贞操观念的、无能的，而两性特征划分的依据则是统治阶级的需要和价值观。性别特征又被看作是每个人最主要的特征，是第一特征，也是最永久的特征。米利特把社会对男女不同气质、角色、地位的规定以及人们对此的认同，也看作"性政治"的表现与功能。她首次提出"父权制"的概念并指出两性关系实质上是一

---

① 〔法〕西蒙娜·德·波伏娃：《第二性》，陶铁柱译，中国书籍出版社，2004，第567页。

种父权制度下的政治统治关系，这种统治关系超越了其他所有的社会关系，更加牢固，更加无情，更加一致，更加长久，深入每个人的观念和意识之中。西方传统观念认定，男性是更加优越的性别群体，他们不仅身强力壮，而且在精神上积极进取、具有智慧与理性；而女性则是依赖、脆弱、情绪化的，一辈子都不会成熟。在两性关系上，男性主动、女性被动被认为是合适的，甚至男性的性暴力、性攻击都被看成男性的成就与威望，男性在两性关系上具有强权地位，并且可以占有、使用、掌控女性。作者认为，这些传统观念实际上都来源于父权制文化对男女性别角色不同的要求与规定，是由后天的、社会的力量决定的，与生物学基础并无必然的内在联系。而男强女弱、男主女从、男尊女卑的定位也就在这些规定之中被塑造了，成为一种强大的传统力量，女性由此而沦为一个受控制、受支配的群体。这一切都源于父权制，与父权制的强权统治相一致，并成为维护和巩固这一制度必需的一系列策略。

20 世纪 80 年代，法国社会学家皮埃尔·布尔迪厄在《男性统治》一书中认为，男性气质既给男性带来了特权，也给男性带来了紧张和压力，之所以对男性价值进行颂扬，是基于女性特征引起的恐惧和焦虑，所谓的"男子气概"（即男性特征），就是在对自身、对女性的恐惧之中产生的。

后现代女性主义学者汲取索绪尔的符号学、阿尔都塞的意识形态理论、德里达的解构主义和福柯的权力话语理论等学说中的有益成分，开始反思话语权力对身体和性别气质的建构作用，倡导性别气质差异性、多元中心的性别气质和强调女性自我意识的觉醒，以寻求多元身份认同的女性主体话语权。性别多元观不再笼统地把性别气质划分男性气质和女性气质，而是深入男性和女性群体内部，关注具体个体的性别气质，发现个体内部的性别气质千殊百态、各不相同，而且性别气质不是一成不变的，而是处于动态的发展变化之中。

女性主义评论家特丽莎·德·劳里提斯在《社会性别机制》一书中提到性别气质是一种再现，而且是隶属于某个阶级的关系的再现。法国著名女性主义者维蒂格认为女性的心理乃至身体都是被社会所强加的，她的理想目标是社会中只有人的概念，而没有男人与女人的概念区分，即消灭男性气质与女性气质。

著名女性主义学者朱迪斯·巴特勒在《性别麻烦——女性主义与身份的颠覆》一书中提出性别气质是在后天社会中不断被塑造的，而且认为生理性别和性别气质一样都是社会建构的，否认纯粹自然的生理性别的"白板"存在，生理性别也是被社会性别文化所侵蚀，浸透着社会性别规范的因子。她认为没有所谓的生理和社会性别之分，性别划分只是一种社会规则，主体的性别是由社会法则塑造的，而且建立在统治阶级的权力基础之上，这种规则被不断地操演和引用，于是便书写出不同性别气质的主体。性别气质的本质是利用社会性别划分法则对具体的社会行为进行不断规范。表面来看，它是我们内在的气质特征，实际上却是一步步被制造出来的，是一种假象。随着时间的推移，自我不断进行性别操演，性别气质的刻板印象逐渐内化为自我的一部分而形成了所谓的关于性别的常识。因此，从性别操演理论角度来看，性别就没有正确与错误之分，也不存在真实与表象之别，所谓真实的性别气质不过是社会为了维护统治所制造的虚假的管控。

另一位女性主义者琼·W.斯科特认为，男性气质是建立在抑制女性气质的基础之上的，这就导致了男性气质与女性气质的根本对立。男性气质或女性气质也不是一成不变的，会随着环境的变化而变化。而桑德拉·李·巴特基提出，人们生而有性别差异，这是生理学意义上的差异，而并非生而具有社会学意义上的性别气质。女性气质是一种人为规定而形成的东西，是接受社会规范养成的行为模式和身体风格。

总而言之，社会建构论及后现代女性主义从根本上来说是反本质主义的，批判了性别本质论调下贬低女性气质并且把女性置于从属和被压迫地位，主张消解以男性为主宰的性别本质主义理论，开始重新重视女性的价值、尊严和地位。在社会性别建构理论框架下多角度探究制度、权力、意识形态和话语对性别气质的建构，进而在此基础上解构不平等的二元对立的性别气质，提倡性别气质发展的多元化和差异性，力求摆脱传统性别刻板印象对个体自由发展的束缚，为两性的自由平等开拓新的发展空间。

3. 性别气质的界定

关于性别气质的特征，古今中外的众多学者都进行过探讨和研究，不管是站在本质论的立场还是站在社会建构论的立场，性别气质的基本特征和内容是有共性的。佟新在《社会性别研究导论》一书中对性别气质进行了很好的概括和总结："男性气质是指男性具有成就取向和关注完成任务的行动取向的一系列性格和心理特点。男性气质固化和稳定的内容至少包括三个成分：地位、坚强和非女性化。地位代表功成名就和受人尊敬，是社会成就取向；坚强代表力量和自信；非女性化则是避免女性化的活动。女性特质反衬了男性特质，男性不能依赖、软弱、温柔等；在性活动上男性主动而活跃。男子气质总是与雄心勃勃、大胆、争强好斗、具有竞争力和性活跃的积极状态联系在一起。""女性气质是指女性具有同情心、令人亲切、对他人关心等亲和取向的一系列性格和心理特点。女性气质的内涵不断变化，但固有的内容包括三个部分：与家庭或关系相关的一切，温柔、爱整洁、依赖男性以及与一切与男性气质相对立的特征。因此，女人味总与羞涩、腼腆、胆小、多愁善感、温柔、在性活动中被动等联系在一起。"① 刘丹丹、戴雪红在《性别气质的建构与批判——基于阿尔都塞意识形态理论的论释》一文中也提出了自己的观点："一般来说，性别气质的划分也导致了男性和女性的以下对立：理性和感性、强壮与柔弱、权威与服从等，性别气质的划分具有褒扬男性价值、贬低女性价值两极分化的倾向。"② 从这些理论视角出发，对性别气质的典型特征进行简单梳理是非常有必要的，下面就从感情与理性、自然与文化、生育问题、攻击性、公私领域的划分五个方面来分析一下两性分别具有什么样的性别气质特征。

（1）感情与理性。

关于感情与理性问题，在西方文化中有一种传统观念，认为女性天生富于感情、缺乏理性、缺乏逻辑思维能力，而男性则更富于理性，因为其无论在何种情况下都需要运筹帷幄，因此需要理性的大脑。在中国文化中，女性的形象也往往是感性的、柔弱的，同样缺乏处事能力，遇到困难总是无助、求助，遇到危险总是哭喊。而男性则不同，男性勇敢、睿智、果断、自信，具有强大的社会生存能力，能够克服任何困难，即使身处险境，也能淡定自若。

（2）自然与文化。

很多人都相信，女性是更加接近自然的，纯洁、质朴，缺乏社会经验，不善与人交际，多情而善感，大多生活在个人感情世界和家庭生活中而较少关心社会的发展变化；而男性则是更加接近文化的，心思缜密、有韬略，社会经验丰富，扮演多种社会角色，拥有广泛的交际圈，是社会发

---

① 佟新：《社会性别研究导论》，北京大学出版社，2011，第26页。

② 刘丹丹、戴雪红：《性别气质的建构与批判——基于阿尔都塞意识形态理论的论释》，《南京政治学院学报》2015年第4期。

展变化的推动者。

（3）生育问题。

人们往往认为繁殖后代和教育子女是女性的天职，女性先天就具备养育的特性，温柔、耐心、细心、任劳任怨，并且想当然地认为女性是乐于从事养育性职业的，比如护士、保育员、保姆、幼儿园教师等。这仿佛是由生理条件决定的，女性如果不承担这一职责，甚至如果做得不够好，就会受到社会的谴责。女性的生活空间就是家庭，生活重心就是孩子。男性需要承担养育家庭的责任，不需要承担照顾哺育后代的具体工作，只是通过进入社会，建立事业，获得资源，提供支持家庭正常运转和发展的经济收入即可。因而，男性需要具备坚强、勇敢等特性，以此来开疆拓土，建功立业，扮演好自己的角色。

（4）攻击性。

攻击性是男性的标签，而女性往往是柔弱的、依赖性强的、需要被照顾的。当人们评价男性时，就要求他强壮、粗犷、能干、自信；当评价女性时，却要求她娇小、细致、软弱、体贴、美丽、优雅。从进化论的角度来解释攻击性，可以发现为了获得与雌性交配的特权或优先享受食物的特权或霸占领地的需要，雄性之间往往需要展开激烈的竞争，因而雄性往往具备攻击性。而雌性往往是处于被选择的地位，需要等待雄性的分配和遴选，温顺、乖巧就是其应该具备的典型特征了。

（5）公私领域的划分。

如果把生存空间划分为公共领域和私密领域，那么显然男性占据着公共领域的主导权，而女性则集中于私密领域。男性气质特征就要求男性更多地进入公共领域，在竞争中赢得自己的地位，凸显自己的价值；而女性气质特征却强调女性在私密领域生存，要求女性尽量避免进入公共领域，即使进入公共领域，也不会获得像男性一样的生存空间。

但是，现代社会出现一种趋势，就是性别气质的模糊化，或者说双性化，这也是一部分女性主义者所积极倡导和追求的社会理想状态。所谓的性别气质模糊化，就是男性表现出较强的女性气质特征，或女性表现出较强的男性气质特征。佟新在《社会性别研究导论》一书中提出，"第四性征也被称为'去性征化'或'双性化'，是指男性和女性气质没有明显的分化，男性和女性取长补短，兼具男性气质与女性气质的心理特征。女性不乏热情、泼辣、豪爽、刚烈、精明、强干；男性同样温柔、感情丰富、体贴温柔。具有双性化特点的男女没有严格意义上的性别角色的限制，能够更加灵活、有效地应对各种情景，独立性强，自信心高"。[①] 而如果超越男性气质与女性气质，单从人的总体气质类型来看，任何一个人可能都具有多维度的、跨越传统性别气质观念的气质类型。

4. 性别气质的培养

从性别气质社会建构论出发，我们可以得出人的性别气质是后天的，是可以培养的，不是一成不变的，是可以跨越传统性别气质观念的。如今，社会上有很多男性缺乏"男子气概"，做事不够"爷们儿"，甚至表现出一些突出的女性气质特征。同时，也有相当一部分女性越来越像"男子汉"，做事大大咧咧，甚至比男孩还要勇敢坚强，体现出强烈的男性气质特征，被称为"女汉子"。如此看来，男性和女性在性格和行为等方面的差异已经远不如从前那么明显。这种状况出现的原因是多方面的，社会环境的改变和生活观念的变化是重要的方面，社会、家庭、学校进行的性别意识培养是根本原因。

认知心理学的研究表明，人类从婴儿期就已经能够感知性别差异了。6 个月大的婴儿就可以对男性和女性声音做出不同的反应，在 9 ~ 12 个月的时候，婴儿就能够根据头发和服饰辨别男性和女性的面孔，从 24 个月开始，儿童就能够将具有典型性别特征的玩具与正确的性别面孔相联系。男孩和女孩最早的行为差异出现在 1 ~ 2 岁期间，这种差异主要表现在对玩具和游戏活动的偏好和对同性伙伴的偏好上。在 2 ~ 3 岁期间，男孩和女孩便倾向于更多地说出与自己性别相符的词语或句子。

因而，性别气质的培养从婴儿出生便可以开始了，如果错过最初的关键时期，男孩就容易逐渐表现出更多的女性气质特征，女孩也可能更多地表现出男性气质特征。而且随着年龄的不断增加，孩子养成的性别气质类型就会越来越难以改变。

男性和女性在生理上的性别差异是先天决定的，是无法改变的，但其性别气质是可以培养的。根据生理性别培养婴儿的性别气质特征可以通过服饰和玩具等直观物体入手，从知觉方面让孩子认识到性别差异。比如说，男孩用蓝色毯子，女孩用红色毯子；男孩穿蓝色或灰色衣服，女孩穿粉色或红色衣服；男孩常穿裤子，女孩多穿裙子；男孩留短发，女孩扎辫

---

① 佟新：《社会性别研究导论》，北京大学出版社，2011，第 26 页。

子；男孩多玩小汽车、枪等，女孩多玩娃娃、儿童厨具等。当儿童开始把自己看作男孩或女孩时，性别分化就发生了，一旦儿童认识到自己的性别不会改变，就会偏爱与其性别标签相符的活动和游戏。比如说，男孩在很小的时候就喜爱踢足球、爬山或游泳等，小女孩则更倾向于跳舞、唱歌、学乐器等。

二 自我表露理论概述

自我表露理论最早由人本主义心理学家西德尼·朱拉德于 1958 年提出，他最初认为自我表露是个人将有关自己的信息表露给他人（交流对象），后来其在著作《透明的自我》中对这一概念进行了重新界定：自我表露是一个告诉他人关于自己的信息，真诚地与他人分享自己个人的、秘密的想法和感受的过程。也就是说，自我表露就是将自己的真实信息（包括姓名、性别、年龄、工作、爱好、思想、感受和经历等）表露给他人，从而起到维持或发展彼此间亲密关系的重要作用。自我表露其实是一个交互作用的过程，具有一些典型的特征：双向性，持续循环的过程；情境性，依赖具体情景才能实现；相互依赖性，对交流双方都会产生影响。自我表露的作用在于增进交流与沟通，建立人际关系圈，同时可以帮助个人更好地认识自我，有益于生理和心理健康。其实，在现实生活中，人们很少被要求进行自我表露，尤其是中国人，原因有很多，比如表露者和倾听者的个人特质、表露的内容、双方的关系、后果评估、表露情境等。

微信的出现改变了在网络上进行自我表露的匿名性，因为微信是建立在"强关系"基础上的网络社交圈，是依托于用户在现实社会中的社会关系而建立的网络平台。因而，人们在微信的自我表露对象是具有准实名性的，自我表露徜徉于现实与虚幻之间，既处于好友之间的私密空间，又处于面对陌生人或"弱关系"联系人的半公共空间。人们在微信上自我表露的内容大多倾向于表达情绪情感、观点态度、兴趣爱好、工作或学习状态、人际关系情况等，主要的动机是自我倾诉、维系关系、获得情感满足等。

三 男性气质的呈现

按照传统的观念，男性气质是判断男性性别特征的重要依据，主要指男性在被社会文化建构以后呈现出的特有的性格和心理特点。男性气质在微信中呈现的方式多样，内容丰富，凸显了具有典型男性特征的心理状态。微信作为一个基于"强关系"的社交平台，成为考察当代社会男性气质的重要空间，其强大的功能和庞大的用户群对当代社会的两性关系具有重要影响，因而成为备受瞩目的研究对象。下面就从呈现方式、呈现内容、心理特点三个方面来对男性气质在微信中的呈现情况进行深入考察。

1. 呈现方式

男性气质在微信中的呈现主要是通过微信提供的基本功能实现的，最主要的就是文字、图片、视频和分享的链接。

男性在微信中发布的文字一般是陈述句，感情色彩不浓烈，以叙述说明情况为主，一般较简短，重在表情达意。而且通常是经过较深刻的理性思考之后才发布的，条理清晰，层次分明，逻辑性强，一般会表达一个核心理念，表明自己的态度、认知和判断。由于微信的"强关系"属性，私密性较强，男性在语言或文字表达方面比较随意，也有一部分男性在微信中会使用一些粗鲁的词汇，成为男性气质表达的一种方式。

男性也会在微信中使用图片，但是与女性相比，使用的数量会少很多，而且配图往往是为了说明文字内容或者表达观念，是经过慎重选择之后才发布的，其中也传达了自身对世界的认知。男性一般不会对图片进行刻意修饰，其主要功能是传递信息，往往不能给人带来美感，但一般能够传递准确信息，较少引发误解。男性很少自拍，发布的图片主要跟关注的事物或探讨的话题有关，对人的关注较少。即使发布了一些自拍图片，往往也是为了说明当下的状态，是在传递信息和观念。另外，男性微信中会有一些富有调侃精神和幽默气息的图片，但这些图片往往不是关注生活细节的，而是涉及人生态度、生活状态甚至价值理念的，他人在感受到幽默气息的同时也会进行相应的思考。一些抽象风格的图片也会不时出现在男性微信中，透露了使用者的理性思考和价值观念。而且这些图片往往还会配有相应的文字信息，用来帮助他人更好地理解和接收图片传递的信息和内容。

男性也会在微信上使用一些视频，使用频率同样不高，主要是为了更好地传递信息，提供更丰富的阅读体验，实现观念的完整表达，让他人更容易接受，使用频率低主要是由于相较于具象的信息传递方式，男性更善于或喜爱抽象的方式，喜欢更能体现自己理性思考成果的表达方式。

男性比女性更加偏爱通过分享链接的方式来表达自我，而且分享的内容都是经过自己阅读并思考的，可以作为自己价值观念表达的辅助材料。分享的文章往往篇幅较长，而且专业性强。男性分享链接不仅是为了传递信息，更是为了传递价值理念，为了解释或说明问题，充满了理性思维的各种逻辑关系。男性也常常使用语音与他人进行交流，从而在交流过程中展现自己的男性气质。根据交流对象性别、亲疏关系的不同，男性往往会采用不同的态度和语言风格，但基本会保持一致，相较于女性，其更具有稳定性。

2. 呈现内容

男性气质的呈现需要依托具体的内容，无论是文字、图片、视频还是链接的形式，通过对内容的整理和分析才能让他人感受到用户的气质特征，也才能让他人更好地评价和判断用户的气质类型，从而进一步确立用户的性别形象，进一步推动社交关系的维护和人际关系的沟通。男性在微信中发布的内容主要有以下几类，即学习或工作相关信息、时政类信息、励志类信息等。

（1）学习或工作相关信息。

上图是一个传播学专业在读研究生发布的信息，他结合自己的专业理论知识对当下高校"女生节"的横幅内容进行了梳理和分析，进行了深入的理性思考，并做出了判断，选取"最佳"图片来说明自己的评判结果。

　　上图是一个公司白领（营销人员）发布的信息，展示出自己参加培训活动的图片，并发表了简短的文字，对此次学习活动进行解释说明，同时可以发现学习的内容与工作密切相关，体现了自己通过学习来提高工作能力的意图。

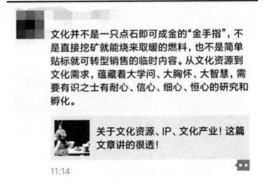

　　上图是一个媒体工作人员发布的信息，分享了与自己工作紧密相关的理论文章，并且进行了深入的理性思考，把自己思考后获得的经验或成果表达出来，同时希望得到认同，呼吁"有识之士"共同"研究和孵化"。

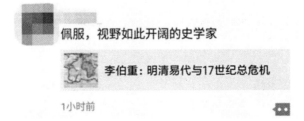

　　上图是一位大学教授发布的信息，分享了理论文章，表达了对文章作者的高度赞扬，不仅认同文章的内容，而且对作者进行了价值判断和评

价。这不仅需要理性思考，更需要扎实的理论功底。只有将此文章与其他相关文章进行比较后，才能得出如此结论。

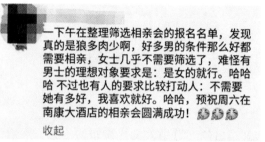

上图是一个即将毕业的大学生在实习过程中发布的信息，对自己的工作内容进行了介绍，并谈了自己的工作体会和感受，而且将这些感受与时下社会中的特定状态进行了整合分析。同时对自己的工作前景表达了内心的期待，体现了自己基于工作而展开的对于现代青年男女择偶观念的理性思考，并得出了自己认为的理性择偶观念："不需要她有多好，我喜欢就好。"

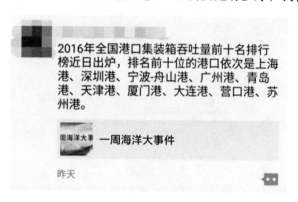

上图是一个涉及海洋文化传播业务的门户网站创办人发布的信息，关注的是中国海洋产业的动态，与工作密切关联，将自己的微信作为工作平台的延伸，体现了强烈的职业属性，表现了自己的工作状态。

（2）时政类信息。

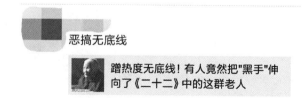

上图是一名高校教师发布的信息，关注慰安妇这一敏感的时政信息，批判那些利用热点政治话题炒作的无良人士，痛斥利用老人影像截图制作表情包的行径，同时表达了自己的个体感受和思考，在与时代事件互动的过程中体现出了典型的男性气质特征。

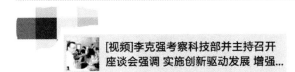

上图是一位公司高管发布的信息，高度关注国家大政方针，对政策走向进行深入思考和研究，表达自己的观察与思考，凸显自己强烈的创新意识，表达了自己深度介入宏大社会公共话题的意愿，以期获得他人的重视并进而展开对话。

（3）励志类信息。

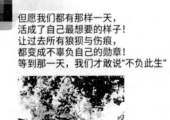

上图是一个企业高管发布的信息，其阅历丰富，对人生态度和人生追求提出了自己的观点和看法，希望能"活成了自己最想要的样子"，实现自己的人生价值。通过"让过去所有狼狈与伤痕，都变成不辜负自己的勋章"来表达人生需要经历种种苦难，但人的态度应该是积极向上的，不应该被苦难困住，而应该将苦难作为财富和基石，并在此基础上奋勇攀登。

上图是一个企业主管发布的信息，用简短的语言表达自己积极向上的人生态度，配以象征生命力的图片来进一步明确自己要表达的观念，以此激励自己不断进取，不满足现状，追求一个更好的自己。

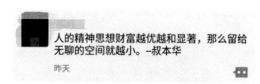

上图是一个传媒企业高管发布的信息，通过叔本华的名言来激励自己，表达自己对"精神思想财富"的积极追求，提升自己的思想认识水平，充分调动自己的全部资源来实现更有价值和意义的人生，而将"无聊"视为人生的大敌，是需要排除和摒弃的。

（4）兴趣爱好类信息。

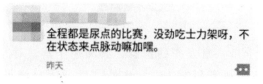

上图是一个有广告学专业背景的创业者发布的信息，对自己观看的一场篮球比赛进行了评价，做出了自己的价值判断，认为比赛"全程都是尿点"，十分糟糕，场上的球员"没劲""不在状态"，并结合一些流行的广告语进行了调侃，表达了自己恨铁不成钢的心态。

　　上图是一个公司白领发布的信息，他显然是中赫国安足球队的一个球迷，通过国安队服、仰拍的发芽的树木两张图片来表达自己对球队的祝福和深情，在给球队加油的同时，也给自己鼓劲儿。

　　上图是一个企业白领发布的信息，贴了一张俯视的、视野广阔的、风景秀美的图片，同时用简单的语言进行了说明，体现出自己开阔的视野和宏大的理想，并且激励自己相信自己，坚定能够实现理想的信念。

　　（5）其他类信息。

　　上图是一位高校教师发布的信息，对中国的教育走向进行了深入观察与分析，关心教育改革，提出自己尊崇的教育观点，突破了传统的教育观念，并体现了自己的学识与修养，表达了自己对热点社会话题的理性思考。

3. 心理特点

男性气质的典型特征有很多，在微信空间中男性气质的呈现不仅包含很多生理特性，更蕴含了丰富的心理特点。如前文所述，微信是一个基于"强关系"的社交群落，既具有私密性，又具有半公开性，所以男性体现出的心理特点就是在这个矛盾统一的集合空间中的结果。首先，相关调查显示，男性虽然注册微信账户的比例要远远高于女性，但是男性使用微信尤其是朋友圈的频率低于女性，而且通过前面的分析，我们可以看到，男性在微信中的表现体现出了隐藏情感、理性表达的心理特征，其极少发布宣泄情绪的信息，体现出情绪稳定、冷静的性格特点。其次，男性往往行事认真、专注，尤其是事业型的男性，在微信中发布的信息多为与工作关联密切的内容，而且男性一般非常有主见、自信心强，拥有强大的心理优势。再次，男性往往有目标、有理想，并且非常勇敢，有主动意识，有进取心、竞争意识和冒险精神，愿意为了实现自己的目标或理想接受挑战，并且努力去克服困难，控制局势，实现自己对世界的把握和支配权。还有，男性有一定的暴力倾向和攻击性，有时会通过使用粗鲁语言和行为来达到自己的目的，较少体现出团队合作的意识。最后，男性具有追求权力、荣誉的特点，有强烈的意愿体现出自己的权威性，并且比较在意自己的公众形象，希望得到理性、睿智、勇敢、自信、强大、权威的标签和定位，以此来实现对世界的控制和掌握，实现自己的人生理想和价值。

四 女性气质的呈现

"所谓具有女性气质，就是显得软弱、无用和温顺。她不仅应当修饰打扮，做好准备，而且应当抑制她的自然本性，以长辈所教授的做作的典雅和娇柔取而代之。"[①] 女性气质在传统观念里往往具有贬义色彩，而这一切的原因，在女性主义者看来都是男权制社会产生的恶果，是女性

---

① 〔法〕西蒙娜·德·波伏娃：《第二性》，陶铁柱译，中国书籍出版社，2004，第313页。

长期处于男权压制下的产物，是被社会建构出来的。在此，我们暂时不探讨女性气质形成的根源，也暂且搁置其带有的感情色彩，而是单纯从性别气质类型的角度来进行考察。微信是女性气质呈现的重要空间，女性也往往更愿意选择微信作为展示自我和社交沟通的平台。根据一些调查研究的成果，女性使用微信的频率和时间一般较男性更高、更长，因而可以得出一个结论，就是女性对微信使用的忠诚度高于男性。同样，我们从女性气质在微信空间的呈现方式、呈现内容、心理特点出发，来一探究竟。

1. 呈现方式

女性气质在微信的呈现方式上与男性气质基本相同，主要也是通过文字、图片、视频、语音等，但使用这些方式的频率和方法大有不同。不仅如此，女性往往还善于通过使用表情符号来表达自己的情绪状态。

女性比男性更善于运用文字，其语言风格更是多种多样。女性大多喜欢用感叹句，抒发自己的感情，表达自己的情绪，而且句末多用感叹号、省略号等标点符号。在微信上发布信息时，女性使用的文字往往比男性使用的文字多，而且语言更加细腻丰富、富于变化。女性也常常会选用更适合表达情感的诗歌等形式，来抒发一定境遇下自己内心的丰富情感，追求文字的唯美，善于运用语言艺术修辞手法。女性在微信上发布的消息除了记录自己的状态，更重要的是宣泄情绪，尤其是表达自己极度的伤心、愤怒、高兴等情绪，当然往往这些极端情绪的出现大多是由于生活琐事。女性还喜欢在微信中发布一些"心灵鸡汤"式的文字，一方面是劝慰自己，给自己加油打气；另一方面是为了给他人提供心灵慰藉，表达自己对朋友圈中好友的关心，体现女性更加关注人的特性。女性发布的微信文字往往言辞委婉，风格含蓄，温婉多情。女性的微信文字往往并不是表达一个完整的信息，而是需要他人进行互动，同样也可以理解为是在发出互动的邀请。在生活中，女性往往花很多时间在电影、电视剧、娱乐八卦上，男性更多的是花在打游戏和关注时政、军事、体育等信息上。随着娱乐风潮席卷而来，女性往往占据了社交媒体舆论的中心场域，其在朋友圈中更善于使用一些热门剧目中出现进而流行起来的热词，既体现出自己紧跟潮流，又表达了自己对生活细节的关注。

女性相较于男性更喜欢使用表情符号来表达自我。微信提供了可以表达喜怒哀乐等种种情绪的表情符号，很简单，也很明白易懂，深受用户的喜爱，尤其是女性用户，不仅可以用表情符号来表达自己的情绪，而且还可以用来表明自己的态度、意见、评价等。随着更多付费表情的加入，可以选择的空间就更大了，而且完全突破了喜怒哀乐的情绪表达范围，简直是五花八门、无所不包。表情符号变成女性表达自己和与他人沟通的重要工具，甚至有些女性每一次发布微信信息时都会使用表情符号，这俨然已经成为表明自己身份的一种风格特征。

女性最钟爱的表达方式应该就是图片了，这一具象化的表达方式满足了女性对唯美的追求，更可以将自己关注的细节全部展现。女性在使用微信时，往往是通过图片来完成信息传递、情绪表达的，而且女性喜欢一次选取多张图片，以更加全面地展现。一般在朋友圈发布信息时，一次最多只能选择 9 张图片，女性就经常会选择这个使用上限来表情达意，给他人提供一场视觉盛宴，再简单配一些优美的文字，就构成了一条完美的朋友圈信息。女性不仅爱发图片，更爱修饰图片，往往会先选取自己满意的图片，再使用美图软件进行修图。

女性不仅喜欢使用图片，同样喜欢用视频来展现自己，比男性使用的频率要高很多。

在不考虑流量费用的前提下，女性在微信发布小视频的概率比较高，在选择使用视频功能来表达自我时更加随意，女性更喜欢这种更加具象化的表达方式，同时更能接受这种多媒体的体验。

女性也喜欢分享链接，在看到自己感兴趣的内容时，愿意与好友一起分享，如果遇到让自己兴奋的内容，不仅会分享，还会好好评论一番。

女性也常常使用语音与好友交流，在交流的过程中展现自己的女性气质。语音不仅承载着传递信息的功能，还能透露出人的情绪状态、态度意愿等。女性在使用语音进行交流时，根据交流双方亲疏远近的关系，往往会体现出不同的风格。女性更会顾及自己给对方留下的印象，尤其是在与关系不是特别亲密的朋友交流时，往往更倾向于塑造一个温婉可人的形象。

2. 呈现内容

女性气质在微信中的呈现，主要是通过朋友圈里发布的信息以及与好友的交流来实现的，我们通过女性所发布和交流的信息内容可以看出其与男性的巨大差异，从而可以从中了解到女性气质特征及其呈现。

（1）自拍。

自拍俨然已经成为现代女性的一种流行特征，至于女性喜爱自拍的具体原因，大概有以下几种情况：女性通常有爱美的天性，这不在于自己的容貌是否美丽，几乎每位女性都希望通过自拍留下自己的美丽时刻，即使以后衰老了，也能留存自己美的镜像；有些女性有自恋心理，尤其是认为自己相貌秀美的女性，不仅喜欢各种角度的自拍，附带各种姿势、表情，而且常常会将照片通过微信等社交平台发布出来，希望能够展示自己的美；在现实生活中，有些女性认为自己受到的关注不够，希望通过在微信等平台发布自拍照来得到别人的关注，同时获得满足感，增强自信心。

（2）美妆类信息。

上图是一个小学教师发布的信息，介绍了营养头发的养生茶制作配方，并且贴出了实物图片，表达了自己的使用体验，推荐给好友们进行尝试。

上图是一个公司白领发布的信息，展示了自己打耳洞的图片，同时配文说明自己经历过程的痛苦，既表达了自己爱美的决心，又传递出了

自己怕疼的娇弱气质，关注自己生活的细节事件，展示了自己的女性气质。

（3）美食、风景、旅游类信息。

上图是一位传媒行业职员发布的信息，贴图展示自己遇到的美食，同时配以文字说明，表明自己对美食的诱惑难以抵挡，凸显了自己的生活情调。

上图是一位企业主管发布的信息，贴了8张图，一方面传达了春暖花开的信息，另一方面体现了自己对生活细节的把握，对美的追求，同时配以文字说明，体现出自己简单满足的生活状态，传递了自己生活的惬意与幸福。

上图是一个公司白领发布的信息，其有 4 张图片，其中 2 张是旅游地的风景照，展示了风景秀丽、风光宜人，还有 2 张是酒店房间的照片，透露出酒店的档次和风格，再加上文字说明，体现出了其愉悦情绪。在旅游的过程中，其不仅关注秀美风光，还特别重视住宿等细节，关注自身的完美体验，目光更多地集中于自身的体验与感受。

（4）宠物、音乐等生活乐趣类信息。

上图是一位公司白领发布的信息，通过一段视频展示了自己对宠物的照顾过程，细致入微。虽然文字部分传递出了一丝对这种生活的"怨气"，但实际上乐在其中，这也很好地表现了女性包容、照顾、关爱的特性。

　　上图是一位年轻教师发布的信息，分享了自己喜爱的音乐，并且在文字部分对音乐给予了高度赞扬。一方面表达了自己不能很好掌握歌唱技巧的事实，另一方面对音乐人高度赞扬，传递出了自己对音乐的喜爱，并希望通过自己分享的感受唤起好友对音乐的认可。

　　上图是一位在读大学生发布的信息，贴了一张电影海报的图片，并在文字部分分享了自己的观影感受，认为电影唤起了自己曾经有过的美好体验，而且表露了自己对电影风格的偏爱，同时希望其他人能够拥有跟自己相同的体验。

　　（5）其他生活琐事类信息。

　　上图是一个大学生发布的信息，主要是宣泄自己丢失手机的愤懑情绪，同时也告知好友自己的联系方式，以维系自己的社交活动，配了一张猫生气的图片，借以说明自己愤怒的程度。女性更加善于使用微信来宣泄情绪、表达情感，以获得宣泄的快感和好友的慰藉，支持自己顺利度过情绪不佳的时期。

　　上图是一个在读大学生发布的信息，走在路上，发现有人采用比较浪漫的方式表白，迅速拍摄视频发布到朋友圈。说明女性极其重视生活中的细节，而且对爱情往往抱有丰富的想象，即使自己是一个旁观者，也有积极关注的热情。

　　上图也是一个在读大学生发布的信息，讲述了自己去看电影，发现周边大多是情侣一同观影，而且做出了很多非常亲密的举动，自己是单身，借微信表达了自己"单身狗"的感受，进行情感宣泄，希望获得朋友慰藉，抚平自己受伤的心灵。

　　微信中女性气质还通过很多内容呈现出来，比如晒男友、晒孩子等，在这里不再一一考察。女性气质通过上述内容在微信空间呈现出来，进一步确立了女性的性别身份，维系了现实生活中的性别角色，同时丰富了他人了解自己的渠道和途径，也为自我形象的建构搭建了新的平台，满足了女性对自身性别身份认同的需要。

3. 心理特点

按照女性主义的基本观念，女性在社会中一直处于被压迫、被支配的地位，因而能够表达自己的空间极为狭小，而微信正为女性提供了表达自我、重新建构自我形象的广阔空间。女性气质在微信的呈现拓展了女性的生存空间，为新女性形象的建构提供了良好条件。

相较于男性，女性具有典型的感性特征，情感更加细腻而且更倾向于表露自己的情绪状态，所以造就了多愁善感的气质标签。女性更加敏感，而且富有同情心，这带来了一个非常重要的特点——亲和力强。在一些相关工作领域，女性占据着主要地位。

女性有着强烈的安全需要，需要得到保护而且往往会有依赖性，所以"小鸟依人"就成为女性乖巧形象的代名词，也成为女性气质的典型特征。在微信中，女性通常会自然流露出自己对安全感的需求。

在传统的性别观念中，女性气质中还包含自卑、缺乏自信心和进取心、随遇而安、墨守成规、安于现状、不愿参与竞争、不愿涉足社会、害怕成功以及被动等心理特征，在女性主义者看来，这些都是万恶的男权社会造就的，在微信中女性经常会有上述心理特征的流露。

女性往往比男性更加有爱心，更具有奉献或者牺牲精神。而且往往意志坚定，耐性更强，坚韧不拔，这些都是女性气质中的重要特质。在微信中，女性常常会通过朋友圈状态等流露出这些特质，比如，"无论何时，永远都不会有终点"，同时还附上一张学习的图片。

女性同样具有虚荣、心眼小、优柔寡断等特点，这往往被男性所诟病，且常常被打上"女性特有"的标签。在微信中，这些特征也会有所体现。

五 两性气质的融合

微信虽然是以现实生活中的人际关系为基础建构社交圈，但仍然具有网络空间的虚拟特征，微信构建的虚拟环境影响着两性性别气质的表达，为两性气质的融合提供了广阔的网络空间，在理论上为同一用户或者可以说同一个人两性气质的形成创造了条件。

1. 两性气质融合的原因分析

在微信中，通过朋友圈发布的信息等内容可以看出，两性气质的呈现出现差异化与趋同化并行的矛盾状况，一方面性别气质差异明显，我们可以很容易就判断出用户的社会性别，另一方面出现了中性化特征，两性气质出现了融合，或者说模糊化的趋向。对微信进行细致考察，对于上述情况的出现，我们可以大致梳理出如下几个原因。

（1）微信的表达方式推动了两性气质的融合。

如前文所述，微信主要通过文字、图片、表情符号、语音、视频等方式来实现性别气质的表达与呈现，无论是在朋友圈发布状态还是与好友聊天，我们依赖的主要手段不外如此。

两性在文字运用上有不同的风格特征，这在前文已经进行了探讨，但同样存在男性发布具有丰富女性气质特征的文字，字里行间透露出万般柔情的情况。比如，很多男性在为人父之后会变成"晒娃狂魔"，不发朋友圈则已，一发就是孩子的各种照片，并配以宠溺之语，好像在向自己的朋友宣告此时自己的世界里只有孩子，这显然与男性气质不相符。当然也有一些女性会发布一些极富男性气质特征的信息，给好友们呈现一个活脱脱的"女汉子"形象，变成一个工作狂，展现自己强烈的进取心和竞争意识，俨然一副欲与男性试比高的架势。

两性在发布图片的时候往往也有各自的风格，男性往往较少发图，但我们同样可以看到男性"发图狂魔"的出现，他们不仅发图，还会选图、修图，甚至图片的内容也体现出女性气质特征，自拍照、美食照、服装照、聚会照等，都会出现在男性的朋友圈中。女性发布的图片同样开始表现出男性气质，尤其是职场女性，大量的工作照出现在职场女性的微信中，此外还有很多风景照，风景照也不再是以人为主体构图或纯粹为了体现风景的秀丽，而是站在传统的男性视角构图，体现自己对风景的掌控和占有的特征。

微信中被广泛运用的表情符号没有性别差异，其不仅获得两性的喜爱，而且成为两性之间交流和沟通的重要载体，尤其是微信不断推出新的免费的动态表情，更是俘虏了一波又一波痴迷者。这些表情往往会给人留下一种可爱、活泼的感觉，按照传统性别气质来看，这些表情一般具有女性气质特征，但大量男性用户又在频繁使用。如果仅从用户使用的表情来看，我们完全不能确定其社会性别。

两性气质还会通过视频在微信中呈现，通常也会存在使用的差异化特征。不过，我们发现越来越多的男性开始使用视频，逐步接受具象化的表达方式，因为视频能够传递更加丰富、全面的信息，而且操作起来也极其简便，能够给人带来非常好的使用体验。

另外，很多网络流行语的使用，也对两性气质的融合产生了重要影响，比如"亲""么么哒""萌萌哒"等，这些词语给人一种非常女性化的印象，但已经进入了男性的词典，甚至成为某些男性的常用语和习惯用语。

还有，因为并不被强制要求使用真实头像，很多男性的微信头像会设置成女性的形象或者卡通、宠物等形象，而且朋友圈背景也往往会选择一些中性甚至女性化的设计，微信名（昵称）、个性签名等都有可能会体现出女性化特征。有的人可能是出于好玩的心理而并非有意误导他人，也有人是有意为之，这就混淆了他人对其性别的判断。女性同样可能会使用男性化的微信头像、微信名（昵称）、朋友圈背景、个性签名等，有意来突出自己的男性化特征或者无意中流露自己的"女汉子"性格，这在微信空间中都是经常可以看到的。这些都对两性气质的融合起到了促进作用，也导致了性别模糊化趋向的出现。

（2）微信承担了建立人与人之间新的亲密关系的催化剂的角色，营造了亲密的虚拟空间，推动了两性气质的融合。

随着时代的发展，我们已经进入信息化程度极高的网络社会，不仅会使用网络工具尤其是新媒体来维系现实社会中的交际圈，与家人、朋友等进行交流和沟通，而且会通过微信等社交平台来构建新的、有意义的人际关系。在我们使用微信与老朋友或新朋友进行交流的过程中，就自然而然地营造出了一个亲密的网络虚拟空间，在这个空间里现实社会中的身份和自我形象可以得到一定程度的弱化，而且这是一个相对安全的私密空间，一些鲜为人知的信息会在一种放松的状态中得到释放。

微信的虚拟性特点能够让人们更加放松自如地表达自己，促使人们进行自我展露，而且这样的展露往往会带给用户美妙的体验和满足感，也会帮助用户活跃自己的朋友圈，同时还会让用户从这种虚拟空间的人际交往中获得更强的安全感。由于微信是建立在"强关系"的基础上，用户一般不会担心因为自身流露出异性的性别气质而受到伤害，甚至可能会获得好友的理解和支持。正是这种对现实生活中的朋友圈的信任和微信所提供的虚拟环境的舒适感，使用户最终选择来展现真实的自己，不去在意展现出来的是否符合自己应有的性别气质，这就推动了微信虚拟环境中两性气质的融合或者说性别模糊化的趋势。

2. 两性气质融合的表现

男性气质与女性气质的二分体现了两性气质具有本质的差异，而且均具有排他性，男性气质就是非女性气质的，同样，女性气质就是非男性气质的。然而，经过女性主义者的努力和奋斗，现代女性已经取得了政治、经济、文化、心理等方面的独立，已经告别了传统女性社会角色的束缚。女性已经进入传统观念中只有男性才可以进入的领域，社会化特征越来越明显，通过经济独立获得了自己的生存空间，通过政治独立获得了自己的权力空间，通过文化和心理独立而获得了自己的意识（思想）空间，女性不再是他者，而是全新意义上的女性。因而，传统观念下的男性气质与女性气质的二分在现代社会遭遇了严重的不适症，水土不服，已经不能完全解释两性的社会角色和身份。两性气质的融合自然而然进入人类社会和历史视野，尤其是在微信等网络媒体提供的虚拟空间中，两性气质的概念开始模糊化，出现了两性气质融合的现象。

（1）微信空间中男性往往也会体现出女性气质特征。

微信空间具有特殊性，既是基于现实社会关系的熟人朋友圈，又是可以接纳陌生人进入的半公共空间，很多男性会更加随性地发布信息，其中不乏具有典型女性气质特征的内容。

上图是一个在读大学生发布的信息，是一段关于宠物乌龟的视频。这种行为一般是女性才会有的，体现出了自己的爱心、同情心和细腻的情感，而且还是用了象征生命力的树叶符号，如果仅根据此条信息，很容易让人以为发布者是女性。

119

　　上图是一个创客发布的信息，是一段关于咖啡馆玩偶的视频，再加上富有小资情调的文字。发布者表达了自己的体验和感受，活脱脱一个妙龄女郎的形象出现了，说明男性内心也有对惬意生活的需求，也期待着一段美好的生活体验。

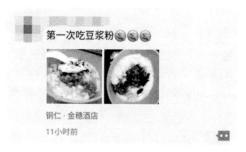

　　上图是一个媒体工作者发布的信息，美食一直是女性关注的重要主题，但也会出现在男性发布的微信信息中，甚至有人为此着迷。我们看到男性与女性一样开始注重食物的形象、味道以及自己的体验。

　　上图是一个公司白领发布的信息，一段抒情的唯美文字，我们似乎可以听到一位多情的女性在早春暖阳下的呼唤，很难把这些与一位阳刚男子汉联系在一起。

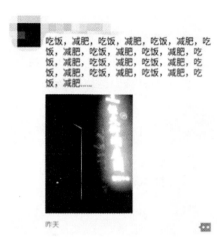

　　上图是一位公司职员发布的信息，减肥一直是现代女性的重要话题，在微信朋友圈随处可以看到女性对减肥话题的讨论，这与她们对美（当然，这在女性主义者看来依然是男权社会为女性布下的陷阱）的追求是分不开的，她们希望拥有苗条的身材，而男性关注这一话题，开始注意自己的外在形象却并非常态。

　　上图是一位高校教师发布的信息，关注天气，并且配上文字说明，还用了省略号来表达未尽之意。男性也开始关注起生活中的小事了，这与男性大大咧咧、视野宏大、追求事业的气质特征格格不入，反而体现出了心思绵密、注重感受的女性气质特点。

（2）微信空间中女性同样会体现出男性气质特征。

"女强人""女汉子"已经成为现代汉语的高频词语，的确有一部分女性已经摆脱了对男性的依赖，实现了完全的独立，甚至比男性更能体现出男性气质特征，她们思想独立、善于决断、逻辑性强、聪明睿智、竞争力强、雷厉风行，从她们身上甚至找不到任何女性气质的踪迹。在微信中，女性发布的很多信息都体现出了男性气质特征，积极介入社会，关注政治、军事等话题，善于思考，观察敏锐，对社会问题往往会有一针见血的分析。

上图是一位媒体工作者发布的信息，积极关注重大国际政治话题，并且对现象有深刻的思考，完全体现不出女性气质中的柔弱、安于现状、墨守成规、不介入社会生活等特点，体现出的却是一种积极进取的意识。

上图是一位公司职员发布的信息，积极介入社会政治生活，通过学习法律来维护自己的权益，不仅关注自身的体验和感受，而且对政治、社会进行关注，表现了自己对介入社会政治生活的向往，体现了积极参与社会事务的愿望，由此可以看到，女性的独立已经实现了。

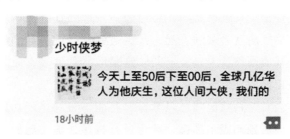

上图是一个在读大学生发布的信息，武侠小说应该说是"70后""80后"男性的最爱，不知承载了多少人的少年梦想，几乎每一位侠士都拥有丰富的男性气质特征，成为整个时代男性膜拜的对象，女性的世界一直被认定在同时代的言情小说之中，但这位女性积极进入武侠世界，追寻着自己心中的侠士。

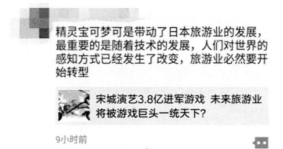

上图是一位公司白领发布的信息，关注社会生活中的重大议题，对旅游业、游戏产业都进行了深刻思考，并且提出了自己对世界发展的认识，表达了自己对旅游业发展方向的观点。女性进入社会，关注宏大话题，使自己具备了社会竞争意识和进取心，摆脱了退居私人空间、墨守成规的性别气质界定。

3. 双性气质的形成

性别气质概念的产生充分说明了两性之间的对立状态，这种二分法造就了两性性别气质表达的范式，似乎脱离了这一范式男性就不能被社会认可为正常的男性，而女性也就不能被看作正常的女性。按照女性主义观念来审视，性别气质的二分对两性的发展与交流是有害的，尤其会对女性的思想、意识、心理等造成严重的影响，它把女性限制在一种消极状态中，而使男性保持着一种积极状态，以此来压制女性的权力，从而不断扩张男性的权力，造就了两性地位的严重不平等。

男性气质是受到社会推崇的，男性因体现出男性气质而受奖赏，不能很好地体现男性气质就会被瞧不起，甚至遭到社会的唾弃和侮辱。如果女性体现出女性气质则被认为是应该的，这是顺从的表现，而如果女性不能很好地体现出自己的女性气质，就会被打压，就会被整个社会所不容。而且不只是男性会对这种状况嗤之以鼻，那些能够很好体现女性气质特征的女性群体同样会对她们表示鄙夷，甚至进行排斥，迫使她们不能在社会中立足，陷入绝望的境地。所有这一切都起到了赋权于男性却削弱女性的作用。

所以，在现代社会，男女两性都应该认识到的是，女性并不一定是消极的，男性也并不必然是积极的，这才是社会中生活着的两性的自然状态。可以说，两性都应该拥有最符合个体专属的人格特质，不应该去按照传统观念来区分男性气质和女性气质，而应该把任何人格特质都看作是无性别的，每个人都应该是各种气质特质的结合体。可以看到，在人类进入现代社会生活后，同一个人同时具有两种气质特征是不争的事实，男性身上同样可能具备细心、感性、富有同情心等气质特质，而女性身上同样可能具备富有进攻性、竞争性、侵略性等气质特征。

美国心理学家贝姆曾经提出了"双性化气质"学说，他认为男性气质和女性气质是两个独立的维度，无论男性还是女性都兼具这两种维度，都可以在这两种维度上发展。贝姆提出将性别气质特征分为四类：第一，两性气质型，即男性气质和女性气质都很强；第二，男性气质型，即男性气质强于女性气质；第三，女性气质型，即女性气质强于男性气质；第四，非典型型，即两种性别气质都不明显。同时，贝姆编制了一套心理测验量表用来测定男女双性化气质，并对此开展了深入的研究，产生了大量的学术成果。也就是说，如果给双性化气质下一个定义，那么就可以进行如此界定：同时具有男性气质和女性气质的心理特征，同时具备男性与女性的长处和优点。具备双性气质特征的人在性格和心理上具有极大的优越性，因为他们既相互独立又可以彼此合作，做事情既能够当机立断又非常沉稳，在情感方面既敏感多变又能够豁达通透，做人既自信又谨慎，既热情又成熟。

实际上，在现代社会中生活的大多数人确确实实具有男女两性的气质特征，彼此间的差异仅仅是程度深浅而已。尽管大多数人已经习惯了传统的男女气质的二分法，但实际上很多人还是会倾向于接受具有双性化气质特征的人。

李少梅曾经使用贝姆设计的性别气质量表对 319 名大学生进行团体性别气质特征测试①，测试结果非常耐人寻味。结果一，男性同学中具有典型男性气质特征的人占受测男性总数的 32.3%；而女性同学中具有典型女性气质特征的人占受测女性总数的 69.6%。这个结果表明，在当代大学生中，传统的性别角色观念实际上对他们的性别取向仍然起着非常重要的作用，而相较于男性，女性同学的性别角色刻板化更加明显，这说明传统观念对女同学的影响更加深远。结果二，男性同学中具有典型女性气质特征的人占受测男性总数的 37.2%；女性同学中具有典型男性气质特征的人占受测女性总数的 12.2%。这个结果表明，大学生中存在着性别角色互补的倾向。结果三，男性同学中具有双性化气质特征的人占受测男性总数的 23.1%；女性同学中具有双性化气质特征的人占受测女性总数的 15.4%。也就是说，男性具有双性化气质特征的人数多于女性，比例也高于女性。结果四，两种性别气质特征都不明显的大学生占受测学生总数的 5.95%。其中，男性占受测男性总数的 9.3%，女性占受测女性总数的 2.5%。也就是说，男性中两种性别气质特征均不明显的人数多于女生，比例也高于女性。李少梅对这四种性别气质类型的大学生做了进一步的实验测试，比较他们的人格特征后发现：具有双性化气质特征的人是最优异的，他们具有更高的心理健康水平与更强的自尊心，自我评价也更为积极；拥有典型的男性气质特征者、拥有典型的女性气质特征者次之；最差的就是两种性别气质特征均不典型的人。这种差异在其他研究者的测试活动中都得到了验证，因而可以得出这样的结论：具有双性化气质的个体要优于其他性别气质类型的个体。

探究一下原因，可以总结如下：双性化气质的个体同时具有两种气质，因而经常能够做出跨性别的行为，能够更加灵活、更有效地对各种情

---

① 李少梅：《大学生双性化性别特质与人格特征的相关研究》，《陕西师范大学学报》（哲学社会科学版）1998 年第 4 期。

境做出反应，并且具有自我评价高、独立性强、自信心高、适应能力强等优点。具有双性化气质的女性比其他性别气质类型的女性更倾向于把成功归因于能力强，而很少把失败归因于能力不够。因而，性别气质双性化在现代社会将会成为成功者所必备的一种素质，也必然会被越来越多的人所接受。

第四节　性别表演，两性在微信空间中的互动

在进行社交活动时，我们总是需要了解任何一个出现的陌生人的信息，不仅包括姓名、性别、民族、年龄、职业、联系方式等基本信息，还包括性格特征、兴趣爱好、社会经济地位、自我观念、人生态度、个人能力、可信任程度，等等。当然，当我们通过微信等社交平台来维系既有人际关系时，也需要知道社交圈中的熟人的最新情况，比如他们的家庭、事业、情感等方面。获得了这些信息，我们就可以把握分寸，定义彼此相处的情境，同时也可以预设社交的前景，有助于随时做出合情合理的具体行为和判断。

但是，在人际交往过程中，往往很少有人会主动为他人提供这些相关信息，有些人甚至会刻意掩盖真实的信息，很多关键性的信息隐藏在交往的时间和空间之外，而这些信息作为交往双方深入交流的基础，又是必不可缺的。真实的信息（包括人的态度、信念、情感等）往往会通过人际互动和交流的具体行为不自觉地流露出来，所以在人际交往过程中，就需要认真观察，善于从言语或行为中准确捕捉到对方最真实的信息。

在微信平台上，人们的社交圈进一步扩大，但不能提供像面对面交流那样直观、全面的信息展示或流露的机会，只能依靠文字、图片、语音或视频（一般比较短小）来进行交流，这就更需要人们辨明言外之意，准确地理解交际对象流露出的真实信息。比如，有的女性可能会在朋友圈发布一条自己的手指受伤的信息，同时附上一张或几张手部的图片，但实际上她想表达的并不是自己因受伤而希望得到好友的安慰或关心，而是为了展示或炫耀男朋友送的昂贵的戒指。有时候，男性会在朋友圈发布自己旅游的信息，配以风景名胜的图片，其目的往往并不是告

诉好友们旅游地的景色有多美，而是为了展示自己对这一美的资源的占有，或者展示自己拥有的财富和经济能力，满足自己的自豪感，这就使他更富有男性气质了。这里的女性或男性在主观上也可能并没有我们解读的意思，而只是表达与解读的不对等现象，但这些解读是合理的，同时也很有可能是客观存在的，是契合表达者的心理的。也就是说，在人际交往过程中，不管是现实生活中的还是微信等网络平台上的，都会出现这样的情况：表达者只希望表达甲，而解读者却理解为乙或者甲、乙，甚至还有可能有丙、丁等。

两性在交往过程中，无论是通过何种形式，都会预先对交往对象有一个情境设定，并且顺应这一设定开展进一步的交往和互动，这样就限制了两性随意更改或随时颠覆自己在交际开始时设定的情境的行为，因为设定情境的变动极有可能会导致交际行为失败，双方可能都不愿意承担这样的后果。当然，随着两性交往或交际活动的进行，互动频率增加，这一初始的情境设定会发生变化，原本的信息会有所增减或修正，但追根究底，这些变化与最初的情境设定是一脉相承、相互帮衬、并行不悖的，是信息不断丰富与完善的过程。由此看来，两性之间的交往和互动，在一开始所设定的情境对之后的整个过程都会产生重要的影响，双方关系的延续与维持都以此为基础。同时，我们也可以看到，如果最初的情境设定被打破，会导致两性交往和互动的混乱局面，会使双方发生相互抵触或不信任的情况，迫使交往和互动过程停止，交往双方也会因此而不自在，产生尴尬情绪，甚至无所适从。

两性在微信空间的互动就是一场性别表演，是当代社会两性关系的集中展现，虽然表演的空间是虚拟网络平台，却展露了社会中真实的两性关系状态，这就是现代两性关系的展览馆。下面将主要运用美国学者戈夫曼的拟剧理论中的表演理论来对微信中呈现的两性关系进行解读，基于此来考察两性的互动行为，对现代社会两性关系进行探讨。

一　戈夫曼表演理论概述

美国学者戈夫曼在其著作《日常生活中的自我呈现》中提出了著名的拟剧理论，即从戏剧表演理论出发对社会交往活动进行考察，其中的表演理论适用于人际关系的研究，尤其适用于对微信两性社交的研究。

1. 微信中的两性都相信自己在微信空间中塑造的角色或建构的形象

"当一个人在扮演一种角色时，他必定期待着他的观众们认真对待自己在他们面前所建立起来的表演印象。他想要他们相信，他们眼前的这个角色确实具有他要扮演的那个角色本身具有的品性，他的表演不言而喻也将是圆满的，总之，要使他们相信，事情就是它所呈现的那样。"① 微信具有网络平台的虚拟性，两性在微信中进行交流和互动时，可以摆脱一些现实生活中的束缚，尤其是结交新朋友的时候，两性往往更愿意向对方展示一个更加理想化的自我。同时，微信又是基于现实生活中既有人际关系建立起来的社交圈，又具有准实名性，因而两性在展现理想化自我的时候，也要考虑自己已经建立起来的形象，不能偏差太大。"在一个极端上，人们发现表演者可能完全进入了他所扮演的角色之中，他可能真诚地相信，他所呈现的现实印象就是真正的现实。"② 在微信中，也有相当一部分人会进入一种"癫狂"的状态，尤其是一些商品代购和房产、保险营销人员，他们往往将微信作为自己工作的延伸平台，发布大量广告，与工作前的状态有着巨大差异，深深陷入职业角色中不能自拔，这不仅是为了向他人展示自己的形象，也是为了帮助自己坚定职业定位，建构一个标签化的自我形象。

2. 微信中的两性都需要一个"前台"，也就是自身用来与人交际的一系列真实信息

"用'前台'来指称个体表演中以一般的和固定的方式有规律地为观察者定义情境的那一部分就很合宜了。前台是个体在表演期间有意无意使用的、标准的表达性装备。"③ 也就是说，"前台"是两性在交往或互动过程中，初始的情境设定隐含的重要信息，是集合诸多信息的一个综合体。"个人前台的组成部分可能有：官职或官阶的标记；衣着服饰；性别、年龄、种族特征；身材和外貌；仪表；言谈方式；面部表情；举止；等等。在这些用于传递符号的媒介中，有一些对个体而言是相对固定的——如种族特征，在一段时间内并不会因情境的变化而变化；另一方面，还有一些

---

① 〔美〕戈夫曼:《日常生活中的自我呈现》，冯钢译，北京大学出版社，2008，第15页。
② 〔美〕戈夫曼:《日常生活中的自我呈现》，冯钢译，北京大学出版社，2008，第15页。
③ 〔美〕戈夫曼:《日常生活中的自我呈现》，冯钢译，北京大学出版社，2008，第19页。

用于传递符号的媒介则是相对易变的，或者说是暂时的，譬如说面部表情，这些媒介在表演中随时随地会发生变化。"①

在微信中，两性在交往或互动过程中必然要依赖"前台"来实现情境设定，这包含着自身形象的各项真实信息，是交往或互动开展的基础。"个人的前台是由各种刺激构成的，有时我们可以把这些刺激区分为'外表'和'举止'，即根据这些刺激表达的信息所具有的功能而进行区分。'外表'所指的那一类刺激的功能，随时会告诉我们有关表演者的社会身份。这类刺激还会告诉我们有关表演者当时处于怎样的礼仪状态，也就是说，他是在从事正式的社会活动、社会工作，还是在进行非正式的消遣娱乐活动；他是否正愉快地步入季节循环或生命周期中的一个新阶段。'举止'所指的那一类刺激的功能，可以随时让我们预知，表演者希望在即将到来的情境中扮演怎样的互动角色。因而，某种傲慢的、带有攻击性的举止，就可能会让我们预先知道表演者期待引起一场争吵并希望能支配整个过程。而某种温顺的、谦逊的举止则可能告知我们，表演者希望跟随别人的话题走，或至少表明他可以随别人的意。"② 所以说，微信空间中两性的交往和互动都是依据"前台"而进行的，彼此之间对"前台"信息了解得越多，就越有可能促使交往和互动更加深入，也越有可能让彼此更加全面地了解对方，有助于两性之间的相互认同、相互尊重、相互理解，在理论上也必将大大推动两性最终实现真正的平等。

3. 两性在交往过程中都希望给对方留下一个好印象，更希望表达一个更加理想化的自我，以此获得对方的好感和进一步交往的意愿，这在微信社交中得到了非常好的体现

"当个体在他人面前呈现自己时，他的表演总是倾向于迎合并体现那些在社会中得到正式承认的价值。"③ 两性在微信朋友圈中经常发布一些美景、美食、美人的信息，不仅是为了表达自己对美的追求，更是体现出自己与社会主流的价值观、审美观趋同，也是为了迎合好友们的趣味。戈夫曼举了一个例子："美国一些女大学生曾经——现在无疑也是这样——故意在与其约会的男孩子面前降低自己的智力、技能和自决性，由此来显现

① 〔美〕戈夫曼：《日常生活中的自我呈现》，冯钢译，北京大学出版社，2008，第20页。
② 〔美〕戈夫曼：《日常生活中的自我呈现》，冯钢译，北京大学出版社，2008，第21页。
③ 〔美〕戈夫曼：《日常生活中的自我呈现》，冯钢译，北京大学出版社，2008，第29页。

一种颇为深沉的精神自律，尽管美国女孩的轻浮早已闻名于世。据说，这些表演者会让她们的男朋友滔滔不绝地向她们解释那些她们早已知道的事情；她们会对才智不如自己的男朋友隐瞒自己精通数学的才能，她们也会在打乒乓球比赛时，最后放弃已经到手的获胜机会。"① 这些女性抓住了男性的心理，通过自己的这些行为来维护男性的崇高地位和智能优越感，遵守男权社会的游戏规则，不仅接受了女性的弱势地位，同时以此为契机向男性展示女性对男尊女卑社会规则的屈服，建构一个男性眼中理想化的女性形象，这就会让男性更加舒适、惬意地继续与女性交往，促进两性交往和互动的持续进行，以此推动两性关系的发展。理想化的自我形象是依赖于具体环境的，在不同的人面前我们想要展现的形象就会有差异。

"通常，面对每个不同的群体，他都会表现出自我中某个特殊的方面。许多青年人在父母和老师面前显得谦恭拘谨，而在他们'粗鲁'的年轻朋友中，却会像海盗一样咒骂和吹牛。我们在子女面前的形象当然不同于在俱乐部伙伴面前的形象，我们在顾客面前的形象不同于在我们雇工面前的形象，我们在亲朋好友面前的形象也不同于在我们的上司和老板面前的形象。"② 每个人都是多面的，两性在微信空间中需要统筹协调自己的形象定位，因为好友中既有亲人、朋友等熟人，又有陌生人，既有长辈、上级、尊者，又有平辈、同事、朋友，成分非常复杂，往往很难实现在各种维度的熟人面前维持一种形象，所以两性在通过微信进行交往和互动过程中会协调统一自己的形象特征，努力维持一种大家都比较能够接受的形象。因此，在面对一些难处理的问题时，在有可能引起朋友圈中某些好友不适时，有一些人会使用屏蔽功能或定向发布功能，来维持自己在好友面前的形象。

4. 两性在交往和互动过程中，要注意维护自我形象的一致性、连贯性、持续性、稳定性，不能恣意而为，引起不必要的误解

"我已经表明，表演者可以相信他的观众会把某些微小的暗示当作他的表演中具有重要意义的符号。但这种便利也有其不便之处。由于同样的符号接受倾向，观众可能会误解一种暗示所表达的本义，或是在一些意外的、无心的、偶然的，或表演者并未在其中赋予任何含义的姿态和事件

---

① 〔美〕戈夫曼：《日常生活中的自我呈现》，冯钢译，北京大学出版社，2008，第32页。
② 〔美〕戈夫曼：《日常生活中的自我呈现》，冯钢译，北京大学出版社，2008，第39页。

中，解读出一些令人尴尬的含义。"① 两性在通过微信进行交流和互动的过程中经常会使用一些固定符号，尤其是关系亲密的好友之间，会有一些比较稳定的具有某种具体含义的符号，甚至会建立一个符号系统，对这些符号的解读就成为影响两性交往的重要因素。比如，微信中的表情符号有一个是表示呕吐的，在关系亲密的两性之间使用这样的符号表示的是调侃，是一种戏谑，甚至是男女朋友之间调情的手段，而对于关系相对疏远的人来说，如果使用这样的符号，则意味着挑衅和侮辱，这就比较尴尬了。

所以，两性在通过微信进行交往和互动的过程中，一定要保持自己形象的稳定、连贯，需要照顾和考虑好友对自己已经建立的既定印象，不能引发误解，否则关系就不好维持了。"表演所要求的表达一致，指出了在我们的人性化自我 (all-too-human selves) 与我们的社会化自我 (socialized selves) 之间一个至关重要的差异。作为人，我们也许只是被反复无常的情绪和变幻莫测的精力所驱使的动物。但是，作为一个社会角色，在观众面前表演，我们必须保持相对稳定的状态。"② 稳定的自我形象对两性间的交往是至关重要的，必将影响着交流是否顺畅。在微信空间中，自我形象的建立是依靠自我流露和两性交流共同完成的，保持形象的稳定性就成为重要的课题。比如，女性往往愿意给男性留下自己美丽的印象，所以在微信中才会出现大量的自拍照片，这些照片往往是通过美颜相机或修图软件处理过的，这样的照片往往让男性很难第一眼就认出女性的真实身份，但是出于礼貌或其他动机，男性往往会表现出接受女性的这些变化，而且对女性"制造"出来的美丽大加赞扬。

同时，我们会发现，对于陌生人来说，修饰过的女性照片往往会引起他们的美好想象，给他们美好的享受，也更加有助于陌生男性主动与女性交往或互动，女性只需要一直保持这样的状态，在微信空间中便会拥有一批认同自己的"粉丝"。

5. 在两性交往和互动过程中，存在着信息误传的情况，这将会严重影响两性交流的正常进行，甚至会导致交流终止

"我们在前面已经提到，在某些情境下，观众会有一种自我适应的能力，他们会根据自己的信念来接受表演给予的暗示，并把这些暗示看成比

①〔美〕戈夫曼：《日常生活中的自我呈现》，冯钢译，北京大学出版社，2008，第41页。
②〔美〕戈夫曼：《日常生活中的自我呈现》，冯钢译，北京大学出版社，2008，第45页。

符号本身更为重大，或者是不同于其本身符号载体的证据。如果说观众的这种接受符号的倾向会使表演者处于被误解的境地，并使表演者在观众面前进行的一切表达都必须谨小慎微；那么，这种符号接受倾向同样也会把观众自己置于被欺骗和被误导的境地。因为几乎所有符号都可以用来为实际上子虚乌有的东西作证。显然，许多表演者都有足够的能力和动机来误传事实；只有羞愧、内疚或害怕才可能让他们放弃这种企图。"① 不仅在现实生活中，两性之间经常会出现会错意的情况，在微信空间中，这种情况更是普遍存在。这种误传的信息有可能是有意为之，也有可能是无意而为，不管是何种情况，都会对两性的交流产生影响，尤其是在对信息的理解差异巨大的情况下，很有可能会导致交流失败。

"每当我们想到那些呈现虚假的前台，或呈现'唯一'前台的表演者时，想到那些伪装的、行骗的、欺诈的表演者时，我们自然便会想到被营造出来的外表与现实之间的巨大差异。我们还会想到，这些表演者使自己置身于其中的危险境地，因为在他们进行这种表演的过程中，随时都有可能暴露他们的问题以及那些与他们的公开宣示直接相矛盾的东西，他们会因此而丢尽脸面，甚至还会使他们声名狼藉。所以，我们也常常感到，诚实的表演者所能避免的，正是这种在'作案现场'被逮个正着的可怕的不测事件。"② 因而，在微信社交中，两性必须坚持诚实的原则，丰富自己的"前台"信息，增进彼此的了解和认同，只有这样才能更好地推动两性关系的良好发展，才能够建立两性互动的良性循环。如果两性之间不能秉承诚实的原则，便不能够深入交流，但是适度隐藏一些信息，在有些时候又是必要的。

"更为重要的是，我们发现，几乎所有日常联系中的表演者，都会隐蔽地从事某些与其所建立的表面印象不相一致的活动。即使某些特殊的表演甚至特殊的角色或常规程序，根本无须表演者隐瞒任何东西，但是，在他整个活动中总会有些不能公开的东西。纳入角色范畴和交往关系领域的行动越多，事态越繁杂，似乎就越有可能存在着隐秘。因此，我们可以预料，即使是婚姻美满的恩爱夫妻，双方也许都会向对方隐瞒一些秘密，比如经济收入、以往的经历、最近的艳遇、'恶'习或奢侈的嗜好、个人的

---

① 〔美〕戈夫曼：《日常生活中的自我呈现》，冯钢译，北京大学出版社，2008，第47页。
② 〔美〕戈夫曼：《日常生活中的自我呈现》，冯钢译，北京大学出版社，2008，第48页。

抱负或烦恼、儿女的所作所为、对亲戚和共同的朋友的真实看法等等。正是由于有了这种对各自某些秘密保持沉默的策略，所以，夫妻之间就有可能维持一种和谐的现状，而没有必要在日常生活的所有方面都刻板地要求维护个人隐私。"① 这种隐藏是需要极高的技巧的，必须恰到好处，隐藏过多信息必然导致两性之间的不信任，无法深入交流，由此就不能建立良好的两性互动关系。

6. 两性之间的交流和互动其实就是一场性别表演，就是两性之间通过信息的交流来建构的两性关系，这一表演成功与否就决定两性关系的状态

"在我们英美文化中，似乎存在着两种判断模式构成了我们的行为概念：真实的、真诚的表演和虚假的表演；弄虚作假者们向我们提供他们捏造的东西，就属于这后者。虚假的表演也可以分为两种：一种是不希望别人将其当真对待的，就像舞台演员所做的那样；另一种是想要别人当真对待的，就像骗子所做的那样。我们倾向于把真实表演看作是无目的地拼凑起来的东西，看作是个体对情境事实所做的没有自我意识的反应，是无意识的产物。至于人为的表演，由于行为项目没有任何能与其直接对应的现实，所以，我们倾向于把它们看成是煞费苦心地一个个装裱起来的东西。"② 当两性之间在微信中的交往和互动被虚假的信息笼罩，那么这场性别表演也就几乎进入了尾声，因为当双方认识到信息的不真实之后，两性的交流就很难再继续了。

二　两性在微信中互动的原因分析

微信为两性之间的交流提供了一个广阔的平台，尤其是基于"强关系"的朋友圈，为两性深入交流，从而建立一种更加平等、友好的关系奠定了基础。从互动的原因来看，主要是出于性别表演的需要、社会交往的需要和自我倾诉的需要三个方面。

1. 性别表演的需要

不管是男性还是女性，都有数亿用户活跃在微信平台上，每个人的微

① 〔美〕戈夫曼：《日常生活中的自我呈现》，冯钢译，北京大学出版社，2008，第52页。
② 〔美〕戈夫曼：《日常生活中的自我呈现》，冯钢译，北京大学出版社，2008，第57页。

信朋友圈中都会有异性存在，为了展示理想化自我的形象，一场场性别表演的序幕就拉开了。无论是男性还是女性，都很在意自己在异性心目中的形象。男性在有女性存在的场合，往往用语会比较文明，尽可能减少使用粗鲁词语，更不用说一些不雅的动作，他们总是希望给女性留下一个君子或绅士的印象；而女性在男性面前，更会在意自己的形象，不仅会尽量避免不雅言行，而且会特别注意自己的服饰、妆容等的得体程度，往往还会利用去洗手间等机会补妆，希望时刻保持容光焕发的状态。同时，女性也会收起自己"女汉子"的一面，刻意呈现一个温婉可人的曼妙女性的形象，展示出自己柔弱、依赖性强、缺乏安全感的一面，唤起男性的保护欲望，也会仔细观察男性的想法并按照男性的意愿行事，以顺从者的姿态进入男性的视野和世界。微信为两性的互动提供了更加广阔的空间，在这里两性可以通过发布各种信息来建构一个理想化的自我形象，并向异性展示，但这一形象的建立是通过性别表演来实现的。

一方面，男性希望在女性面前展现一个更加全面、更加丰富的自我形象，不仅要体现出理性、勇敢、强壮、进取心强、富有冒险精神等典型的男性气质特征，而且也要体现出会照顾人、有爱心、真诚、向往爱情等优点，希望让女性感觉到跟自己在一起会很有安全感而且会被照顾得很好，甚至有些男性还会主动表现出自己喜欢做饭、宠物、搭配服装、设计家居等特长，展现出自己富有女性气质特征的一面，以此来增强对女性的吸引力。比如，有的男性喜欢在微信中发布自己带孩子的信息，展现自己的"奶爸"功力，满屏父爱，体现自己对孩子的细心呵护、耐心教育、精心照顾，不仅会给孩子做饭，还会陪孩子出去玩儿，也会陪孩子睡觉，几乎做到了一个母亲所能为孩子做到的一切，而且以此为傲，认为这样才是一个称职的父亲，让朋友圈的女性感到自己是现代男性的楷模。当然，这些男性也有可能会对孩子发脾气、严厉训斥甚至体罚，也会有因为事业而放弃陪伴家人的时候，而这些在朋友圈里却看不到。当然，也有男性在朋友圈发布大量信息，展示自己事业达人的形象，仿佛自己的世界里都是工作，自己一直在勇攀高峰、从未喘息。但实际上，自己在生活中是一个极其关注细节的人，性格温和，很会照顾人，擅长厨艺，是个不折不扣的家庭"妇男"。也许这些男性是出于工作的需要才做出如此举动，也可能是为了遮掩自己的女性化特征，避免被别人嘲笑才出现如此行为。

从另一个方面来说，女性希望在男性面前展现出自己温柔、贤惠、善良、顺从、依赖性强、安于现状等特点，唤起男性的关注及对自己的保护欲望，并以此来实现与男性的进一步交流与互动。但也有一些女性会刻意展现自己极富男性气质的一面，不仅善于理性分析问题，事业心强，竞争意识强，而且有强大的力量，既可以凭借智慧与能力扭转事业或生活中的败局，也可以不依赖男性而获得安全感。比如，有的女性会在微信中发布自己换灯泡、修电脑、汇总整理复杂的数字报表等信息，抢了传统观念中男性应该承担的工作，体现了自己超强的自我生存能力。这种情况的出现，一方面可能是女性的确具备如此能力，富于独立精神，自己很强大，完全不需要依赖男性；另一方面也有可能是女性想给别人留下自己很强大的印象，以此来保护自己脆弱的内心，其实很多时候还是想要依靠男性，想要从男性那里获得安全感。

所以，在微信空间中，男性与女性的互动就是一场性别表演，只不过我们不知道这是真诚的、真实的表演，还是虚假的、刻意的表演，对于表演者而言，只要通过自己的表演获得自己内心追求的价值认同感和形象就可以了。

2. 社会交往的需要

微信就是一个社交平台，大多数人使用这一平台的目的就是社交，就是要维系既有的社交圈，同时扩大自己的社交范围，结识新朋友，从而建构一个以自己为中心的关系网络，并希望能够从中获益。两性在微信中的互动，其实主要是出于社交的需要，两性的关系既有可能是情侣关系，也有可能是朋友关系，当然也会有其他可能，不管什么关系，两性都通过微信实现了彼此之间的交流，有助于进一步深化对彼此的了解和认识，从而有助于两性平等关系的实现。

微信作为社交软件，具备强大的社交功能，比如添加好友、朋友圈、摇一摇、附近的人、漂流瓶、微信群等，为两性之间的交往提供了巨大的便利。熟人之间，可以通过微信加强联系，不仅能进行文字交流，还可以依靠图片、语言、视频等方式交流，完全打破了时间和空间的隔阂和距离，实现全天候、全地域的交流。通过交流，进一步加深彼此之间的情谊，维系社交圈子，满足自己的情感需要。陌生人之间，同样可以通过微信建立联系，也许是有共同的爱好，也许是生活在共同的地域，也许仅仅是在同一时间做了同一件事情，借助微信开始建立联系，由陌生人变为朋友。随着进一步的深入交流，彼此可能会发现更多的共同点而加深情感联系，也可能会发现各自的价值观、世界观、人生观差异较大，从而会选择放弃彼此之间的联系。

但不管怎么说，微信都对两性的社交产生了巨大的影响，起到了极大的推动作用，也让更多的人开始发生关系，建立联系，从而扩大了两性的社交范围，对两性的相互理解和认同意义巨大，有助于推动新型两性关系的建立。因而，社交的需要也是微信中两性互动的重要原因之一。

3. 自我倾诉的需要

微信不仅为两性建立理想化的自我形象和社交搭建了重要的平台，也为两性自我倾诉、宣泄情绪提供了机会，帮助两性找到了满意的、舒适的情感表达空间，独特的私密性与半公共性又成为两性游走在真性情和程式化表达之间的秘密武器。在现实生活中，两性往往都比较缺乏随时、充分地展露自己情感和情绪的机会，尤其是男性，古语有云"男儿有泪不轻弹"，很多男性的真实情感和情绪也就隐匿起来了，得不到真正的表达和流露，这往往会引起男性的心理压力，而且容易导致一些疾病的出现和性格的畸形。

在直接表达自己内心的情感和情绪的时候，女性相较于男性往往更容易被理解，但作为成年女性，也往往会被社会规制于一定的范围和限度以内，而不能实现随时随地表达，再加上一些无形的社会压力，女性的情感和情绪往往也存在隐匿的倾向。微信出现后，两性都找到了随时表达情感和宣泄情绪的空间，因为微信具有私密性，所以两性在自我倾诉的时候就会比较有安全感，而且往往会得到好友的关注、关心，会得到及时的分享或慰藉，有助于帮助两性获得情感的满足。

由于微信的半公开性，两性在进行情感和情绪表达、自我倾诉的时候比较放松。因此，在微信这种看似矛盾的环境下，两性反而获得了一定程度上的自由，自我倾诉和情感表达就会更加通畅，这有助于两性的心理健康，也推动着两性关系的健康发展。同时，中国人具有含蓄内敛的民族心理特征，往往不愿意在现实生活中的他人面前表露自己的内心，更不用说倾诉自己的真实想法，微信正好迎合了这种心理状态，为中国人表达自己真实的情感和体验提供了机会与平台。

三 微信中两性的互动方式

微信成为两性互动的重要平台，所依据的主要载体就是文字、表情符号（可以自创）、图片、语音、视频等，而朋友圈中实现互动的方式主要是点赞和评论，不仅如此，两性还会通过微信一个强大的功能来实现互动，那就是微信红包。

1. 两性互动的载体

微信作为一款社交软件，功能强大，可以使用的手段丰富，这就适应了各类用户的习惯，满足了不同用户的需求。

（1）文字是两性之间进行互动的首选。

文字，尤其是汉字，具有独特的魅力，意义丰富，简短的文字就可以表达丰富的意义和内容，深得两性的钟爱。由于文字在数字空间中占据空间小，耗费的资源少，得到了广泛的应用，成为两性之间交流的重要方式。文字是现代通信工具比较早使用的手段，拥有着广泛的使用基础，两性都已经适应了这种交流手段，都可以单手操作设备进行文字表达或交流。文字还特别适用于噪声污染严重的场合，避免了尴尬局面的出现又可以即时实现两性交流和互动。文字的可塑性和创新性非常强，随着时代的发展，可借助不同的组合方式来表达新的意义，可以说是永远不会落伍的交际手段。使用设备呈现文字的操作非常简便，现在有非常成熟的操作方法，不会给两性交流或互动带来困扰。

（2）表情符号尤其是自创表情符号成为时代的新宠，成为两性用来表情达意的重要手段。

微信中提供了大量的免费表情包，含有丰富的表情符号，嬉笑怒骂等情绪状态都可以通过表情符号来实现。而且表情包还会不断升级，有专属于重大节庆活动的表情包，有根据重大时事创设的表情包，还有大量收费的表情包。甚至有专门的公司以开发表情包为主要经营业务，并以此获取巨大的利润。最有意思的是一些自创的表情符号，两性往往会借助一些简单的制图、修图软件来改造或设计一些体现自己好友特点的表情符号，并使用这些表情符号来进行交流与互动，往往会引起对方的强烈反应，这些表情符号或写实，或夸张，或幽默，或嘲讽，风格各异，但在两性的互动中都起到了非常好的效果。

（3）两性之间也往往会通过大量的图片来进行交流与互动。

图片是具象化的表达方式，包含的信息量巨大，两性使用图片互动的时候会将注意力集中到图片上，有利于聚焦话题，展开深度交流，并通过图片的分享和观感的表达，来实现情感的交流，推动两性的理解与认同，从而推动两性关系的发展。

（4）语音作为微信中出现较晚的手段，出现以后便受到两性的喜爱，并且很快占据了两性互动方式的半壁江山，尤其是年轻人及不善于打字的老年人。

由于语音使用起来更加便捷，省去了打字的麻烦，传递的速度也非常快，再加上语音比文字往往更能给人一种真实的感受，而且可以饱含情感，因此在两性的互动和交流中更容易发挥积极的作用。

（5）视频作为最能够全面展示信息的手段，在微信两性交往中的作用越来越突出。

随着 VR 等虚拟技术的实现，两性似乎可以实现跨越时空的互动与交流。视频中既可以有语音，又可以有图像，而且图像是动态的，也能够实现实时更新，建立起类似于现实生活中面对面交流的环境，可以为两性在互动过程中提供大量的信息，满足彼此之间对多方位信息的需求。当然，视频也有一些问题亟待解决，比如占用空间大，信号较弱的地方效果不理想，而且在没有 WiFi 的情况下资费较高，这些都是两性在考虑是否使用视频进行互动与交流时的重要考量标准。

2. 点赞和评论

在微信朋友圈中，两性之间是通过点赞和评论来实现交流和互动的，这两种方式承载了两性对对方的情感、态度、关注度等内容。

（1）点赞是当前微信朋友圈中两性之间最常用的互动方式，是微信提供的重要功能。

点赞的原因有很多，可能是因为发布的信息非常好，可能是因为不知道要评论什么，也可能是为了表达关心，还可能是因为被要求点赞。不管原因如何，点赞都是一种积极正向的互动形式，都会使被点赞者得到被关注的满足感，从而拥有美好的体验，有助于推动两性的进一步互动和交流。

（2）评论是两性在微信中互动的极佳方式，通过评论、回复评论，两性间的互动就会持续下去，而且会不断深入，互动频率增加，互动内容更加丰富，互动效果就更理想，进而就会推动两性关系的进一步发展。评论有很多种类型，不同的评论风格往往会传递出两性之间不同的关系类型：第一，就事论事型，对发布的具体内容展开评论，表达自己的关心或自己对问题的看法和态度，如果再有回复评论，那就可以沿着具体问题继续深入下去，从而可以让双方进一步了解彼此真实的内心态度和想法；第二，海阔天空型，由发布的内容延伸出去，或者完全另起一个话题进行评论，这一般是关系比较好的两性之间会出现的情况，而且往往会引起共同好友的持续围观和参与；第三，调侃型，不管发布的信息是什么，评论都会采用调侃、诙谐、幽默的风格，甚至有时会出现某些看起来具有攻击性的语言，但这种情况一般出现在关系特别密切的两性之间，这是彼此相处的一种常态方式，会增进彼此的情谊，推动两性关系的进一步发展。

3. 微信红包

微信不仅是一款强大的社交软件，同时还兼具多种功能，金融服务功能就是其一。微信红包这一产品虽然源于现实生活的需要，但在微信中得到了更为广泛的应用，而且推动了两性关系的进一步发展。两性之间的互动在微信消息、微信朋友圈、微信群等功能中得到了很好的体现，对于增进两性间的交流来讲，微信红包更是起到了积极的作用。不仅如此，微信还推出了更强大的微信转账功能，金额可以突破 200 元的微信红包上限，两性之间往往也会通过使用大额的微信转账来表达彼此的情感和态度。同时，在微信群中，微信红包还可以随机发放，发送者只需要确定发送的总金额和红包个数，具体哪位抢到多少金额的红包由微信系统随机分配。男性往往成为微信群中发送红包的重要一方，女性还会通过男性发送红包金额的多少来衡量男性的表现，据此对男性进行形象定位。

四　两性在微信空间中的互动行为分析

微信作为一款社交软件，2016 年，活跃用户就达到了 6.5 亿人，拥有 100 位以上好友的微信用户的占比达到 55.1%，61% 的用户每天打开微信超过 10 次，55% 的用户每天使用微信超过 1 小时，61.4% 的用户每次打开微信必刷朋友圈。如此庞大的用户群，如此高的使用率，直接导致两性的互动出现高频化，大大推动了两性之间的交流。朋友圈人际互动过程见图 3 - 8。

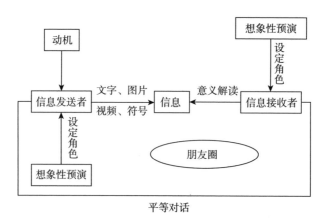

图 3 - 8 朋友圈人际互动过程

资料来源：唐金杰《微信朋友圈的人际互动模式研究》，硕士学位论文，哈尔滨工业大学，2015。

1. 男性主动与女性互动

简单来讲，首先发出互动信号的一方就会被认定为主动方，男性气质中包含主动性的特征，在现实生活中两性关系的发生、发展过程中，也往往是男性占据主动地位。在微信中，男性也经常主动向女性发出互动的信号，促成两性间的交流与沟通。

（1）男性会主动给女性好友发送微信消息，内容包罗万象、五花八门，事务性信息、祝福类信息、情感关怀类信息、邀约等都可能会出现。

女性通常会在接收信息以后进行回复，从而建立两性间的互动关系。在互动过程中，男性往往占据主动权，设置议题，并引导整个互动过程围绕议题进行。对于事务性信息，男性往往希望速战速决，尽快达到处理事务的目的，而不会牵涉其他话题。对于祝福类信息，男性通常在单方面表情达意之后便认为话题结束了，甚至不会期待或等待女性的回复信息，仅仅是表达自己的心意就可以了。对于情感关怀类信息，男性还是会愿意与女性进行进一步交流，尤其是恋人之间的情感交流，彼此都希望交流能更加深入而且持久，通常还会由一个话题引申出无数的话题，从而对彼此有更全面的了解，还可以分享彼此的感受，表达自己的强烈情感。对于邀约，男性往往会急于得到女性的回复，而且希望得到积极的或肯定的回复，也会为即将到来的约会进行充分的准备，希望给女性营造良好的氛围，获得完美的体验。

（2）男性会主动在朋友圈发布信息，期望获得女性的积极回应，从而借此展开进一步的交流与互动。

男性发布的信息大概可以分为以下几类：男性气质类、女性气质类、其他类。每一类信息都可能会获得女性的积极关注，从而满足男性的交际需求和情感需求。男性气质类的信息往往会凸显男性的阳刚之气，展现男性的勇敢、无畏、强壮等，目的是让女性更加关注自己，甚至愿意依赖自己，感受到自己能够带来的安全感，从而为男性形象的建立或维护奠定坚实的基础，为自己在女性中赢得良好的口碑，成为女性心目中理想的求偶对象。女性气质类的信息往往是已婚男性或具有典型双性气质特征的男性发布的重点，前者已经步入婚姻殿堂，不需要再为求偶做准备了，后者是自身的气质类型就要求关注此类信息，目的是展示自己的多面性，希望女性了解更丰富的自己，同时也希望女性更加关注自己，开展进一步的深入交流，进而推动两性之间形成一种新型的平等关系。其他类型的信息比较庞杂，可以简单理解为中性化的信息，不存在性别气质倾向，这类信息往往是事务性的，仅仅是具体问题的讨论，男女之间较少存在显著差异。

在现实社会中，男性总是以社会主要角色出现在人们的视野中，不仅拥有独立的经济地位、政治地位，享受较高水平的教育，具备更强的工作能力，而且通常是作为女性守护者或保卫者的形象出现。延伸到微信空间中，男性往往是发送红包的主动者，这似乎是天经地义的，客观上也呈现出这样一种局面，男性通过向女性发送红包来表达自己对女性的喜爱或关注程度，并希望以此获得女性对自己的好感，为进一步的两性交流与互动创造良好的条件。

（3）男性有更加强烈的意愿和倾向通过摇一摇、附近的人、漂流瓶等方式主动与女性建立联系、开展交流。男性往往更愿意主动结识陌生女性，这一方面是男性的本能需要，另一方面也是男性更加自信、无畏等心理特点的反映。男性相较于女性更加愿意拓展自己的交际圈，而且较少担心自己的私密信息泄露，也更加有承受失败的勇气。男性通过摇一摇、附近的人和漂流瓶等方式结识陌生人的概率比女性高很多，体现出男性的主动交流意愿，这有助于两性之间的交流和相互了解。

2. 女性主动与男性互动

在现实社会生活中，女性往往是被动的一方，用女性主义者的话来说，女性一直处于被支配的地位，因而往往不会主动与男性进行互动。微信为女性提供了一个绝佳的机会，使女性在不需要面对面的情况下，可以随意向男性发起互动的信号，即使被拒绝，也避免了直面的尴尬。微信是基于现实生活中既有的社会关系建立起来的"强关系"社交网络平台，同时又具备网络空间的虚拟性，这就为女性提供了一个集私密性与半公共性的特殊空间，既有安全的保障，又摆脱了现实生活的羁绊。因而，女性在微信空间中获得了发挥自己交际能力的舞台，为推动两性关系的健康发展做出了积极的努力。女性主动向男性发起互动信号，主要依靠以下几种途径。

（1）女性会主动给男性发送微信消息，内容丰富，不仅包含事务性信息、祝福类信息、情感关怀类信息、邀约等，还有自我展示类信息。

男性在接收到女性发送的信息以后，通常会积极进行回复，从而推动两性间互动的达成。在互动过程中，女性不一定占据主动权，虽然话题是由女性发起的，但互动的走向是依据两性的具体交流内容确定的。我们会发现，即使是事务性和祝福类信息，女性往往也会希望借此展开交流，或者由此延伸出去，进行新话题的交流和互动，以增进两性之间的了解和认同，充分表达双方的观点和看法，并期望能够实现两性的良性互动，推动和谐的两性关系的建立。而对于情感关怀类信息，女性更加有意愿与男性开展深入交流，尤其是恋人之间，更加希望能够通过这种交流来增进彼此之间的感情，维系和巩固已经建立的两性关系。女性在互动过程中，通常还会主动由一个话题引申出其他话题，以保证两性之间的互动持续进行，让男性能体会到自己的依赖性，同时从男性那里获得安全感。

对于邀约，女性不像男性那样自信，如若得到自己满意的回复，女性往往会喜笑颜开，获得积极的心理体验，如果得到否定的回复，则会心情失落，产生较大的心理落差。还有一类女性经常主动向男性发送自我展示类信息，女性有意愿主动向男性展示自己的美丽、温柔、高贵、典雅等方面的气质或特点，以此来获取男性对自己的欣赏、期待，从而体现出女性的吸引力，以此树立自信心。

（2）女性也会主动在朋友圈发布信息，以此获得男性的评论或回应，并以此为基础开展进一步的交流与互动。

女性发布的信息一般可以简单分为几类：女性气质类、男性气质类、其他类。女性气质类的信息是女性朋友圈中的主体，往往会展示女性的阴柔之美，表现出美丽、温柔、娇弱、得体、安于现状、关注生活等女性特质，目的是引起男性的关注，希望获得男性的安慰，给自己充分的安全感，从而为在男性心目中建立或维系女性形象创造了条件，也为自己在男性心目中留下美好的印象奠定了基础。

男性气质类的信息往往是大龄单身女性或具有典型双性气质特征的女性发布的信息。比如，很多女性会在朋友圈中发布对政治、军事、社会问题等方面信息的关注，善于思考，观察敏锐，对社会问题往往会有一针见血的分析，也会发布一些自己承担重体力劳动、做技术工作等方面的信息，目的是展示自己的强大，从而营造一个女强人、"女汉子"的形象，表明自己已经摆脱了对男性的依赖，实现了完全的独立，甚至比男性更能体现出男性气质特征。她们思想独立、善于决断、逻辑性强、聪明睿智、竞争力强、雷厉风行，从她们身上甚至找不到任何女性气质的踪迹。

其他类的信息也就是中性化的信息，基本上不存在性别气质倾向。

（3）女性也会通过微信红包等方式主动与男性进行互动。

现代女性一般拥有独立的经济地位、政治地位，也曾享受过较高水平的文化教育（在高校甚至出现高学历层次的学生中女性比例越来越高的趋势，一些传统的理工学科中女性高学历者开始超过男性），同时具备较强的工作能力，因而女性也成为主动发送微信红包的一方。

（4）女性往往比较少会选择使用微信的摇一摇、附近的人、漂流瓶等功能。

相对于男性，女性不太倾向于在微信中结识陌生男性，原因可能就是女性更缺乏安全感。相关调查也显示，女性对微信泄露隐私性信息的担忧比男性更加强烈，其更加不愿意通过微信添加陌生人为好友，更加注意保护自己的隐私。

3. 无性别倾向的互动

在微信中同样存在大量不针对特定性别对象而发布的信息，这些信息涵盖的范围比较广泛，事务类、祝福类、情感类等都有。两性在微信中发布的信息都具有积极的社交属性，都可以被看作积极主动开展人际交往的信号和载体，这些信息不仅加强了两性之间的交流与沟通，同时增进了同性之间的相互了解，加深了彼此之间的情谊，维系了两性努力建立的社交圈，对两性更好地进行自我角色定位、自我形象建构都产生了积极的意义。所以说，两性在微信空间开展的无性别倾向的互动，也为两性之间建立更加健康、平等、和谐的关系产生了积极影响。

五 两性在微信空间中互动的目的

两性在微信空间中进行了大量的互动，不仅可以通过文字、图片、表情符号、语音、视频等方式，而且可以依靠点赞、评论、发红包等途径来实现。在微信中，两性的互动是广泛的、频繁的，其目的主要有以下几个方面。

1. 两性互动是为了维系社交圈

微信朋友圈最初是通过导入用户的手机通讯录和 QQ 好友的信息来建立的，在此基础上，用户可以通过扫一扫、摇一摇、附近的人、漂流瓶等功能来添加好友，从而扩大自己的交际圈。微信中两性的互动是为了维系已经建立的朋友圈，满足自己的社交需要。

2. 两性互动是为了进行情感交流

两性不仅需要通过互动来维系社交圈，而且需要通过互动来进行情感交流，并且增进彼此的了解和认同，进一步加强彼此的情感联系，从而构建一个更加紧密的交际圈。两性互动是两性之间的双向情感交流，不是单向的，既可以是男性主动与女性的互动和交流，也可以是女性主动与男性的互动和交流，因而就非常有利于两性之间进行平等、和谐的交流，有利于建立一种新型的健康的两性关系。情感交流这一目的的实现，对两性互动必将产生积极的影响，会大大推动两性之间交流与互动的加强，也会对未来建立一种更加合理的两性关系具有极大的促进作用。

3. 两性互动是为了进行两性的自我表达

两性在互动和交流的过程中，不仅实现了互动的行为，而且进行了双方的自我展示，给双方提供了展示自我的契机，从而有助于促使两性之间彼此了解、熟悉、理解、认同，进而有利于良性互动关系的建立。自我表达对于两性的交往是极其重要的，只有将自己的本质、观念、欲求等表达清楚，才有可能得到对方的理解与支持，如果不能尽量畅通地自我表达，那么两性关系的发展就会面临巨大的困难，就不可能建立平等、健康、和谐的现代两性关系。在微信空间中，两性之间进行了大量的互动，其重要意义就在于为两性的自我表达创造了条件，为两性展示各自的理念主张和利益诉求提供了机会。

4. 两性互动也是为了现实的需要

在微信中，两性互动的很多内容都是事务性的，这些信息承载了两性的观点、态度、主张，同时也是为了解决实际问题，促成社会生活的改变。因而，两性互动一方面是为了帮助两性实现对彼此的了解、理解、认同，构建更加合理的新型两性关系，另一方面是为了干预现实社会生活，解决具体问题，推动社会发展。通过两性的互动，可以将现实问题进行梳理和分析，两性共同努力寻求最佳的解决方案，从而推动问题的圆满解决，也为两性的进一步交流创造一些现实的条件和环境。因而，可以说，解决现实社会的实际问题也是两性互动的一个重要目的。

六　微信空间中两性互动的效果分析

在微信空间中，两性之间进行了大量互动，取得了巨大的成果，最重要的就是对新型两性关系的建立产生了积极影响。微信具有很多特点，这些特点往往看似极其矛盾，但就是这些矛盾性特征构筑了微信独特的地位，对微信空间中的两性互动产生了巨大的影响。微信既具有私密性，又具有半公共性。这是说微信是基于现实社会关系建立起来的私密网络社交圈，但又可以通过摇一摇、附近的人、漂流瓶等功能添加陌生人，从而产生了一种半公共性，与微博有着显著差异。微信既具有排他性，又具有开放性、包容性。这是说微信是私密的，只有用户验证通过的朋友才能在圈里存在，是具有极强的排他性的，但微信同时又是开放的、包容的，是可以通过多种方式添加新的朋友的，是可以网罗各种信息的，是与社会现实紧密相关的。微信既具有虚拟性，又具有准实名性。这是说微信是网络社交工具，先天具备虚拟性，用户的信息并不一定是真实的，包括头像、微信名、性别、注册地区等，但微信又是依据现实社会关系建立起来的，同时就具备了准实名性。微信的这些特点，决定了微信具备强大的功能，两性在微信空间中的互动必然会对两性关系产生巨大的影响。

1. 两性互动大大促进了两性间的交流

两性互动必然推动着两性交流，既包括两性间信息的交流，也包括两性间情感的交流。基于微信空间，两性获得了更多的表达机会，有利于两性协同分析问题、解决问题，密切了两性间的合作，有助于推动两性共享信息，实现信息平等。同时，两性互动大大推动了两性间的情感交流，增加了两性间情感交流的机会，加深了彼此间的情谊，为两性畅快地相互表达情感创造了条件，有助于两性之间进一步敞开心扉，表露自己的真实情绪，让彼此了解到真实的自己。这种真诚的情感交流，增强了彼此之间的信任，为建立平等、健康、和谐的新型两性关系奠定了基础。

2. 两性互动的直接效果就是维系并拓展了两性的社交圈

在微信空间中，两性互动和交流的重要目的就是维系社交圈，增进彼此之间的情感交流，实际上也完全实现了这一点，而且通过摇一摇等功能的使用还进一步扩大了社交圈。频繁的两性互动，一个直接的影响就是密切了两性好友之间的联系，联系增加了，共同话题就增多了，探讨的问题也就更加深入了，彼此之间的情感也就在这种你来我往之中巩固了。因而，两性互动对社交圈的维系起到了重要的作用。在现代生活中，两性之间往往由于时间、空间等因素的影响，减少了彼此交流的机会，微信的出现解决了这一问题，两性通过使用微信来实现互动、相互联系，不管是发送微信消息、发朋友圈、发红包，还是点赞、评论，都能使联系密切起来，彼此间的情感也就在这种互动中一步步回温了，既有的社交圈就得到了很好的维系。

两性互动还进一步拓展了两性的社交圈，借助摇一摇、微信群等功能的使用，两性可以接触到更多的陌生人，从而扩展自己的社交圈。社交圈的扩展，开阔了两性的视野，增加了两性进一步探索新世界、结识新朋友的信心，也为两性提供了更加广阔的舞台，寻找到更多的听众和观众，来欣赏自己在微信空间中的表演。如果没有微信等社交平台，两性的社交范围依然局限在现实社会生活的固有关系中，不能满足现代社会对两性的要求。现代社会，人口流动迅速，而且规模庞大，既有的以血缘、地域为核心建立的社交圈的影响已经弱化，两性只有寻求更加适应时代的平台才能够继续维系和扩展自己的交际圈。微信就提供了这样的机会，不仅大大方便了两性对既有社会关系圈的维系，同时大大拓展了两性的社交圈，一个用户微信好友的上限是 5000 个，远远超越了 QQ 等社交软件的限制，促使两性投入新时代的社交狂潮之中。

3. 两性互动为两性在微信空间中建立理想化的自我形象提供了可能

微信中的两性互动为两性进行自我表达和情感交流提供了良好的条

件，同时为两性建立理想化的自我形象提供了基础。两性在互动中实现了自我表达和情感交流，由于微信具有虚拟性、半公开性等特征，两性对自我形象往往会有选择地进行展示，所展示出来的部分就是希望他人接受的，是两性对自我形象的构建。在微信空间中，两性不需要进行面对面交流，只需要借助文字、图片、表情符号、语音等方式来进行交流，这就规避了现实生活中可能出现的尴尬局面，为展示和构建一个更加完美的自我形象提供了绝佳机会。一方面，理想化的自我形象是以真实的自我为基础的，这就解决了现实的和构建的自我形象连贯性的问题，没有很大的反差，朋友不会表示惊讶，容易被有现实关系关联的朋友所接受；另一方面，理想化的自我是通过选择的信息来建构的，不是一个真实全面的自我形象，是两性为迎合或适应社会评价标准而准备的，是在真实自我的基础上经过修饰的自我形象，这个形象更容易被社会所接受，更容易受到他人的接纳。通过这一形象的建构，也更容易使两性对自己充满信心，能够更加积极地面对生活。两性互动的过程就是一个不断否定旧我、建构新我的过程，两性就是通过不断地选择发布的信息来调整对自我形象的表达，从而展现一个理想化的自我形象的。

第五节　社会性别角色在微信空间中的构建

社会角色指的是一个人在其所占据的社会位置上应该担负的相应责任和从事的活动，一般包括两个不同的层面：一是角色期待，也就是社会所期待其从事的活动；二是角色表现，也就是个体实际上所从事的活动。同理，社会性别角色的概念也应该包括两个层面：性别角色期待和性别角色表现。性别角色期待指的是社会期待两性从事的活动，性别角色表现指的是两性按照社会期待所表现出来的具体行为。在社会化的进程中，两性总是承担着不同的角色，由此造成了两性在社会地位上的巨大差异。

在西方哲学中，通过对公共领域和私人领域的划分，我们可以看出这种巨大的差异在哪里。公共领域被当作男性的固有活动领域，而私人领域才是女性可以活动的领域，而且在社会价值评价体系中，公共领域的价值都是远远高于私人领域的价值的，也就是说，男性拥有至高无上的权力和地位，而女性却只能龟缩在家庭的私人领域中，而且其创造的价值被社会大大低估，甚至不被计入社会总价值的体系中去，从而彻底抹杀了女性对人类社会发展所做出的奉献和创造的价值。面对这样的性别角色分工，女性主义的社会性别理论认为，这并不是由两性在生理上的差异所决定的，而是在父权制社会下，个体为了使自身的性别角色表现符合整个社会文化所规定的性别角色期待，通过学习特定社会文化所规定的性别规范，从而获得自己"适宜"的性别身份（社会性别角色认同）。

女性主义学者凯特·米利特在其著作《性政治》中指出，从两性的幼儿时代起，社会文化和制度就将男孩与女孩置于分离的领域进行熏陶和训练，通过对成熟的两性社会角色的模仿和社会对因模仿行为优劣而给予奖惩等手段，使个体的行为方式与社会规定相一致，从而完成性别角色的社会化，将个体的社会性别角色进行确立。这一过程是在家庭、学校和社会的共同影响和规范下完成的，并且这样的社会性别角色所附带的一整套价值观念会根深蒂固地存在于两性的意识之中，使女性甘愿承受父权制统治。

社会性别也是一种社会文化，其构成要素可以概括为以下几种：第一，社会性别地位，指社会对两性在行为、姿势、语言、情绪、生理等方面的规范和期待，并且由特定社会的历史发展状况给予评价；第二，劳动的社会性别分工，指社会对两性在生产和家务劳动上的安排，对两性的不同工作安排，强化了社会性别角色的地位，地位越高，工作的声望就越高，而且价值越大，获得的回报就越多；第三，社会性别化的亲属关系，指两性的家庭权利和义务，亲属关系反映并强化了两性之间的声望和权利差异；第四，社会性别的性脚本，指性欲望和性行为的规范化模式，占统治地位的社会性别一般拥有更多的性权力，而处于从属地位的社会性别就很有可能会受到性剥削和性虐待；第五，性别社会化的个性特征，指社会性别规范模式化的各种特征，规范两性如何行动和感受，以及如何和他人相处；第六，社会性别化的社会控制，指对社会认同的行为给予正式或非正式的奖励，对不被社会认同的行为给予指责，或者进行社会隔离性惩罚或医学治疗；第七，社会性别意识形态，指对两性给予不同的社会评价，占统治地位的意识形态通过这些评价获得明显的优势，从而可以压倒社会对这种评价的批评；第八，社会性别形象，指的是社会性别地位的再生产并使之合法化的符号语言，比如表现社会性别文化的艺术，文化成为社会性别意识形态的主要支持力量之一。①

---

①　王周生：《关于性别的追问》，学林出版社，2004，第 14～15 页。

一　社会性别角色建构理论

社会性别角色理论发端于 20 世纪 60 年代的美国，是在女权主义运动的实践中发展起来的，后来也成为对这一运动起着重要指导作用的核心观念体系。社会性别角色理论将两性关系作为最基本的社会学关系，认为这是社会关系的本质反映，从分析两性关系入手可以发现社会关系和社会制度的根源和本质，从而将社会性别角色理论变成强有力的对政治经济和社会文化进行分析的工具。社会性别角色理论认为，社会对两性角色和行为的期待是在两性生物性别的基础上延伸出来的，人们现在的性别观念是社会化的产物，因而是后天的、可以改变的。社会性别角色理论是以社会性别差异、社会性别角色塑造和社会性别制度为主要研究内容的，对长期存在的男尊女卑的性别误区和无视社会性别的性别盲点进行深刻批判，并由此深入地揭示了两性差异和不平等的政治、经济、文化和社会制度的根源。社会性别角色理论反映的是一种两性之间的不平等关系，实质上是一种权力不平等关系，这种不平等深深地贯穿在人类的政治、经济、文化、社会生活和家庭等一切领域之中。

社会性别角色理论的基本诉求如下。第一，用变化发展的眼光看待社会性别和社会性别角色。人的社会性别观念是在对家庭环境和父母与子女关系的反应中形成的，并在教育以及社会文化的变化中不断地改变，因而人的社会性别观念不仅会因时间变化而有所差异，而且还会因民族、地域相异而迥然不同，这是一种特定的社会构成。这就打破了性别不可改变的宿命观，对传统的性别观念发出了巨大挑战，为在两性之间建立一种平等的关系创造了理论可能。第二，将女性作为社会发展的主体。社会性别角色理论认为，在社会发展的过程中，女性与男性应该处于平等的主体地位。因此，在精神上，女性应该独立自主，摆脱依赖男性的软弱心理；在处理与男性的关系上，女性应当与男性结成彼此尊重、平等相处的伙伴关系；在对待国家和组织的态度上，女性应该主动争取自己的权益，不能仅仅作为一种工具而存在。第三，反对孤立地研究女性和女性问题。社会性别角色理论认为，要考察女性或女性问题，就应该将其放在两性共同塑造的社会角色和权力结构中进行考察。在社会性别制度和性别结构中，不仅包括男女两性之间不平等的权力关系，同时包括对男女两性发展的不同限制。第四，注重不同政策或项目中对男女两性影响的分析。社会性别角色理论旨在消除性别不平等或性别歧视，注重分析哪些政策和项目能真正帮助男女两性改变不平等的社会性别关系，哪些反而强化了传统的社会性别角色和性别关系，加剧了男女两性之间的不平等。

1. 影响人的社会性别角色认同的因素

讨论社会性别角色，可能还需要厘清两个概念，即生理性别（Sex）和社会性别（Gender）。前者指的是人的生理角色，主要包括染色体、激素、一系列生理特征等；后者指的是人的社会文化角色，包括人在社会化的过程中所习得的一整套与自己所属性别相适应的群体性特征和行为方式。美国历史学家斯科特认为："社会性别是基于可见的性别差异之上的社会关系的构成要素，是表示权力关系的一种基本方式。"[①] 因而，自然因素与社会因素就成为影响人的社会性别角色认同的两大要素。

（1）自然因素。

不同的染色体决定了人发育的生物机理，而性激素的差异则影响着两性之间或同一性别内部的社会行为差异。根据科学研究的成果，人类胎儿期和青春期是对性激素做出反应的关键时期。在胎儿期，性激素促发了男性化和女性化的心理和生物倾向；而到了青春期，不断分泌的性激素激活了这种预先决定性别归属的倾向。

（2）社会因素。

关于影响社会性别角色认同的社会因素，研究更多地关注社会文化因素的作用，一般认为这些因素主要包括四个方面。首先，家庭的影响。因为家庭是人最先接触性别差异意识的环境，在家庭中，父母会对子女提出性别期望，使子女把这些期望同化成自己的性别角色刻板观念，同时父母的态度和性别角色刻板观念也会潜移默化地影响子女的社会性别角色观念。其次，大众传媒的影响。比如，报纸、书刊、电视、电影、广播、网络等媒介都会对人的性别角色认同的形成产生重要的影响，而在这些大众传媒中充斥的都是社会既有的性别角色观念，这些观念往往正是造成新的性别不平等的罪魁祸首。再次，教育的影响。教师在人的社会性别角色认同形成的过程中会起着重要的作用，比如教师的性别观念往往决定着其对

---

① 谭兢常、信春鹰：《英汉妇女与法律词汇释义》，中国对外翻译出版公司，1995，转引自屈雅君《社会性别辨义》，《南开大学学报》（哲社版）2006 年第 6 期。

学生的性别期待，自然也就决定着其对学生性别差异方面的指导，两性的跨性别行为一般会受到教师的批评，而男性表现出女性气质特征后受到的批评会更加猛烈；最后，同龄人团体的重要影响。一般来说，10岁左右的儿童便已经产生了按性别来划分群体的显著倾向，这时父母为了促进儿童尽快认同自己所属的性别，养成性别意识，往往也会鼓励儿童加入一些以性别区分的同龄人团体，比如男孩子往往会参加学校的足球队、篮球队等团体，而女孩子则往往会参加学校的乐队、啦啦队等团体，研究还发现进入青春期后的人受到同龄人的影响往往超过家庭对自己的影响。

2. 社会性别角色的精神分析理论

我们知道，大名鼎鼎的奥地利心理学家弗洛伊德是精神分析理论的创始人，他的理论受到全世界的关注，对心理学的发展产生了重大影响。儿童性心理发展理论是他提出的重要理论之一，也是社会性别角色发展领域的最早论述。弗洛伊德认为，人格是在后天的环境中逐渐发展而来的，在人的性心理发展过程中必须经过三个固定的发展阶段，每一个阶段都是由于快感集中于人体的某一性敏感带而呈现出不同的特点。这三个阶段分别是口腔阶段、肛门阶段、生殖器阶段。在口腔阶段，人的快感来自吮吸和吞咽动作。在肛门阶段，人的快感主要来自排泄。而且在这两个发展阶段中，男性与女性的发展方式是基本一致的，因为两性都是以母亲作为爱的对象的。进入生殖器阶段以后，才会出现性别分化，也才会产生社会性别角色的认同问题。

在认同父亲的过程中，男性会将以父亲为代表的社会"戒律"变成自己的一部分，并逐渐具备良心和超我，逐渐获得对自己性别的认同感，从而继承父亲的角色规范，将这一规范纳入自己对社会的认知中去，内化于心。女性在这一阶段与男性的情况具有巨大的差异，女性超我的发展是不成熟的。

基于此，弗洛伊德认为"生理构造决定一切"，一味强调生物学因素对社会性别角色的决定性影响，完全无视社会文化和教育在社会性别角色发展过程中的影响。弗洛伊德的这一理论为性别歧视提供了理论依据，为后世女性主义学者所诟病。弗洛伊德还提出了性本能的理论，将"力比多"看作人类行为的原动力，认为男性的恋母情结就是源于对母亲的性冲动，女性的恋父情结就是源于对父亲的性冲动，而这种性冲动的产生、压抑和转移就构成了两性社会性别角色发展的不同模式。弗洛伊德还将人格看作发展的结果，并以此为基础提出了性心理发展的阶段理论，给后世的研究者提供了极大的启发。他提出的"认同"概念，不仅成为社会性别角色发展中的一个核心概念，而且被社会心理学以及其他研究领域广泛引用。因此，他对社会性别角色的发展研究以至于整个心理学的发展都产生了巨大的影响，他的理论贡献是不可低估的。

3. 社会性别角色的社会学习理论

社会学习理论是建立在行为主义心理学基础上的一种学习理论，社会性别角色的社会学习理论将行为主义的学习理论直接引入社会性别角色领域，把性别角色的获得作为一种学习的类型，并使用刺激－反应的原理和强化原则来加以解释。社会性别角色行为的获得只是不同强化的结果，男性会因为其行为具有男性的特征而受到奖励，也会因为其行为具有女性的特征而受到惩罚。与此相应，女性也会因为其行为是否符合既定的社会性别角色而受到奖励或惩罚。如此，两性就学会了辨别自己的哪些行为是适当的，而哪些行为又是不适当的，并且产生相应的社会性别角色标准。

美国当代著名心理学家班杜拉大大地推进了社会学习理论的发展，并且使其具有了更强的解释力。第一，他继续运用强化的概念来说明儿童社会性别角色的获得。第二，他提出了两个重要概念，即模仿和观察学习，来说明社会性别角色的获得。模仿是指儿童完全复制成人的行为，无变通；观察学习指的是儿童通过观察行为榜样的具体行为举止以及行为后果而习得某一行为，这种行为很有可能不会立即表现出来，而是储存于自己的记忆之中，在遇到类似场景时再现出来。因而，强化、模仿和观察学习三个概念便构成社会学习理论关于社会性别角色发展的三个基本机制，按照这一理论来考察，社会性别角色的获得一般需要经过以下阶段。

第一阶段，两性生物学上和心理上都会首先与母亲形成一种强烈的依赖关系，因而母亲就是两性有力的强化者。当两性出现适合其社会性别角色的行为时，母亲会做出积极的反应，比如微笑、点头、赞扬、抚摸等；而当两性出现不适合其社会性别角色的行为时，母亲便会做出消极的反应，比如神情严肃、斥责、愤怒等。于是，两性适合自己的社会性别角色的行为就会因为受到奖励而强化，最后形成固定的行为模式；两性不适合自己社会性别角色的行为也会因为得不到奖励或受到惩罚而减弱，甚至最终消除。随后，社会刺激便会出现泛化，除了母亲以外，父亲以及其他一些成年人也会成为两性行为的有力强化者，这些强化者同母亲在强化的方向上是一致的，因为对两性适合其社会性别角色的行为的观念是约定俗成的，是一种成熟稳定的行为规范法则。

第二阶段，两性通过模仿来获得社会性别角色。两性在儿童时期就会通过观察角色模特学会很多事情，比如女性可以通过观察在厨房劳作的母亲学习到必要的女性行为。一般情况下，父母是儿童早期生活中的抚养者，是最有权威的人，往往会成为学龄前儿童学习社会性别角色行为的榜样。儿童也会经常面对与自己同性别的榜样，而不是异性别的榜样，模仿一般是同性模仿。由于长期接受直接强化的影响，两性更加注意同性别的榜样。

第三阶段，两性在更高层次的学习中，不仅观察角色模特的行为，而且还会注意观察行为的后果，并且会对自己的行为后果进行预测。在这一阶段，两性不需要奖励或惩罚的方式来强化社会性别角色意识，通过观察角色模特的行为后果，也就是这种替代性的强化，就能够区分自己的行为适合或不适合自己的社会性别角色，并且可以通过对社会性别角色的理解来加强自己的性别意识。

社会学习理论从人与人之间的相互影响入手，用行为、人和环境相互联结着的不断交互的作用来解释心理机能，来讨论社会性别角色的获得与发展，突破了刺激－反应的机械的行为主义模式，把强化理论与信息加工理论进行了有机结合，提出了社会性别角色行为不仅可以通过奖励和惩罚两种直接的强化手段获得，还可通过两性在观察的基础上主动模仿以及通过对观察他人的行为及其后果来预见自己行为的后果，也就是替代性强化的方式获得，在原有的直接强化的理论基础上，增加了模仿和观察学习两种社会性别角色获得的重要机制，一方面强调了行为的操作因素，另一方面强调了在行为获得过程中的认知活动。

4. 社会性别角色的认知发展理论

对于社会性别角色的获得和发展的认知发展观是建立在著名的心理学家皮亚杰的发生认识论基础上的。皮亚杰在对儿童进行的研究中发现，儿童的认知结构会随着时间的变化而发生有规律的变化，从而提出了认知发展的阶段性理论。

美国心理学家柯尔伯格又将认知发展理论推广到了社会性别角色领域的研究中，并将社会性别角色的发展与智力发展相平行的过程相比较，形成了独具创见的以认知发展理论为基础的社会性别角色理论。柯尔伯格认为社会性别角色发展的关键在于儿童对自己的性别身份和社会所确立的性别角色规范的理解，借助自己内在的认知组织和加工，形成有关性别特征的一般性认识，也就是性别观念，进而发展相应的社会性别角色模式，从而最终将自己归属于某一种性别类型，使自己的行为表现与自己的社会性别角色相一致。他认为社会性别角色的发展是一个积极主动的认知发展过程，是儿童自我社会化的结果。

柯尔伯格认为在性别角色发展中，性别自认的获得和性别"恒常性"的获得是两个十分重要的阶段，是社会性别角色发展的关键和基础。两性必须经过第一阶段才能发展到第二阶段的，不能超越第一阶段而达到第二阶段，也不能逆转或将两个阶段相混淆。他对此进行了详尽的解释：年幼的儿童听到并知道"男孩"和"女孩"这些字眼，自己又被人说成是其中之一；到了两岁左右，孩子开始学习根据性别准确地标定自己；到了三岁左右，他们可以准确地标定他人的性别（先是同性，后是异性），这样就形成了性别自认。在这一过程中，其实儿童也在学习自己应该做些什么，他们一般都知道什么样的情感、态度和行为是属于男性或女性的，并且会在自己的日常生活中重复练习其中适合自己社会性别角色的部分。随着认知的发展，儿童也会自然而然地获得对社会性别角色的规范模式的认识，开始理解性别的前后一致性。到七岁左右，儿童会最终形成性别"恒常性"，认识到性别不会因为名字、服饰或行为的变化而变化。性别"恒常性"的获得一方面是性别自认的继续，另一方面会进一步巩固和发展儿童的性别自认，性别自认和性别"恒常性"的形成为性别行为定型和社会性别角色的学习奠定了基础。柯尔伯格还提出，儿童接受社会性别角色的主要动机之一就是他们意识到这一角色的威力和价值。因此，他们为了从性别自认中获得一种积极的自我感受，便逐渐地对自己的性别特征抱有好感，并为相应的社会性别角色所吸引。此后，儿童便受到了启发，就会把社会性别角色当作他们为了解现实，同时发展稳固的、积极的自我概念所做的努力的一部分来加以接受。

在这里，实际上柯尔伯格为我们提供了与社会学习理论恰好相反的社会性别角色发展顺序：在形成性别自认和性别"恒常性"的基础上与同性的父亲或母亲取得积极的认同，按照社会认可的、适合其社会性别角色的方式进行自我强化，并由于对自我性别的积极情感而产生对同性父亲或母亲的依恋。

二　男性社会性别角色在微信空间中的建构

这里的男性性别角色是指注册性别为男性，而且表现出典型的男性气质特征的微信用户，他们往往充满自信，能够从容自若地在微信平台上展开社交活动，坦然地表露自己的真实想法和信息，并希望能够通过微信建构一个更加理想化的自我形象，不仅会按照社会规范展示出自己的优势和特长，而且也会展现自己的个性特征，对自己热爱的事物或人都会进行积极表达，以此来表现出自己性格的丰富性，帮助他人更好地了解自己，并希望给他人留下更加美好的印象。男性性别角色的建构过程是通过设计微信名片、与他人互通微信消息、在朋友圈发布信息等方式完成的，在这一过程中，男性的主观愿望会投射到具体的社交行为中去，并且形成一个形象建构系统，借助丰富的信息来完成整个系统的建构。当然，在男性性别角色建构的过程中，常常会出现小插曲，也有不符合其理想化自我形象的信息产生，也有可能会出现信息被误读的情况，从而使其理想化自我形象的表达出现偏离。下面就通过男性社会性别角色建构的几种方式来对其建构过程进行考察。

1. 微信名片

微信名片是微信用户的身份信息，其所包含的信息就是微信用户对自己最简洁的概括和介绍，其受重视程度往往比较高，毕竟这代表着自己的门面。男性性别角色在微信空间中的建构就是从这里开始的，微信名片是微信用户登录平台的第一步，也是开启用户微信社交旅程的起点。微信名片一般包括头像、昵称、微信号、二维码名片、地址、性别、地区、个性签名等信息，有了这些信息，一个鲜活的人物形象就应运而生了。当然，这些信息都不需要专门机构来审核其真实性，用户注册的时候可以随意填写，这就是微信具有网络虚拟性的重要原因。而且，现实社会中存在的同一个人可以同时申请或拥有几个微信号，即可以选择几个不同的微信名片或者说微信身份，也就有可能建构几个不同的性别角色。

（1）微信头像是男性性别角色的第一面孔。

微信中的男性性别角色往往会选取自己的真实照片或者风景照作为头像，当然也有一些男性会选择使用男明星或从网上下载的其他男性图片作为自己的头像，很少有男性会选择卡通或其他图片，即使选择使用了卡通图案，一般也都具有典型的男性形象特征，比如机器人、蜡笔小新、漫画版美男等。头像的选择体现了男性对自我性别角色形象的建构要求，希望他人看到自己的微信图像便确认自己的性别属性，而且头像一般都会体现出男性的阳刚之美。如果男性选用本人真实照片作为头像，往往会选取自己摆拍的照片，神情比较严肃，还经常是自己在工作场所等公共空间拍摄的照片，体现出男性的公共性和开放性倾向。如果男性选用风景照作为头像，往往会选取比较宏大的背景，有着开阔的视野，甚至经常选择由高向低俯视视角拍摄的图片，体现出风景的壮美，表现出自己对世界的征服和占有。如果男性选用男明星或从网上下载的其他男性图片作为自己的头像，往往会选择体现出阳刚、健美形象的图片，帅气的面庞、强壮的身体往往会给他人留下美好的印象，以此来表现自己的诉求，甚至希望以此来代表自己所具有的属性。如果男性选用卡通或其他图片，则往往会选择男性卡通角色或者具有男性气质特征的角色，一方面向他人表明自己的性别角色，另一方面体现出自己的童心，希望以此建立一个更加丰富立体的形象。还有一些男性会选择使用动物图片来作为头像，出镜率较高的一般是雄狮、老虎、豹等猛兽，表现出自己的侵略性、进攻性、竞争性以及永不满足的特征，也希望以此建立一个高大威猛的形象，从而更好地体现自己的男性性别气质特征。

（2）昵称是男性性别角色建构的核心信息。

昵称代表微信用户的微信身份，往往是千奇百怪，但梳理一下，还是可以大致总结出一些规律。有些是使用真实姓名或者称呼的，这部分男性往往注重信息的真实性。由于微信是以现实社会生活中的既有人际关系为基础建立的网络平台，因而很多男性会为了人际交流和沟通的方便而选择使用真实的姓名或称呼，其在微信空间中建立的性别角色形象往往与真实的形象相差无几，是相互补充的关系。有些是使用名言名句作为昵称的，这部分男性往往希望以此展现自己的情操和追求，展现自己的人生境界和理想价值观念，希望塑造一个更加完美的自我形象，让他人感受到自己的内涵和魅力。有些是使用无厘头词组或句子作为昵称的，选用的文字往往语法不通、极具个性。这部分男性往往希望引起他人的注意，刻意表现出自己的差异化特征，标新立异，以此来建立自我形象。还有些是使用符号或表情作为昵称的，有的可能是因为这一符号或表情对自己具有某种特殊的意义，有的可能只是随意而为，并没有具体的指向或意义。

（3）微信号和二维码名片应该是微信用户最真实的信息，是微信身份的核心信息。

微信号是可以选择的，男性在选择微信号的时候一般会使用电话号码、QQ号码、邮箱名、生日或者自己熟悉的一组数字与字母的组合，很难通过微信号判断微信用户的性别等属性，而且微信用户可以通过微信号来准确地搜索到需要找到的人，所以可以说微信号是微信用户最真实的信息之一。二维码名片是微信系统自动生成的，相当于微信用户在微信空间中的身份证，他人可以通过扫描二维码名片来添加好友，因此说二维码名片也是微信用户最真实的信息之一，但同样不具有性别角色的表征作用。

（4）地址是微信用户的可选择信息，非常具体，而且一般要求填写真实具体的信息，微信用户使用的频率不高，同样不能作为辨别性别角色的依据。

（5）性别是微信名片中直接与性别角色相关的信息，这里谈的男性性别角色就是以此为基础来定义的。

（6）地区也不具备体现微信用户性别属性的功能，只是一条客观陈述性信息，也有部分微信用户会选择填写虚假信息。

在这一点上，男性填写真实的地区信息一般是以自己的实际居住地或籍贯为依据的，但是现代社会中人口流动非常频繁，往往会出现居住地变更而忘记更改微信名片中的地区这一信息的情况，这并非有意为之。还有一部分男性会刻意填写非真实信息，通常会填写一些国外或境外的地区，这些地区可能是用户非常喜欢或向往的地区，也可能只是随意勾选的。这么做的目的也有差异，有的可能是要表现自己对某个地区的喜爱和向往，有的可能是为了迷惑他人，让人误认为自己是在那个地区生活的人，有一定程度的虚荣心理，也有的并没有任何具体的意义指向。

（7）个性签名是最能体现微信用户真实想法的栏目，是男性性别角色建构的重要信息和渠道。

很多男性会选择使用名言名句作为自己的个性签名，就像座右铭一样，以此激励自己并彰显自己的宏大志向，比如，"有志者，事竟成"，"面朝大海，欣赏、敬畏、奋进，春暖花开"，"认识自己的无知是最大的智慧"，"全力以赴，做到最好"，"一切都会过去，人生不止，奋斗不已"，"曾经沧海难为水，除却巫山不是云"。也有的男性会选择使用一些简洁的语句表达美好的愿望或者当时的心情，比如，"明天会更好"，"永

不抱怨"，"时间是最好的解药"，"信念"，"梦想成真"，"开心就好"，
"享受生命"，"冷静，克制"，"智商和脾气是成反比的"，"喝多了好难
受"，"无聊"。还有的男性会选择使用一些符号或者干脆不填写，一方面
可能是因为想写却不知道要写些什么，另一方面可能是因为没有意识到要
写，直接忽略了。

2. 微信消息

这是男性性别角色在微信空间中建构的重要渠道，也往往是两性之间
进行交流与互动的主要方式，在与他人交流与互动的过程中，展现自己的
性别角色，从而建构自我形象。实际上，两性之间的交流与互动为男性性
别角色的建构提供了广阔的空间，而且充满着无限可能，既便于两性在交
流与互动的过程中加深对彼此的了解和认同，也便于男性在女性面前建立
理想化的自我形象，既为男性维持自己现实生活中的真实形象提供了便
利，又为男性更加充分地表达自我和丰富自我形象提供了可能。

（1）文字是男性建立、维系或发展（完善）自我形象的重要手段。

文字是微信诞生之初便具有的重要功能，是微信消息发送的常用形式，
不会产生声音的干扰，而且占用的空间小，耗费的流量少，是最经济实用的
信息传递工具。文字受到了广大微信用户的喜爱，尤其是男性，因为文字具
有极其丰富的内涵，往往极为简短的文字就可以表达极其丰富的信息和内
容。男性在发生微信消息时，使用文字的风格往往具有典型的特征。在表达
事务性信息时，往往简洁明快，不拖泥带水，直奔主题，体现出男性注重理
性、重视效率、有智慧、竞争意识强等特点。在表达情感类信息时，往往会
体现出男性的主动性、独立性、控制性等特征，并且充满自信，善于通过提
出有建设性的建议和具体措施来表达自己的关心，以此增加彼此间的情感。
同时，男性在发送微信消息时也会体现出主体性、确定性、公众性以及重事
实、讲逻辑、擅应对、能决策等特点，从而借助文字这一重要载体来建构理
想化的典型男性形象。

（2）表情符号的使用是男性形象建构的重要手段。

在发送微信消息的过程中，男性也会使用一些表情符号来表情达意，
进行沟通和交流。男性选用的表情符号一般比较简单，种类较少，男性使
用表情符号一般是在与女性进行交流的过程中，男性之间的交流往往极少
会出现表情符号，这与男性的典型气质特征是有关系的，重理性、不感
性，喜抽象、少具象，感情内敛不外露，男性对表情符号的使用一方面体

现出了自身的这些特点，另一方面又通过这一方式更加确证了自己的男性角色，从而建构了自己的男性形象。也有一部分男性会使用一些个性化表情符号，而且有些符号还是经过自己精心设计制作而成，这些符号往往具有幽默、夸张、复杂等特征，有一定的技术含量，有设计感，大多是需要多程序处理才能完成的，对男性的气质特征进行了很好的体现，体现了男性动手能力强的特质，为男性形象的建构提供了丰富的素材。

（3）图片是男性形象建构的一大利器。

使用微信消息时，男性偶尔也会借助图片来传递信息、表达情感，同时建构自己的性别角色。男性使用的图片往往是包含具体事务性信息的图片，有时也会有一些风景照，而人像图片尤其是自拍照是很少的，这与男性重视信息传达的准确高效有关系，也体现出其不喜情感直露的特点。在男性与女性之间的微信消息互动中，男性为了迎合女性的审美要求，一般会使用一些风景照，表现自己对美的追求和理解，以期获得女性的理解与认同，但这些图片往往充满了"男人味"，基本不会出现人的影像（除非是与互动双方一同游览的合影或者单方面提出过具体要求），体现出男性对世界的掌控感。在男性之间的微信消息互动中，往往极少出现图片，即使出现图片也是用来传递事务性信息的。

（4）语音和视频是男性建构性别形象的重要手段。

在微信消息中，男性会使用语音和视频来表现男性气质，建构自身的性别形象和角色。男性的声音往往比较浑厚低沉，富有磁性，在微信消息中使用自己的语音来交流和互动，往往容易保留或创设一种个性化的风格和特色，并能够很好地体现自己的性别角色，从而可以建构一个良好的男性形象。男性往往较少使用视频进行交流与互动，但是男性一般具有幽默感，很多人乐于关注有意思的小事情，男性也会借助视频来记录一些幽默的瞬间，并将之与人分享，从而体现出男性幽默、自信的特点。也就是说，男性可以通过语音或视频在微信消息中建构自己的男性形象，表现自己的男性气质特征。

（5）男性会较频繁地使用微信红包或者转账功能，体现出男性对世界的支配和占有，彰显男性的经济地位，从而确证男性统治者的身份和地位。

微信红包和转账功能自问世以来，已经承载了数亿微信用户的深深情感，不仅是一项金融功能，而且是人们之间沟通情感、互相问候的手段。

男性通常乐于使用微信红包和转账功能，而且经常会在微信消息中发送给女性，不仅满足了自己的金融需求，而且在一定程度上也体现了男性的生产性、控制性、支配性，不仅是要表明男性的经济能力，更重要的是体现男性的统治地位。

3. 朋友圈

朋友圈是男性性别角色建构的最重要场所和手段。朋友圈是在微信用户现实社交关系基础上建立起来的微信交际圈，同时具有半公共性的媒介特征，是男性公开展示自身性别形象和性别角色的重要平台。男性通过在朋友圈中发布信息实现自我形象的建构，主要载体就是文字、表情符号、图片、视频、链接等，往往充满着男性气息。

（1）文字是男性形象建构的重要手段，往往在简短的文字之中蕴含着无穷的智慧与魅力。

男性的文字比较写实，通常是介绍必要信息，而且精练短小，具有典型的男性风格特征。同时，男性的文字富有理性和逻辑性，把事物介绍得清清楚楚，体现出理性的思考、深度的讨论，以及追问下去的勇气，理性与深度同行，彰显男性探索世界、征服世界的能力以及魄力。男性的文字比较乐观豁达，一般能体现出正向、积极的态度。

（2）表情符号作为男性形象建构的手段，承担着社会对男性的固有观念和价值的规范。

男性在朋友圈往往较少使用表情符号来表达自己，即使使用，通常种类也比较单一，会选用免费表情符号中使用频率最高的几个，比如微笑、大笑、好的、棒、合作愉快、拜托等，而且这些表情符号在表情包里的位置一般比较靠前，男性很少会花费很多精力寻找适合精确表达自己意向的表情符号，大部分情况下会用这些常用的表情符号来表达所有情绪状态。当然，也有一些男性会使用特殊的表情符号来表达自己，通常这些表情符号是需要经过一定的技术处理才能制作完成的。男性不仅是要使用这些表情符号，更重要的是享受制作特殊表情符号的过程，并通过自己的技术处理来实现表情符号的差异化，使之具备鲜明的个性化特征，以此来展示自己的技术能力，彰显自己的自信心，建构男性的形象。也就是说，男性选择使用表情符号，一方面是因为表情符号在表达情感或意义时更加简洁明快、贴合情境，另一方面是因为自己制作的表情符号更能够体现自己的能力，增强自己的自信心，更有助于男性形象的建构。

（3）图片是建构男性形象的重要手段之一，甚至成为越来越重要的一种方式。

男性也会在朋友圈发布一些图片，这些图片大多与自己的学习或工作内容有关，关注生活细节的图片很少。也有一些是风景照，这些照片通常是纯风景照，发布风景照不仅是为了体现风景的美，更重要的是传达男性对风景的态度，是要通过图片表达自己对生命力、支配力、控制力、竞争力等的追求与向往，是要通过图片展示自己的男性气质特征，并有意识或无意识地建构自己的男性形象。还有一些图片是关于男性自己的兴趣爱好的，比如绘画、诗歌、书法、摄影、体育运动等，而这些爱好通常需要积累一定的经验、掌握一定的技巧，虽然是脱离男性公共空间的，但是同样体现男性对技术、技能、知识、规律等的把握与思考，同样可以展现男性独立、理性、自由、文明、擅长数学和科学等特征，同样是男性建构自我形象的重要手段和载体。

（4）视频对男性来说，并不是建构性别形象的最重要手段，但随着时代的发展，越来越受到男性的关注。

男性在朋友圈发布视频的情况比较少，偶尔会将新奇事物、朋友聚会或壮美风景的视频发布出来，新奇事物一般包括最新的科技成果、先进的设备设施、奇特的地域特产等。男性希望通过新奇事物来表现自己对世界的关注，对新知识的追求，表明自己保持着学习的精神，不断探索，富于冒险精神，有进取心，同时还有理性的态度，愿意追寻这些新奇事物的来龙去脉。发布朋友聚会的视频是为了表明自己的社交圈，表现自己善于处理复杂的人际关系，能够维系社交圈子，谙于处事，是一个成熟的社会人士，确证自己的社会属性，重视公共空间。发布壮美风景的视频一方面是要表达自己对大自然的赞叹，感受到自己的渺小；另一方面是要积极表达自己对大自然的占有甚至是征服，体现自己的进攻性、掠夺性、控制性、支配性以及雄心勃勃的精神特质，并以此来建构男性的性别形象。

（5）链接是越来越多的男性选择使用的一种方式，极其简便，而且内容丰富，能够鲜明地体现自己对世界的认识与理解，以及自己的人生态度。

男性在朋友圈发布的文章链接往往是针对一些热点社会问题或理论问题的思考，体现男性积极关注社会、关注世界的意识。男性对于分享的文章一般有不同的态度，有的是完全赞同的，发布出来是希望得到朋友圈其他好友的关注与认同，甚至展开积极讨论；有的是完全不赞同的，必然做出评论来反驳文章的观点，并表达自己的积极思考，提出自己的论点，甚至准备丰富的论据来维护自己的观点；有的是不完全赞同的，同意文章中的部分观点而对其他部分表示怀疑或者反对，在评论中一定会清晰表达自己阅读文章的感受，表明自己的观点，并且提供一些佐证材料，同时愿意将问题拿出来与朋友圈的其他好友进行分享，希望能够就此展开深入探讨，不一定是要明辨是非，而主要是为了引起大家对同一话题的关注。链接的文章往往篇幅较长，可以详细说明观点、态度，并提供大量翔实的佐证材料，男性往往愿意投入这些内容中去，开展认真的理性思考，并得出自己的观点或结论，以建构男性的性别形象。

三 女性社会性别角色在微信空间中的构建

同样，这里的女性性别角色专指注册性别为女性，而且表现出典型的女性气质特征的微信用户，她们往往更加敏感，情感极为丰富，而且会自然流露自己的情绪状态，希望能够通过微信建构一个更加理想化的女性形象，表现对生活细节的关注，表达对自然的热爱，展现对文学艺术和优美风景的喜爱，传递对美的追求，体现对爱的渴望以及对社会的奉献。女性性别角色的建构过程同样是通过设计微信名片、发布微信消息等方式实现的，在这一过程中，女性的主观态度与价值追求都会投射到具体的微信社交行为中去，从而形成一个形象建构系统，借助更加丰富的信息来完成女性形象整个系统的构建。当然，在女性性别角色建构的过程中，也常常会出现小插曲，也有不符合其理想化自我形象的信息会出现，也有可能会造成信息被误读的情况，但这不是主流，在经过一定的沟通以后这些问题都会得到解决。下面就通过女性社会性别角色建构的几种方式来对其建构过程进行考察。

1. 微信名片

（1）微信头像是女性性别角色的第一张微信面孔。

微信中的女性性别角色往往会选取自己的真实照片、子女照片、女明星照片、宠物图片、花卉图片、卡通图片或者风景照作为头像。从头像的选择就可以了解女性是如何对自我性别角色形象进行建构的，她们希望他人看到自己的微信头像便可以确认自己的性别属性，而且其选择的头像一般会体现出女性的阴柔之美。如果女性选用本人真实照片作为头像，往往会选取精心拍摄的照片，不仅会化妆，而且选择特殊的拍摄地点、拍摄角度、光线等，甚至细致地修图，当然很多女性更喜欢自拍照，希望能够通过头像来传递出自己的美丽和魅力，给微信好友留下更加美好的印象，目的是建构一个更加理想化的自我形象。如果女性选用子女的照片作为头像，则可以很好地体现自己的母爱，给微信好友留下慈母的印象，塑造一个完美的母亲形象，体现出女性的包容、感性等特点。如果女性选用女明星或从网上下载的其他女性图片作为自己的头像，往往会选择美丽、性感、温柔、有气质的形象，以此来体现自己对美的追求，也希望借助这样的形象来给微信好友留下美好的印象，推动两性之间的互动与交流。如果女性选用宠物、花卉、卡通或其他图片，也往往会选择非常可爱、美丽的图片，用来表现女性感性、阴柔、爱美等特点，体现出女性对自然的关注，也体现出女性对细节和美的追求，从而更好地建构女性的性别形象。如果女性选用风景照作为头像，往往会选取比较优美的背景，而且会注意所选取景致细节和形象的具体特征的表达，追求一种唯美的境界，体现女性阴柔、关注自然的特点。

（2）昵称也是女性性别角色建构的一个核心信息。

有些是使用真实姓名或者称呼的，这部分女性其实很少，由于女性往往缺乏安全感，尤其是在网络空间中，为了更好地保护自己，女性很少会使用真实信息，以便自己相对从容地参与到微信空间的社交生活中去。有些是使用英文名的，一般会使用真实的英文名，当然也有人会随意使用一个名字，这样对女性的好处是可以更好地隐藏自己，满足自己的安全需要，同时传递真实信息，便于与熟人进行互动。有些是使用简单、美好的词语或词组作为昵称的，表达女性对美好生活的向往和追求，有时候也会有一些凄美的色彩，表现出对未来的不确定与伤感、失落的情绪，充分体现了女性复杂、多变、细腻的心理特点。还有些是使用符号或表情作为昵称的，当然也会有表情符号与文字结合的形式，这些表情符号往往比较可爱，能够很好地体现女性那种细腻、温柔、可爱的特点，具有典型的女性气质特征。

（3）微信号和二维码名片都是微信用户最真实的信息，也是微信身份的核心信息，但往往不能通过这些来判断微信用户的性别属性。

微信号是可以选择的，女性在选择微信号的时候跟男性差不多，一般也会使用电话号码、QQ 号码、邮箱名、生日或者自己熟悉的一组数字与字母的组合，所以很难通过微信号判断微信用户的性别等属性。前面讨论过，二维码名片是微信系统自动生成的，相当于微信用户在微信空间中的身份证，他人可以通过扫描二维码名片来添加好友，因而二维码名片也是微信用户最真实的信息之一，但同样不具有性别角色的表征作用。

（4）性别是微信名片中直接与性别角色相关的信息，这里谈的女性性别角色就是以此为基础来定义的，所以说这是在微信空间中判断女性的性别身份和性别形象的重要标准之一。

当然，也有个别人会故意或无意选择与自己本身不一致的性别，但这毕竟是少数，因为微信是在现实人际关系基础上建立起来的网络社交平台，从诞生之时便具备了准实名制的特性。

（5）地区也不具备体现微信用户性别属性的功能，理论上来说，这只是一条客观陈述性信息，但有部分女性微信用户会选择填写虚假信息。

（6）个性签名是最能体现微信用户真实想法的栏目，也是女性性别角色建构的重要信息和渠道。

很多女性会选择使用唯美的语句作为自己的个性签名，就像座右铭一样，以此表达自己对美好生活的向往，比如，"你若盛开，蝴蝶自来"，"不需一路风景，但求某个片段精彩，爱过就不枉此生"，"其实生活很简单，过了今天就是明天"，"我想好好地爱一个人，一爱就是一辈子"，"静心看世界，欢心过生活"，"人生最幸福的是平安健康"。也有的女性会选择使用一些简洁的语句表达对自己的期望和要求，或者当时的心情，比如"开心就好"，"不以物喜，不以己悲"，"诚实守信"，"越努力越幸运"，"一分耕耘，一分收获"，"我就是我"，"看破人生"，"赠人玫瑰，手留余香"，"梦想成真"，"以后不再将就"，"好无聊"。还有的女性会选择使用一些符号或者干脆不填写个性签名，一方面可能是因为的确不知道要写些什么，一方面可能是因为注册时没有意识到，直接忽略了。

2. 微信消息

（1）文字是女性建立、维系或发展（完善）自我形象的重要手段。

女性在发送微信消息时，使用文字的风格往往具有典型的特征。在表达事务性信息时，往往会带有浓烈的感情色彩，甚至经常会跑题，很少能就事论事地关注信息本身，往往会突出对人的关心，体现出女性感性、温柔体贴、关心人等特点。在表达情感类信息时，女性的分散、无序、模

糊、敏感等特征就体现得更加充分，并且女性极其注重细节，善于通过对
人和事物的细致观察来照顾人的情绪，表达自己的丰富情感，让人有美好
的体验和感受。同时，女性在发送微信消息时也会体现出客体性、不确定
性、被动性、依赖性、非逻辑性、服从性等特点，从而借助文字这一重要
载体来建构理想化的典型女性形象。

（2）表情符号的使用是女性形象建构的重要手段。

女性选用的表情符号比较丰富，喜怒哀乐皆有，而且会注重区分不同
程度、不同情境，根据实际需要来选择最恰当的表情符号，其细腻程度可
以说达到极致。微信中提供的免费表情包中的表情符号，女性使用的种
类、数量以及频率都大大超过了男性，甚至有很多女性仅仅通过表情符号
就能够完全表达自己的情绪或状态。由于女性往往具有被动性、客体性等
特征，使用表情符号作为对男性话题的回应往往会起到事半功倍的效果。
很多女性喜爱大量使用表情符号，并且通过使用的表情符号的种类和数量
就可以表达自己的情感丰富程度，这就体现了女性的重感性、轻理性，喜
具象、少抽象，以及感情外露的特点。女性对表情符号的使用一方面体现
出了自身的这些特点，另一方面通过这一方式更加确证了自己的女性角
色，从而建构了自己的性别形象。另外，女性很少使用需要自己动手制
作，并且需要具备一定的技术水平才能够完成的表情符号，免费表情包或
付费表情包就已经能够基本满足女性的使用需求了，加上女性与技术的先
天性的距离，女性一般不会自己去制作表情符号。

（3）图片是女性形象建构的又一重要手段。

使用微信消息时，女性常常会借助图片来传递信息、表达情感，同时
建构自己的性别角色。女性使用的图片往往内容非常丰富，最常见的就是
人物图片和风景图片，体现出女性对人与自然的关注，关注人其实是关注
人的内心感受，同样体现了女性的感性特征，关注自然是一种原始的情感
联系，也能够体现女性的母性特征。人物图片包含自己的照片和亲友的照
片，所要表现的往往是人的情绪状态，是情感性表达，不是客观的现象性
描述，重视人的感受，试图表现出爱、友情、亲情等，是对自己内心情绪
状态的尊重。风景图片表现的往往是女性对美好事物的追求，这些图片往
往是以具体事务为焦点的，女性追求一种具象的美，表达对花、水、草、
山、河等事物的赞美，是把物当作人来看待的，而且这些风景图片中往往
会有人的影子，体现一种人与自然的和谐相处状态。

（4）语音和视频是女性用来建构性别形象的重要手段。

在微信消息中，女性会使用语音和视频来体现女性气质，建构女性性别形象。女性的声音温柔而甜美，非常温暖，能够给人一种被关怀、被抚慰的感受。在微信消息中使用自己的语音来与好友交流和互动，往往容易保持或创设一种女性特殊的风格和特色，并能够很好地体现自己的性别角色，从而建构一个良好的女性形象。女性更加愿意使用视频进行交流与互动，通常利用视频来展现一些生活中的细节，尤其是女性特别关注的内容，并且将自己满满的情感灌注到视频之中，具有浓烈的个人感情色彩。也就是说，女性可以通过语音或视频在微信消息中更好地建构自己的性别形象，表现自己的女性气质特征。

（5）女性会使用微信红包或者转账功能，表达自己对微信好友的关怀与关注，进行社交互动。

女性常常使用微信红包和转账功能，不仅可以表达对微信好友的关心，而且能够满足自己的消费欲望，在一定程度上也体现出了女性经济地位的独立。

3. 朋友圈

（1）文字是女性形象建构的一种重要手段，往往在简短的文字之间蕴含着无穷的智慧与魅力，而且充满着丰富的情感。

女性的文字比较唯美，追求用语的妥帖温婉，善于进行意象的描写，通过词语、意象进行意境的表达，描绘一幅优美的图画。女性的文字比较感性，逻辑性不强，而且无序，很难从中理出清晰的逻辑脉络，注重的是人的感受与情绪，而不是事情的来龙去脉。女性的文字往往比较悲观，即使描写美好的事物，也总有一种日落西山的惆怅，带有典型的晚唐文风，即使表达对未来美好的愿望，常常也会隐含着对未来不确定性的担忧，没有男性那种昂扬向上的追求与斗志，而是具有阴柔之态。

（2）表情符号作为女性形象建构的一种重要手段，承担着社会对女性形象的期待。

女性经常在朋友圈中使用表情符号表达自己，而且善于使用各种类型的表情符号进行情绪的宣泄和情感的流露，也愿意在众多的表情符号中认真搜寻与自己当下的情绪状态最为吻合的一些来使用，这些表情符号往往能够非常准确地表达出女性特有的心理状态，而且能够塑造十分丰富的立体化的女性形象。女性选择使用表情符号来表现自己，一方面是因为表情符号完全能够表达自己的情绪与情感，而且适用于不同的语境，另一方面是因为女性偏爱具象化的表达方式，表情符号提供的信息往往比文字更为丰富，而且更加具体易懂，非常适合女性自我表达的需要。

（3）图片是建构女性形象的重要手段，也是越来越重要的一种方式。

女性会在朋友圈发布大量图片，涉及女性生活的方方面面，可以非常完整、具体地展现女性的生活状态。可以说，女性的朋友圈就是其生活的写照与还原，是对女性生活的记录。女性使用最多的图片应该是自拍照，记录着自己容颜的变化和生活状态的演变，再加上化妆技巧的使用和修图，就可以呈现一个更加理想化的自我形象，不仅是记录自己，更是美化自己的好方法。女性也经常会使用风景照，不管是到各地旅游，还是生活中的某一个瞬间的记录，女性总会把握住对自己有意义的那一幅图画，有时候是把自己融进了风景，有时候是把风景融进了自己的生活。女性使用频率高的图片还有宠物、喜爱的物品（美食、礼物）等，表现自己的爱心和对美的追求，体现出女性特有的感性、包容等特点，是女性建构自我形象的重要手段和载体。

（4）视频对女性来说，也是一种非常重要的建构性别形象的手段。

女性经常在朋友圈发布视频，有的时候是自己生活中的场景，描述自己的生活状态，表现自己对生活的追求和满足；有时候是宠物或礼物等，表现自己对美好事物的追求和感性的形象；有时候是自己旅游的片段，展现美以及自己对美的向往，希望自己的生活中是一直充满着这种美的感受和体验的；有时候是子女的生活，见证着孩子们的成长，记录着生活的瞬间，表达女性对子女的爱，体现出女性的母爱以及包容、感性等特点。

（5）链接也是女性用来建构性别形象的一种方式，由于操作起来极其简便，而且内容十分丰富，所以深受女性的喜爱。

女性在朋友圈发布的文章链接往往包罗万象，有介绍美食的，有讲解美容的，有介绍美景的，有说明美物的。女性往往对美的事物没有什么抵抗力，也善于通过链接来分享自己对美的理解，以及自己感知的美的事物，这是女性特有的一种心理，不仅希望自己能够获得美的体验，而且希望他人也能够感受这种美，有意愿去分享美。

四　双性化社会性别角色在微信空间中的建构

需要澄清一个概念，那就是"双性化"不等于"中性化"，也就是说性别气质特征是不可以随意糅合混淆的，而是要尊重其完整性。当前在研究界，双性化理论被认为是可以解决两性之间不平等问题的方式和途径，为最终实现两性平等提供了理论可能。而主张双性化理论的研究者也认为双性化是一种最为理想的性别模式，集合了男性和女性各自的性别优点。而"中性化"可以理解为"无性化"，是社会性别最不突出的一种情形，完全没有任何显著的男性气质或女性气质。其实，从客观的角度来考虑，无论是男性还是女性，都应该在发挥自己性别优势的同时，注意向异性学习，并以此来改善自己性格上的弱项，从而促进自己身心的全面发展和人格的完善。

但是，我们在鼓励两性之间相互学习的同时也要注意掌握分寸，不能过分，如果男性体现出了过度的女性化特征或女性气质，不仅不利于男性的自我完善，而且会引发新的性别认同问题。同理，如果女性体现出了过度的男性化特征，也不利于女性的自我完善，同样会引发新的性别认同问题。这就完全脱离了双性化理论的初衷了，背离了实现两性平等的追求与目标。我们应该明确的是，在向异性学习的过程中，两性都应该多学习对方身上的优点，而并不是缺点。

当然，目前的研究并不能证明双性化一定会在各个方面都优于男性化或女性化，但一些研究发现，双性化的人具有更强的适应性，能够依据当前情境的要求来调整自己的行为。而且具备双性化特质的人具有更强的自尊心，往往比具备传统的男性或女性性别特征的同伴更受欢迎，适应状况也更为良好。

综上所述，双性化并不能等同于"男女无别"，部分研究者所倡导的双性化教育也应该是顺着孩子先天的性别倾向去进行引导，让男性和女性首先认同自己的典型性别倾向，接受并乐于成为一名男性或女性，然后再通过向异性学习，进一步完善自己的性格，促进自己的身心发展，从而建构双性化的性别形象。

在微信空间中，两性也往往能够体现出一些异性的典型性别气质，从而更加全面地表露自己，这并不是否定自身的性别气质类型，而是对自身具有的性别气质类型的补充和完善，进而建构双性化的性别形象。

1. 微信名片

两性在微信名片的设计上通常会体现出自己的社会性别特征，正如之前对男性、女性在微信空间中的性别角色建构的分析，甚至会表现出强烈的社会性别气质类型。但也有部分微信用户会在微信名片的设计上体现出异性的性别气质特征，让人仅凭微信名片无法判断其真实的社会性别。我们知道，微信名片中包含头像、昵称、微信号、二维码名片、地址、性别、地区、个性签名等方面的信息，这些都是体现自身社会性别角色的重要手段，而双性化社会性别角色的建构也可以通过这些信息实现。

（1）从微信头像来说，有些男性也会选择使用花卉图片、卡通图片、宠物图片、子女照片、自拍照等，具有典型的女性性别气质特征。比如，选用花卉、卡通、宠物等图片作为头像的男性，可以表现其同样具有欣赏美、感性、有爱心等特点，体现出男性对自然的关注和对美的追求，以此来凸显自身的双性化气质特征。选用子女照片作为头像的男性，可以展示一个有爱的父亲的形象。现代社会开始对父亲的家庭角色进行反思，出现了呼吁父亲回到家庭、承担家庭责任的潮流，很多娱乐节目乘势而起，展现男性的慈父形象。在微信空间中，很多男性开始将更多的目光投向家庭尤其是子女，特别重视对子女的教育和培养，将子女的照片作为微信头像，就很好地体现了自己对子女的爱，塑造了一个完美的父亲形象，从而表现出自己承担了大量的家庭责任，成功地建构了自己的双性化社会性别形象。选用本人真实照片作为头像的男性，数量也不在少数，大多是没有经过修饰的照片，但也有部分男性会选取自己精心拍摄的照片作为头像，不仅讲究拍摄地点、拍摄角度、光线等，甚至还会专门细致地修图，有的甚至会选择带妆的图片。也有人喜欢用自拍照，不定期地更换自己的微信头像，非常注意自身形象，希望能够通过头像表现自己的魅力，给微信好友留下更加美好的印象，从而建构一个更加理想化的自我形象，这就展现了双性化的社会性别角色形象。同理，有的女性也会选择使用自己的素颜照、工作照、风景照等作为微信头像。选用素颜照作为头像的女性往往更加自信，对自己有信心或者根本不在意他人对自己外貌的评价，具备典型的男性化气质特征。选用工作照作为头像的女性往往比较关注自己的事业，具备较强的工作能力，有控制感、支配感，而且不惧怕公共空间，能够坦然地面对公众，能够接纳公共性和开放性，而且非常自信，有成就意识，从而体现出双性化的社会性别角色形象。选用风景照作为头像的女性很多，大多是选用比较优美、秀丽的风景照，但具有双性化气质的女性会选取壮丽风景照作为头像，透露出自己博大的胸怀和坦荡的人生态度。

（2）从昵称来说，具备双性化气质的男性会选择一些柔美温婉的词语或词组作为自己的昵称，甚至会带有一些凄美的色彩，隐含幽怨的情绪，比如"一剪梅""时间有泪""珍惜""竹林听雨"等。同时，为了保护自己的信息，不会透露自己的真实姓名，也会使用符号或表情作为昵称，甚至会选用一些比较可爱、呆萌的形象，体现出细腻、温柔、可爱、优美等典型的女性气质特征。而具有双性化气质的女性会更多地选用真实姓名或者称呼，注意自己信息的真实性，方便人际交流和沟通，维系自己的社交圈，对自己的形象充满自信，具备理性、坚定、勇敢、果断等男性气质特征。也有些具备双性化气质的女性会选择一些富有进取精神的语句作为昵称，以此展现自己的情操和追求，展示自己的人生境界和理想价值观念，希望塑造一个更加积极进取的社会性别形象，比如"傲雪寒梅""前程万里""旭日东升""对酒当歌"等。

（3）从个性签名来说，具备双性气质的两性可以畅快地表达自己的真实心意，完全不会顾及自己现实的社会性别角色。具备双性化气质的男性会选择使用唯美的语句或者表达悲观失落情绪的语句作为自己的个性签名，比如，"一个人，一杯咖啡，一个节日"，"有缘千里来相会"，"为爱痴狂"，"我们没说再见，只是默契地不打扰对方"，等，体现出典型的女性气质特征，甚至比女性更加感性、哀怨、多情善感、无序，与男性的社会性别角色应有的理性、刚强、果敢、富有支配性等有着天壤之别。而具备双性气质的女性也可能会选择富有激励性的名言名句作为自己的个性签名，用来刺激、提醒自己，也向好友宣示自己的价值追求和远大抱负，比如，"走我所想的，创我所走的，开拓自己的一片天"，"紫气东来，瑞气呈祥"，"努力工作，一心向上"等。

2. 微信消息

我们知道，消息往来是两性在微信空间中的重要表达方式和沟通方式，对于两性的社会性别角色建构具有重要的意义和影响。具备双性化气质的两性通过发送微信消息可以实现自己性别气质的传达，借助文字、表情符号、图片、语音、视频等媒介和发送位置、名片、红包或者转账等功能完成自身社会性别角色的建构，而且在建构的过程中，呈现出了很多不同的特点，虽然都在呈现双性化的气质特征，但男性与女性之间还是有很多微妙的差异。

（1）从文字方面来看，具备双性化性别气质特征的两性会融合男性与女性不同的文字表达特点，从而建构一个全新的社会性别角色。具备双性化气质的男性在发送微信消息时，使用文字的风格往往会带有比较强的感情色彩，也会提供大量的无逻辑信息，有时还会跑题，突出对人的关心，但也会关注信息本身，按照交际目的来引导交流和互动的进行，同时会体现出感性、细致体贴、关心人等特点，而且会注重细节，善于对人和事物进行细致观察，会照顾人的情绪，也会表达自己的丰富情感，从而建构双性化社会性别角色。具备双性化气质的女性的文字风格是简洁明快、直奔主题，注重理性、效率，有智慧，而且体现出主动性、独立性、控制性等特点，对自己的表达充满自信，有明确的主体性意识，不惧怕、不逃避公众性话题，甚至有时比男性更加讲究逻辑，更富有竞争意识。

（2）从表情符号方面来看，具备双性化气质的两性拥有男性和女性的优点和长处，并能实现完美的融合和统一。具备双性化气质的男性会选用比较丰富的表情符号来表达自己，能够根据实际需要来选择最恰当的表情符号，而且非常注意细节，不仅会大量使用免费表情包中的表情符号，而且会选择一些付费的表情符号，通过使用的表情符号的种类和数量可以表达自己的情感丰富程度，借助这些表情符号实现表情达意的目的。虽然使用表情符号的频率会比较高，但使用起来也会体现出简洁的风格，能够恰到好处，不显冗杂，从而更好地完成两性之间的交流与互动。具备双性化气质的女性有的也会选用简单的表情符号，而且使用频率不高，也有的会自己设计制作表情符号来使用，体现出男性化的性别气质特征。只选择使用简单表情符号的女性，体现出重理性、喜抽象、感情内敛的性格特征，而使用自己精心设计制作的表情符号的女性则体现出幽默、夸张、自信等性格特征，善于运用技术手段来表达自己的意图，不仅动手能力强，而且储备了丰富的理论知识，从而塑造了双性化的社会性别角色。

（3）从图片来看，具备双性化气质特征的两性能够全面地展示自己的性格特征，真实地表达自己的情感和对世界的认知，建构理想的社会性别角色。具备双性化气质的男性会使用内容丰富的图片，比如人物图片和风景图片，不仅体现对人本身的关心，也体现出对自然的关注。人物图片是要表现人的情绪状态，是一种情感性表达，凸显出对人的感受的重视；风景图片是要表达对美好事物的追求，表达对花、水、草、山、河等自然事物的赞美，体现人与自然和谐相处的状态，强调人与自然相互包容、和平共处。具备双性化气质的女性注重图片的写实性和有用性，重视信息传达的准确、高效，也体现出内在的逻辑思考和理性分析，较少体现直露的情感，是一种描述性表达，不太注重表达自己的情感和情绪状态，要求客观现象的精确传达，讲究拍摄的角度、构图、光影等知识与技能。选用的风景照也大多体现对世界的关注与认识，不仅是对大自然美的赞赏和感叹，更重要的是人参与自然发展和变化的过程，表达的是人化自然，是人关注下的自然。

（4）从语音和视频方面来看，两性在建构双性化社会性别角色的过程中，利用了大量的音频、视频材料，更加清晰和具体地将双性化气质表现了出来。具备双性化气质的男性会高频率地使用音频、视频材料来表达自己，注重一些细节，体现出比较强烈的个人感情色彩，也会关注自己的兴趣爱好，展现自己丰富的生活信息，当然有时也会有对自己工作场景的记录，通过具象化的手段展现全方位的自我形象，从而为建构双性化社会性别角色奠定了基础。具备双性化气质的女性较少使用视频进行交流与互动，但这不是绝对的，也有很多女性具有幽默感和敏锐的观察力，能够从小事件中观察出大话题，善于对世界进行追问和探索，不断丰富自己的知识，在这一过程中获得自信，从而塑造出双性化的社会性别角色。

（5）从微信红包和转账功能来看，两性都有使用这些功能的动机和行为，但是背后隐藏的使用意图有明显的差异。具备双性化气质的男性会通过这些功能来表达自己对微信好友的关怀与关注，从而推动微信空间中的社交互动，让微信红包和转账的功能承载自己的深深情感，用来沟通情感和表达问候。具备双性化气质的女性使用这些功能能够体现女性经济地位的独立，从而满足自尊心和自信心，进一步确证自己生产者的地位和价值，使自己获得控制性和支配性的心理满足，体现自己的社会地位。

3. 朋友圈

这是微信中私密性和公共性交织在一起的空间，对双性化社会性别角色的塑造尤为重要，是两性获得双性化气质的重要场域。两性主要通过发布个性化信息来实现双性化社会性别角色的建构，主要载体同样是文字、表情符号、图片、视频、链接等。

（1）文字是双性化社会性别角色建构的一种重要手段，简短的文字可以蕴含无穷的智慧与能量，同时饱含丰富的情感。具备双性化气质的男性善于使用唯美的文字进行表达，追求语言的细腻温婉，能够通过文字描绘一幅幅优美的画卷。有时候文字会比较感性，不讲究逻辑的严谨性，善用文字的模糊性，传递人的内心感受与真实情绪。有时会略显悲观失落，在描写美好事物的同时有着"夕阳无限好，只是近黄昏"的感慨。具备双性化气质的女性注重文字的写实特点，崇尚精练短小的风格。有时偏理性，注意逻辑联系，也善于深入挖掘，在探索世界的同时在意识上能够实现对世界的征服。有时又凸显出乐观豁达的色彩，体现出昂扬向上的态度，注意积极的情绪表达，同时对外在世界表示关注。

（2）表情符号是双性化社会性别角色建构的一种重要方式，能够传达出两性气质类型的典型特征。具备双性化气质的男性有意愿使用表情符号来表达自己，也善于运用丰富的表情符号来宣泄情绪和流露真实的情感，这些表情符号能够极其恰当地传达出男性当下的心理状态，从而塑造立体化的社会性别形象。具备双性化气质的男性性选择使用表情符号来表现自己，与表情符号在不同的语境下能够准确表达个体情绪与情感的特性有关，也与表情符号可以进行具象化表达有关。具备双性化气质的女性较少使用表情符号来表达自己，有一些则会使用自己制作的表情符号来表达自己，一方面通过简单符号进行简洁表达，另一方面愿意体验制作特殊表情符号带来的心理感受，展示自己的技术能力，同时彰显自己对自身储备的知识和具备的能力的自信心，从而建构和强化自己双性化的社会性别角色。

（3）图片是双性化社会性别角色建构的重要途径，也是两性非常钟爱的表达方式。具备双性化气质的男性有意愿借助图片对自己的工作、生活等场景进行记录保存，会自拍，会修图，也会通过风景照来认识世界、探索世界、理解世界，当然也会关注自己的兴趣爱好，并在朋友圈中借助图片展示出来，以此来呈现和强化自己的双性化社会性别角色。具备双性化气质的女性同样有意愿通过图片来记录整理自己的学习或工作，写实性比较强，也会通过风景照去展现大自然的壮美，传达对世界的关注，表达自己对生命力、支配力、控制力、竞争力等的追求与向往，体现对技术、技能、知识、规律等的把握与思考。

（4）视频是双性化社会性别角色建构的重要载体。具备双性化气质的男性可以通过视频记录工作、生活中的特殊场景，描述自己的工作或生活状态，表现自己对美好事物的追求以及对美的向往。具备双性化气质的女性则较少使用视频，但也会通过视频记录一些最新的科技成果、先进的设备设施、奇特的地域特产等，并通过这些事物来表现自己对世界的关注，以及对新知识的渴求，勇于探索，乐于冒险，也会去追寻永恒的价值。当然也会通过视频整理自己的社交圈，维系复杂的社交圈，维持自己在公共空间中的位置。

（5）链接是双性化社会性别角色建构的重要依托。这一方式受到微信用户的普遍喜爱，操作简便，内容丰富，信息翔实具体。具备双性化气质的男性关注的内容比较丰富，或者说关注点比较分散，既包括与工作有关的部分，也包括与生活或情感有关的部分，但大多是对美好事物的分享，同时也会传递自己的观念，自己对美的理解，并以此与好友进行讨论交流，建构自己的社会性别角色。具备双性化气质的女性会针对一些热点社会问题或理论问题进行深入思考，并将相关的链接分享，以此体现对世界的积极关注，同时也会表露自己的态度与思考，有时会完全赞同，有时完全不赞同，有时不完全赞同，并会提出自己的依据与理由。通常这种链接的文章篇幅会比较长，能够比较详细具体地说明观点、态度，逻辑性强，并能够提供大量翔实的佐证材料去支撑观点，这可以体现出理智、自由、积极关注世界等特点，从而建构双性化社会性别角色。

社会性别角色的建构与性别气质是息息相关的，而传统的性别气质观念又左右着微信空间中性别气质的呈现与表达。比如，男性气质指向男性应当具有的成就取向。男性气质已经固化和稳定下来的内容包括三个方面，即地位、坚强和非女性化。地位代表着成就功名以及受人尊重，这是社会成就取向；坚强则是力量和自信的表现；非女性化则是避免参与女性类型的活动或做出女性化的举动。在传统的性别气质的刻板印象中，男性是不允许表现出依赖性强、软弱、温柔等气质倾向的。男性气质与进取心、攻击性、主体性、竞争性和主动性联系在一起。许多社会期待的男性特征还包括：强烈的支配性，强烈的独立性，情绪稳定、不外露，客观性强，不易受外界影响，控制感强，十分爱好数学和科学，在一般情况下能临危不惧，好动，竞争心强，逻辑性强，谙于处世，善于经商，直率，感情不易受打击，冒险精神强，能够果断地做出决定，从不哭哭闹闹，往往以领导者自居，自信心强，对攻击行为往往满不在乎，抱负宏大，能严格区分理智和情感，无依赖感，从不因相貌而自负。

女性与男性截然不同，社会期待的女性特征主要有：喜欢聊天，做事得体、分寸感强，体贴入微，善良，贤淑温柔，对他人的感情十分敏感，虔诚笃信，陶醉于自己的容貌，起居方面清洁干净，文静，对安全有强烈的需要，欣赏艺术和文学，善于表达脉脉温情。站在女性主义立场来分析，父权制社会利用严格刻板的社会性别角色来限制女性，把女性限制在一种消极的状态（有爱心、顺从、善于同情和赞许地回应、乐观、亲切和友善），而使男性始终保持一种积极状态（顽强、有进取心、好奇、雄心勃勃、有计划、负责任、有独创精神、富于竞争性）。女性要驱除男性统治的不公正的权力，实现两性平等，建立健康的两性关系，就应该发展出一种男性气质和女性气质的结合体，也就是双性气质。

双性气质不是消除男性具有的典型男性气质，或者消除女性具有的典型女性气质，而是使两性同时具备男性与女性的优势。

相关理论也支持这一结论，因为每个人都会有双性的成分，男性有女性化气质，女性有男性化气质，这都是人格中的构成部分，只是表现出来的程度不同罢了。在实践中，或者说在现实生活中，我们也会发现由于多元文化的影响和信息传播速度的迅猛，几乎每个人都能看到、听到、接触到很多很有特质的人。虽然我们在现实生活中会发现，男性表现出明显的男性化气质，女性表现出明显的女性化气质，这构成了社会人群的多数。但是，也不能忽视总有一部分人，模糊了男女性之间的差异，男性行为举止中带上了较重的女性化色彩，而女性行为举止中带上了较重的男性化气质，也就是说呈现出一种中性化的趋势，但这并非我们所说的真正意义上的双性化。双性化并不仅仅体现在行为举止上，更重要的是内在品质的表达，就是女性体现出阳刚、勇敢、大度、理智、富有魄力、有包容心、善于决策等男性品质或气质，而男性体现出柔美、温情、善良、安静、贤淑、淳朴等女性品质或气质。

日本婚姻心理学家国分康孝在《两性的圣坛》一书中，从历史的角度论证了两性气质的起源。他认为，社会分工和随之而来的行为方式的差异逐渐发展成为支配和被支配的差异，从而造就了男性气质和女性气质的显著差异。他总结出传统意义上的男女两性各自具有的 7 个特征：男性——独立性、竞争性、犯罪意识、支配性、优越感、对大局的注重、对事物的关心；女性——依赖性、接受性、羞耻意识、服从性、自卑感、对细小事情的注意、对人的关心。但是随着社会的发展，性别平等的观念日益深入人心，两性特质的界限也产生了模糊化的迹象和趋势。国分康孝否定了传统观念中的男性气质和女性气质的理想性和合理性，认为不管是男性还是女性，都不应该被一种行为模式所束缚，不要勉强坚持所谓的男性气质或女性气质，而应同时拥有男性气质和女性气质，并自如地、恰如其分地表现出这两个方面来适应周围环境的变化，这样才能随时掌握主动，成为自己行为的真正主人，并由此形成个性。他还指出，由于女性解放，女性在表现所谓男性气质时，已经没有什么约束和罪恶感了。对男性也应该适用"男性解放"，在男性表现出某些女性气质时，也不要有什么束缚和罪恶感。具体来说，在保持原有的诸如坚强、勇敢等特质的基础上，男性要敢于反叛传统观念里的"男性期望"，脱去"我是男人"的盔甲，抛弃硬撑男子汉气概的装腔作势，从而尊重自己的感觉，敢于表达自己的真实情感，按照自己的意愿生活。女性要摆脱对男性精神上的依赖和在情感上的爱情至上原则，去探求人生的目标，追求事业，拥有主见，并保持自我的独立。他还指出，"在人生中结婚是件很重要的事情。'重要'意味着，既不是说'结婚是人生的全部'，也不是说'只要结婚就万事俱休了'。结婚既不是终点站，也不是通往天堂的无所不能的护照"，更重要的是"有意识地用自己的用双手建立起属于自己的人生"。他认为，本能的性感情和性意识是识别和维护性别的自我同一性的最后一根支柱。对于男性而言，"如果男性对女性产生不了性感情，可能是男性完全丧失了作为男性的自我同一性的时候"；而对于女性来讲，"性感情是她们确认自我的基点"。他还指出，健全的两性的自我同一性应该是一种平衡。对男性而言，男性不会因为女性们的独立而丧失自信，而是会因为对女性存在性感情而保持自信。而对于女性，内在的女性气质和独立自强的个性是完全可以共存的。①

在微信空间中，我们发现两性通过朋友圈、微信消息、微信名片等方式可以展示自己真实的性别气质，既有典型男性气质的流露，也有典型女性气质类型的流露，更可喜的是，也看到很多双性化气质的流露，而且两性对双性化社会性别角色都能够接纳和认可，两性之间的互动与交流也越来越频繁，有利于构建一个良好的性别发展环境，为两性关系的健康发展创造了条件，性别平等的实现也展露了曙光。微信为社会性别角色的建构，尤其是双性化社会性别角色的建构提供了广阔的空间，也必将对两性关系的发展产生积极的影响。

第六节　高校大学生微信使用情况的
调查研究综述

大学生是接受新事物能力最强的群体之一，因而微信自诞生之日起便

---

① http://edu.sina.com.cn/y/news/2005 - 07 - 19/154539611.html.

在高校得到广泛传播，风靡一时，成为最流行、最受大学生认可的社交工具。与此同时，研究者也开始关注高校大学生的微信使用情况，在高校开展了覆盖面极广的调查研究，大量的研究论文、专著不断涌现。研究主要涉及大学生微信用户分析、使用动机、微信对大学生的影响（生活、社交等）、使用目的等，当然也有从性别角度对大学生使用微信情况的分析和研究。

一　大学生微信用户分析

唐海音对天津几所高校的在校本科生和研究生的微信使用情况进行了调查分析，发现对于"90后"的大学生而言，随着政治经济文化环境、信息技术环境、家庭环境、教育环境的变化，大学生自身就呈现出了不同的时代特点。具体来说，自20世纪90年代以来，中国的政治环境趋于稳定，这种稳定的政治环境为"90后"大学生的成长和教育提供了良好的保障；经济方面，一是经济快速发展，二是市场经济体制确立，"90后"大学生成长于一个经济飞速发展的时代，为他们的健康成长提供了充足的物质保障；在理想信念方面，一些"90后"把市场经济的价值尺度引入自己的人生观、价值观，出现了个人主义、拜金主义、功利主义等一些不良的思想倾向；在文化环境方面，随着政治、经济的不断发展，我国的本土文化受到全球各地文化的冲击，与各种文化相融合，就"90后"而言，他们一方面被美、日、韩文化所吸引，另一方面保留了对中国传统文化的尊重与兴趣；在信息技术环境方面，"90后"大学生成长在科技飞速发展的信息时代，周围的信息环境对他们的生活方式与行为影响巨大，虚拟网络、各种大众传播媒介以及各式各样的高科技产品充斥着"90后"大学生的生活，他们对网络的依赖以及使用各种高科技产品的热情是以往任何一个年代的大学生所无法相比的；在家庭环境方面，"90后"这一代基本为独生子女，且大多在"6+1"的家庭结构中成长起来，这一方面导致了家长溺爱孩子，另一方面父母受高等教育的比例大大提高，良好的家庭教育背景对"90后"的成长是极为有利的，另外家庭经济状况的改善也为"90后"的成长提供了较好的物质保障；在教育环境方面，我国政府大力发展教育事业，将基础教育的普及、职业教育的发展和高等教育的改革作为教育事业的重点，"90后"大学生是这一系列改革的最大受益者，当然"90后"大学生从小面对过重的学业压力，兴趣特长的培养被扭曲成高考加分的手段，也导致学生的许多正常需求被忽视。

唐海音在天津高校在校大学生中开展了问卷调查，通过对 500 份有效问卷的分析，发现了大学生使用微信的年龄与性别特征。第一，大学生微信使用者通常是 18～26 岁的群体，正是微信官方公布的用户数据中占比最大的年龄阶段，因而可以说大学生是使用微信的支柱力量。第二，大学生中微信使用者的性别比例比较均衡，没有明显差异，在选定的 500 份有效问卷中，男女比例为 244：256。

在微信使用频率和时长方面，发现调查对象中的所有人每日都会使用微信，微信已经成为大学生每日的"生活必需品"，而且随着手机等移动设备的不断优化及互联网信号覆盖范围的不断扩大，一些原本不经常上网的群体也会经常通过手机登录互联网，这为他们每日使用微信提供了方便和机会。有 75% 的被调查大学生每天使用微信的时间超过 2 小时，而晚上 6～12 点是使用微信的高潮时段，有很多大学生会在临睡前使用微信，刷朋友圈，了解朋友的动态和热门话题，而且一直到入睡才会停止。

在微信的登录方式方面，发现调查对象中只有 4.7% 的人主要通过电脑登录微信，其他人都是主要通过手机登录。手机更自由、更便捷，能够满足随时随地使用微信的需求，尤其是可以利用一些零碎的闲暇时间。

在微信用户使用地点方面，发现 56.3% 的使用者会在卧床休息的时候使用微信，34% 的使用者会在课堂或阅览室使用微信，说明大学生喜欢在独处、休息的时间和地点使用微信，借此更好地舒缓心情，减轻学习压力，打发无聊的时间。

李卓在 2015 年对近 300 名大学生开展了问卷调查，根据调查结果，发现 92.3% 的被调查对象使用微信已经超过 1 年，而且微信的使用对大学生的社交以及日常生活都产生了重要影响。

大学生的微信好友构成主要有亲密朋友或伴侣（94.8%）、普通同学或同事（93.4%）、父母或其他亲人（68.6%）、老师或领导（49.9%）、通过微信结交的新朋友（20.3%）。从这些数据中可以得出结论，大学生的微信好友构成几乎都是身边的熟人或者亲朋好友，陌生人所占的比例很小，这就区别于其他很多的社交软件，如果不是自己主动添加陌生人，则不会有陌生人进入自己的朋友圈，保证了微信的私密性。

大学生与亲密朋友或伴侣联系的频率最高，达 79.3%，在与父母或其他亲人以及普通同学或同事这两个人群联系中，则是以"有时联系"为主，分别为31.7%和46.1%，在与老师或领导以及通过微信结交的新朋友的联系频率中，选择"很少联系"的最多，分别为41.7%和46.5%。由此可知，微信虽然给人提供了许多便利，但是在使用微信的过程中，大学生的倾向性是十分明显的，大多数人使用微信是为了与亲密朋友或伴侣进行联系，即加深原本就十分亲密的人际关系。而对待父母或其他亲人及普通同学或同事时，这个频率就出现了明显的下降，再到老师或领导与通过微信结交的新朋友时，频率继续下降，这样逐级递减的数据表明大学生会倾向于选择自己更加信任和依赖的人进行交往和沟通。

根据调查结果，有接近六成（58.3%）的调查对象不会添加陌生人为好友，只有21.8%会添加陌生人为好友，此外，还有19.9%不确定是否会添加陌生人为好友。这种不确定因素，在很大程度上取决于心理因素。大学生课业轻松，闲暇时间很多，在这样的情况下，繁忙与孤单仅仅是一线之隔。当生活中出现一些烦心事难以化解的时候，大学生选择向陌生人倾诉也是情理之中的。

朋友圈作为微信的一个特色，成为吸引大众眼球的中心，对于微信的各种功能，大学生对朋友圈的使用频率最高，达到95.2%。与QQ空间和博客相比，朋友圈最大的优势在于其专属于移动客户端，用户可以随时随地利用碎片化的时间与朋友进行分享与交流，所面向的人群是真实且可以信赖的。这就相当于，手机变成了一个灵活的"自媒体"，每个人都可以成为信息的第一发布者，而朋友圈的封闭性又保证了这种信息可以不被不认识的人看到。对于大学生来说，这种虚拟社交平台的吸引力就可想而知了。98.9%的调查对象选择使用朋友圈，仅有1.1%的人不使用朋友圈。可以看出，微信的朋友圈功能已经成为大学生非常重要的网络沟通平台。借助于智能手机的普及，朋友圈逐渐成为每个人生活的一部分。

徐斐斐针对内蒙古三所高校的422位大学生进行了问卷调查，其中本科生占52.1%，硕士生占46.7%，博士生占1.2%。调查结果中文史类的学生占56.9%，理工类的学生占40.3%，医学类的学生占2.8%。其中女生占48.8%，男生51.2%，基本各占一半。

根据调查结果，61.1%的调查对象使用微信超过1年，而经常或随时登录微信接收信息的比例达到77.5%，这说明微信在大学生中的影响是巨大的，不仅能够在大学生中普及，而且受到的关注程度非常高，已经明显赶超其他社交软件了。大学生在使用微信的过程中，对微信提供的各类功能大多有比较清晰的认识，其中文字通信、朋友圈、语音视频通信是最常使用的，比例分别达到97.2%、78.2%、69%。

大学生的微信好友主要基于现实生活中的人际关系，有高达98.1%的好友是通过手机通讯录导入的，QQ好友也是大学生微信好友来源的重要渠道，达到88%。摇一摇、搜索账号、附近的人、扫描二维码、漂流瓶、名片推荐等方式也是微信好友的来源，但比例都不高，这些也是大学生结识陌生人的重要途径和方式。

在大学生的微信好友中，亲密朋友和伴侣构成人数最多的一部分人群，占91%。这个数据说明微信的人际关系网，很大一部分是基于亲密朋友关系搭建起来的，这就是微信不同于QQ的一点。QQ中尽管亲密朋友或伴侣也有一部分，但是QQ的"根据条件查找好友"功能可以让用户选定搜索条件之后通过排查找到另一个人的账号，申请主动成为好友，而被添加的这个人就有可能通过请求成为对方的好友。因此QQ中出现陌生人的比例要比微信高。而微信只有在一方的用户打开了定位功能，另一方的用户才能通过"附近的人"这项功能搜到，所以暴露在陌生人面前的比例要小很多。可以说微信更多的是为用户身边的亲密朋友或伴侣搭建起来的社交网络平台。

调查数据显示，大学生与亲密朋友或伴侣经常联系的频率为75.8%，在与父母或其他亲人以及普通同学或同事联系的频率中，选择"有时"的比例最高，为33.2%和46%，而从不与老师或领导、客户和陌生人联系的大学生人数在四个选项中所占比例是最高的。当前大学生选择使用微信更多的是和亲密朋友或伴侣联系，这一部分人群是大学生可以信赖的，这些人在许多方面的想法都和自己比较接近，因此对这类人群有很高的信任程度。通过微信来寻求亲密朋友和伴侣之间的关心、理解和尊重，是一种潜藏在大学生网民内心深处的心理因素。

二　大学生微信用户的性别分析

龚兰兰对北京大学、首都师范大学、中国传媒大学、北京邮电大学及北京工业大学5所高校学生使用微信的行为特点和使用风格进行解读，对比分析男女生在微信中对人际关系的态度，考察过度使用微信对高校学生的影响。研究发现，北京高校学生在微信使用上性别差异显著。

首先，大学生微信使用基本行为方面的性别差异。主要从使用时长、浏览频率、使用场景、关注的功能和发布内容等方面进行研究，通过数据对比分析，得出相关结论。

第一，女生比男生使用微信的频率更高，而且更有意愿沉浸于其中。数据对比分析显示，5 所高校的女生使用微信的次数明显多于男生，尤其是"随时随地"浏览微信的女生远远超过男生，比例高达 78.9%，而男生比例仅为 21.1%。浏览微信"平均每天 5 次以上"的女生比例为 63.0%，而男生的比例仅为 37.0%。

第二，男女生在每天使用微信的场景上碎片化的特点都比较明显，但又有一定的空间差异，女生倾向于在上课时玩微信，而男生多在乘坐交通工具时。数据对比分析显示，女生在上课时使用微信的占比最高，达到 77.0%，在乘坐交通工具时占比最少，为 69.8%；男生上课时玩微信的占比最少，仅为 23.0%，乘坐交通工具时玩微信的占比最高，为 30.2%。而且进一步的分析表明，女生主要集中在较隐秘或私人的空间使用微信，男生则倾向于在较为开放的空间使用。

第三，微信的聊天功能、朋友圈等成为男女生常使用的功能，但是男生除了使用微信即时通信的功能外，还注重娱乐休闲功能。同时，研究发现，男女生发布的内容软硬区分明显，男生发布的内容多以分享信息和观点的硬性消息为主，而女生多以兴趣一类的软消息为主。

第四，女生更关注公众账号推送内容和微信维系人际关系的功能，但是同时没有固定浏览习惯的占比最高（达 84.8%），多元化特点较为明显，而男生的浏览习惯相对比较单一。相对于男生而言，女生更为关注公共账号推送的内容以及朋友圈的好友动态，高出男生近 50%。

第五，女生在微信使用中呈现出更为低调的特征。研究发现，女生比男生更喜欢潜水围观。数据对比分析显示，男生"随时发表或转发内容"的相对较多，占比达到 34.8%，并且"自己不发但是与好友互动得较多"的比例达到 29.4%，表明男生积极参与微信好友互动。女生中"只接收信息很少关注朋友圈"和"处于围观状态"的较多，占比分别高达 75.0% 和 74.7%。

其次，微信中进行人际交往的性别差异。主要表现为使用微信的缘由、对陌生人和熟人关系的处理方式以及所使用的联系方式的性别差异。

第一，男生首次接触微信多由兴趣驱使，女生则来自群体压力，能节省话费和流量成为男女生首次接触微信的共同原因。

第二，男生对陌生人际关系的信任度远高于女生，女生的微信好友主要来源于 QQ、手机通讯录等，是原有人际关系的复制，而男生通过"附近的人"这一方式添加好友的占比高达 60%，足以表明男生更愿意去对陌生人际关系进行尝试。

第三，男生倾向于选择能隐藏个人情绪的好友联络方式。语音聊天较为便捷，但是也能从声音中感知对方的情绪，文字聊天则相对能隐藏人的情绪。研究发现，在常与好友联系的方式中，男生最喜欢用文字聊天，而女生则喜欢语音聊天。

第四，是否立即回复信息可间接反映出两个问题，一是研究对象对微信的依赖程度，二是对维护人际关系所表现出的主动性。研究发现，男生回复信息的积极性略低于女性，但是总体上来看，二者的差异并不大。

再次，微信使用影响的性别差异。主要包括对亲密关系、陌生人际关系以及个人行为方面的影响的性别差异。

第一，恶化熟人关系和耗费时间成为微信带来的主要困惑。研究发现，在微信使用中不知不觉浪费了许多时间成为女生的主要困惑，而使用微信恶化原有的熟人关系是造成男生困惑的主要原因。

第二，女生对微信促进陌生人际关系的作用持负面态度的较多，但对维护熟人关系方面的作用呈正面态度的较多，女生更倾向于维护熟人关系。

第三，微信并没有改变男女生重要事情的告知方式，如果遇到重要的事情，男生倾向于通过电子邮件的方式告知的比例较高，女生则倾向于选择电话。

第四，长期使用微信对个人行为的影响主要从信息公开程度、定期更新通讯录和更换图像三个方面考察。研究发现，男生中个人信息完全不真实的占多数，而女生中部分真实的较多；女生定期清理联系人的比例略高，进一步显示出女生更在意线上这种微妙的关系；在对男女生更换头像原因的调查中，男生主要是为了吸引别人注意，而女生多是觉得有趣好玩。

最后，性别分析的基本结论。

第一，微信在高校学生中较为普及，但其碎片化使用特点比较明显。

数据分析表明，在调查过程中，有97.2%的受访者正在使用微信。在微信使用过程中，碎片化使用的特点比较明显，微信作为一个重要的伴随角色侵入其生活中。

第二，女生微信浏览习惯更为多元化，但在微信中的角色相对低调。在微信浏览习惯差异方面，女生没有固定浏览习惯的占比最高，凸显其浏览习惯的多元化，而男生的浏览习惯相对比较单一。同时研究发现，在微信使用中女生比男生更喜欢潜水围观。

第三，男女生好友来源熟人链条明显，但对陌生人际关系信任度不同。在受访者好友来源中，女生的好友主要来自对原有人际关系的复制，而男生通过"附近的人"添加好友的占比高达60%。

第四，男生在维护线上关系的同时，大多选择能隐藏情绪的联系方式，男生在微信人际关系（即时通信方面）维护中处于积极的状态，但是在选择与好友联系的方式中，男生大多数通过文字聊天和朋友圈等即时参与感较弱的好友联络方式，避免情绪过于显露而不利于线上人际关系的发展。

第五，微信在生活中扮演重要角色但给男女生带来的困惑不同。对于使用微信给人带来的影响，多数人认为其在维系人际关系方面具有正面的效应，仅有6.1%的受访者认为长时间使用微信"不利于认识更多的朋友"。但是微信占用生活中的零碎时间，在不同程度上给受访者带来困惑和烦恼，占比竟高达67%。

第六，女生沉浸于微信使用，但对陌生人际关系的发展呈负面态度。女生使用微信比男生更为频繁，同时女生虽在意微信维系人际关系的功能，但在对陌生人际关系的处理上，男生比女生表现出更积极应对的态度，在对微信促进陌生人际关系的维护上，女生持有负面态度的居多。

李慧对长春某高校的179名大学生进行了问卷调查，并对10名大学生进行了访谈，将结果进行了定量与定性分析，发现男女大学生在微信朋友圈功能的使用上存在差异。

根据问卷调查的结果，发现男女大学生对微信朋友圈的认同度有具体差异，最显著的差异是在认为微信朋友圈"增加了不必要的人际交往情感负担"方面，男大学生的认同比例（10.4%）高于女大学生（2.5%），而且一小部分男大学生更倾向于认为使用微信朋友圈会减少人与人之间面对面交流的机会。但从总体上看，30%以上的被调查大学生认同使用微信朋友圈会促进情感表达和交流。

通过对男女大学生使用微信朋友圈的频次分析，发现被调查大学生平均每周发朋友圈的数量均值的置信区间是［2.96-5.16］，也就是说在被调查大学生中，每周平均发朋友圈的数量是 3~5 条。如果用样本推论总体，则可以说明高校大学生平均每周更新次数集中在一个中等水平，平均两天更新一条。被调查者中男女大学生平均每周在微信朋友圈发送信息的数量不同，女大学生平均每周 5 条，男大学生平均每周 2~3 条，女大学生更新频次高于男大学生。另外，男大学生个体间更新朋友圈频次的差异相对较小，而女大学生个体间的差异较大。

通过对男女大学生更新微信朋友圈的时间段的对比分析，发现被调查大学生根据心情更新朋友圈占比最大，男生根据心情更新朋友圈的人数是 64 人，女生是 57 人，可见，心情是影响大学生是否发帖的重要因素。此外，在睡觉前更新朋友圈的频次也比较大。在等候的时间段，男生更新朋友圈的比例高于女生，而早上起床这个时间段，女生更新朋友圈的比例高于男生。更新朋友圈的时间段反映了男女大学生出现社交需求的情境，即在心情发生波动或晚上睡觉前，大学生的社交需求更强烈，更渴望情感倾诉和自我表露。不同的是，在等候的时间段，男大学生更容易更新朋友圈内容，与他人进行互动交流。

通过对 10 名大学生进行的定性研究分析，发现男女大学生都会在微信朋友圈分享自己的心情和感受，但表达的形式和内容不同。在表达方式方面，女大学生更倾向于通过文字加图片的方式进行情感表达，而男大学生更倾向于通过文字或分享新闻的方式表达想法。在分享内容方面，女大学生更愿意表露情感、情绪方面的内容，而男大学生更愿意评论新闻或分享轶事。此外，被访者中的男大学生和女大学对于在朋友圈分享感受、交流感想的行为所持的观点有很大的不同，被访女大学生对于在微信朋友圈分享情绪、情感类消息的行为的接受度较高，认为在微信朋友圈分享心情类的消息可以宣泄自己的不良情绪，获得支持和安慰，认为不愿意在朋友圈互动的朋友比较内向和保守，不信任朋友。而被访男大学生则恰恰相反，对于在朋友圈发布心情类消息的行为的认同度较低，甚至有些反感，并且认为在朋友圈分享情感类的信息不但没有意义，而且容易泄露隐私。

三 大学生使用微信的动机研究

王丽燕对大学生使用微信的影响因素进行了研究，发现绩效期望和付出期望是当下大学生使用微信的重要影响因素，是大学生使用微信的主要动机，这与易用性和有用性有异曲同工之处，主要是由微信的费力程度和实用性来诱发的。另外，社群影响是从社会因素、主观规范和公众形象三个方面进行考量，包括媒介环境压力、重要人士的影响和个人形象塑造等方面，也是大学生使用微信动机产生的来源，尤其是来自学校、家庭、重要团体或个人的影响，新媒体使用微信氛围的影响，或维护个人在团体中的形象的需要。

感知趣味性指的是个人在参与某项活动时感知到好玩的程度，也被认为是一种内部动机，在没有明显外部强加利益的情况下，个体接受并继续使用该技术或系统的愉悦程度。相关研究表明，感知趣味性会显著影响用户的行为意向。当下大学生的学业压力、就业压力不断增加，加之泛娱乐化、娱乐至死的媒介环境，大学生在使用新媒体过程中有娱乐需求。大学生在使用微信时会产生愉悦轻松的心情，认为微信使用是一个有趣的使用过程，如微信聊天中的表情符号、摇一摇、朋友圈、附近的人等功能的使用都会被大学生作为一种休闲娱乐的方式，从而促使大学生产生强烈的微信使用动机。

刘桐研究了微信对大学生人际沟通的影响，发现由于微信的用户网络是基于"强关系"搭建的，主要通过手机通讯录和QQ好友导入来实现的，因而大大适应了用户的实际需求，成为大学生使用微信的一个重要动机。

另外，微信便捷的沟通特性成为大学生选择使用微信的重要动机之一。根据调查，"在使用微信的最主要原因"中选择"沟通便捷"选项的比例接近60%，而"娱乐性强"、"节约话费"、"追随潮流"与"其他"的比例也相对较高。从数据中可以看出，沟通的便捷性是大学生选择人际沟通工具的首要需求因素，微信的高整合度与依托智能手机平台所展现出的便捷性优势，吸引了广大大学生群体使用微信。相比于传统媒体与社交软件，微信具有诸多的便捷性优势。首先最为突出的便是其富有创新性的语音对讲功能，其既有传统文字信息的随意性，又保留了电话的直接性与形象性，这是传统社交软件所不具备的。人们只要拿起手机打开微信的通信对话框，用拇指按住语音录制按钮，便可随时随地录制语音信息并将其发送给对方。同样，接收信息也仅需轻按对方发来的语音信息条，便可轻松收听语音信息，轻松方便。用户还可以对播放方式进行选择，如将扬声器播放转换为听筒播放，以保证通信的私密性。"节约话费"排在第二位，比例达到 22.26%。由于目前大学生处于在校阶段，除少数兼职或勤工俭学的学生与一些家境较为优越的学生外，多数大学生处在经济尚未独立的阶段，学业、日常生活需要家庭提供支持。除日常必需的饮食、生活学习用品等花销外，手机话费也是一项重要开销。由于大学的特性，多数大学生为非本地生源，平时与家中联系不可避免地会通过长途电话进行，这对许多外地大学生来说每个月都会是一笔不小的支出。而大学生在校时间的常规本地通话与短信费用，虽然有运营商推出的套餐等活动的优惠和减免，但每月算下来还是会产生不少费用。微信的出现则在很大程度上改变了这样的状况。微信中的文字信息在手机网络畅通情况下几乎可以完全替代短信，且界面较传统短信更接近聊天的形式，显示更为直观。而语音对讲功能虽不能完全取代电话，却在一定程度上接近了电话沟通的直观感受，降低了电话的使用频率。只要手机能够上网，微信便可以实现其功能。如今不仅手机本身具备移动网络功能，手机内部的功能也允许用户通过连接无线网络热点进行无线上网，这样不仅速度更快，而且对于使用者来说是完全免费的，这就节约了大量的通信费用，在实现便捷沟通的同时，降低了人际交往的成本。

王静溪和李威对天津师范大学的学生进行了调查，研究微信对大学生人际关系的影响，发现"和亲戚朋友联系"是受访大学生使用微信的首要目的。在使用微信原因的调查中，有 1/3 的调查对象表示是"因为好奇"而使用微信，"亲友推荐"占 29.6%，"为了结交异性"占 17.6%。这三个方面是受访大学生使用微信的主要原因。另外，把微信作为一种联系亲戚朋友的工具是大学生使用微信的主要原因，有的受访大学生将"使用微信和亲戚朋友联系"这项用途放在首位。除此之外，"结交朋友""了解信息"也是大学生使用微信的主要原因之一。

周贻霏对华东师范大学的大学生进行了调查，研究微信对社会交往的影响，发现大学生选择使用微信最主要的是为了谈心聊天，有 66.5% 的大学生选择了这一选项，这正好符合了微信作为即时通信工具的功能。有34.2% 的大学生选择使用微信是因为身边的朋友都在用，所以自己也用。有 30.1% 的大学生认为微信能够帮助他们获取更多的资讯，还有 22.3% 的大学生使用微信是为了积累人脉。从大学生的选择中能够看出微信为大学生带来了新的社会交往方式，在即时通信的基础上丰富了资讯获取方式，为拓展人际关系开辟了一个极富创意的空间，善用微信也必能助力大学生积累人脉。微信是一款社交软件，大学生使用微信的原因与社会交往的目的之间具有相似性。从大学生选择使用微信的原因中能够看出他们对于社会交往目的的预设。交往常常带有主观目的性，出发点来自内在的需求，同时体现了大学生对自我内在需求的认识。这种认识带着积极的因素，能促进自我的社会化成长以及交往双方的相互影响。在社会交往中个体的需求引导着大学生，起到了向导的作用。

四　微信使用对大学生的影响

张义涛、邓雪芹研究了微信对大学生社交行为的影响，分析了积极的、消极的两方面的影响。关于积极影响，首先，微信丰富了大学生的社交内容，满足了大学生对社交信息的需求，可以实现大学生之间的信息交互传播，使大学生可以在网络上进行相对平等的对话、讨论而不需要去考虑性别、年龄、地位的差别，成为大学生发扬个性、结交朋友的重要平台，不仅能够利用语音短信、视频、图片和文字进行沟通，同时可以让大学生通过朋友圈、订阅号等形式共享信息，完全可以满足大学生群体对社交信息的需求。其次，微信扩大了大学生群体的社交范围。按照六度分隔理论，一个人和任何一个陌生人之间所间隔的人不会超过 6 个。微信具有强大的连通性，形成一个联通的社交网络，大学生可以通过微信建立社交圈子，也可以利用摇一摇、附近的人、漂流瓶等功能将微信社交圈由熟人推向陌生人，突破现实的局限，在很大程度上扩大了大学生的社交范围。关于消极影响，首先，微信很可能会让一些心智尚未成熟、自制力不强的大学生沉迷网络，从而虚度光阴，因为微信给许多原本就处于精神空虚和人际关系冷漠状态中的大学生提供了条件，使得他们大部分时间都沉迷于社交网络，结果便是错失了学习知识和技能的机会。其次，微信上经常会有一些虚假信息传播，侵害大学生的安全利益。微信的自由和开放使得任何人都能借助这个平台发布信息，加之监管不规范，就容易出现安全隐患。大学生群体由于社会阅历少、判断能力差，很容易把低俗、虚假的信息误认为真实、可靠的信息，容易上当受骗，甚至危害到人身、财产安全，大学生长期使用微信也会养成对微信的信任和依赖。

周贻霏对华东师范大学学生的微信社交行为进行了研究，梳理出微信对大学生社交行为的正向影响以及负向影响清单。

关于微信对大学生社交行为的积极影响，大学生在学校接受高等教育的同时，更需要进行社会交往能力的锻炼，与社会成员进行交往才能不断丰富自己、发展自己。微信为大学生提供了一个全新的社会交往形式，它以手机为终端，跨越地域，使大学生能够与朋友、同学、家人甚至陌生人建立联系。作为新媒体的微信已经渗透大学生群体，担负起了大学生社会交往的桥梁角色，有效地辅助着现实的社会交往。它缩短了社会交往的距离和时间，大学生能够利用碎片化的时间与人沟通。对于乐于发掘并接受新鲜事物的新一代大学生来说，这是一个很好的契机，既能通过体验微信感受科技的进步，也能通过微信搭建社会关系网。微信能让大学生的社会交往在广度和深度上都达到全新的范畴。

第一，微信扩大了大学生的交往范围。微信充当交往纽带，极大地拓宽了大学生社会交往的空间。随着交往范围的扩大，大学生能进入一个更大的社会中，在这里主要表现为空间距离的缩小和朋友数量的增加。大学生的现实社会交往范围几乎被限制在大学校园内，因而大学生更多的是通过媒介工具与外界建立必要的联系，微信使大学生的社会交往变得极具开放性，随着微信海外市场的拓展，世界各地的人都能通过微信建立联系。微信不仅拓宽了大学生的社会交往范围，使原本可能因为距离而产生的疏离感减少了，而且随着微信使用的时间越来越长，会有更多的人出现在微信联系人列表中，从而拓宽人脉。微信作为一个工具打开了大学生社会交往的渠道，而与人交往的能力仍需要个体自身的努力。社会交往不仅仅是巩固原来的朋友圈，还在于开拓新的朋友圈。现今越来越多的大学生会抱怨社交圈太小，很多大学生会将社交圈的狭窄归因于社交经验不足、社交范围小。如果善用微信则会发现，微信集合了个人与个人、个人与群体、群体与群体之间丰富多样的社会交往形式。

第二，微信促进了大学生社会交往中的强联系。大学生的社会交往是在社会生活最基础的层面上开展的，社会就是关系的集合，在人际交往过程中，以沟通互动的频率为依据可以划分出强联系和弱联系两种关系状态。在社会交往中，人们投入更多的时间、更多的感情，且彼此之间的互动交往具有互惠互利的成分就被认定为是强联系。微信的会话功能促进了大学生的强联系，朋友圈和随机交友功能则促进了大学生弱联系网络的建立。强联系主要依托人与人之间的关系建立起来，而弱联系更多的是依托于信息联络而成。大学生通过使用微信增加了与朋友和同学之间的联系频次，自我表露的深度和广度必然得到提升，也带来了更深层次的社会交往。微信加深了大学生的同学情，通过微信，大学生与同学、朋友建立起了精神交往模式，精神交往包含思想、情感、意识、情绪等心理活动的沟通，是表达自己、了解他人的有效交往行为，它决定了个体的发展和进步。在对大学生通过微信与社会交往对象联系的频次统计中发现，即使微信延展了大学生社会交往的范围，他们也还是偏爱与空间距离近的人交流，大学生通过微信与现在的同学联系的频次是最多的。因为了解，所以能无话不谈；因为熟悉，所以能天马行空；更因为现实与虚拟的社会交往模式交融在了一起，所以他们的感情越来越深，同学情、室友情得到急速的升温。微信促进了大学生的朋友往来，在微信上建立的间接性社会交往对于促进现实交往有着巨大的助推力，它对于加深彼此感情有着非常重要的作用。大学生通过微信与朋友形成了一种稳定的社会交往关系，相似的年龄和相似的现实身份让他们具有共同的兴趣爱好和话题。微信在一定程度上填补了大学生与父母的代沟，随着年龄的增长以及独立意识的建立，大学生不再依赖于父母的庇护，与父母的沟通随之减少。随着沟通的减少，大学生与父母之间的交往密度开始下降，情感也会有所削弱。大学生的大部分时间是在学校度过的，空间距离让大学生与父母的代沟越积越深，微信正好为大学生和父母之间的关系改善提供了契机。

第三，微信发挥了大学生的主体能动性。马克思认为人类社会交往发展的最高境界就是形成一个理想化的社会交往方式，这种方式取决于社会上的每个人都能自由地发展个体本身。在微信上建立的社会交往关系就是这样一种理想化的关系，是不受制约和限制的，社会交往的主体是人，所以主体的能动性在社会交往中起着关键的作用。

微信帮助大学生认识自我，培养信心。微信开创的是一个平等自由的社会交往空间，大学生有很多选择的权利。从最初的添加好友，能根据主观意愿选择交往对象，到朋友圈中的分组和屏蔽信息，以及作为传播者发布信息，都是大学生主体能动性的体现。同时微信也延展了一部分现实的社会交往内容，头像设定、名字设定、个性签名都是用户根据自己的意愿设置的。它赋予了信息发出者更多介绍自己的机会，去展现所要表达的自己，将渴望被别人看到的一面呈现出来。在调查中发现，有52%的大学生选用的微信头像是自己的照片，有43.3%的大学生选用的昵称是真实姓名。这说明在微信空间的社会交往中，大学生能够做到真实地表露自己，这也是一种正确认识自我的态度。微信作为即时通信软件，与手机通讯录、QQ好友之间都有互动联系。在一般情境下，个人所添加的微信联系人均是与自己有关联并且相互认识的，而非陌生人。在这种情况下，大学生选择示人的头像和昵称也可被间接地认为是对现实社会交往的一个延伸，是他们所希望呈现给别人的一种状态，以及希望别人认识到自己的模样。从这一选项调查中能够看出大学生对现实情境的认可状况，以及对于自我的表露程度。在社会交往中存在着真实性原则，头像和昵称可以作为自我独有的标签，具有不可变更性，与初见时的自我介绍一样极为重要。使用自己照片作为头像的大学生，说明对自己的外貌相当自信，并且敢于将自己最真实的一面展示出来。而使用其他图片作为头像的大学生，或是出于喜欢，或是出于纪念价值，抑或只是贪图方便随意地添加，然而这些都不能代表一个个体最真实的存在。在社会交往中，大学生要能够展现自信和勇气，名字和形象代表着自己对自己的认可，只有先认可自己，才能获得别人的认可。个体需要建立社会交往以体现自己的存在，并满足自我需求的存在感。要证实自我的存在首先就是要正视自我的价值。有些人可能出于自卑和防卫心理，并不愿意将最真实的一面暴露出来，试想在熟人群体中还要遮遮掩掩，又怎么可能在陌生人面前镇定自若？勇气不是一蹴而就的，与人交往的能力也需要不断练习才能取得进步。大学生毕竟已经经历了成人礼，其思想意识逐渐趋向于成熟化，个体的前行方向更多地需要依靠自己掌舵，潜能的开发与创造也在于自我的发掘和展现。只有正确地认识自己，才能将真实的或内在的自我展示于外部世界。

微信帮助大学生完善自我，加强弱联系。微信不仅增强了大学生的自主性，同时有利于其自我认知的培养，在正确地认识自我后，就将迎来一个完善自我的过程。大学生通过微信会话等功能连接个体，通过微信群、朋友圈等功能连接群体。朋友圈就好似一个缩小版的社会交往网络，带有间接性，却是一个培养社会交往能力的极佳场所。大学生可以隐藏在安全的角落里，看着朋友们自娱自乐，也可以自我宣传，将它当作人生的另一个舞台。大学生有选择的权利，演绎一个新的角色，或者延续生活中的面貌。这意味着在社会交往中，人往往需要借助他者的视角观察自身的状态，以求得更好的发展。社会交往就是在大学生面前设立了一面镜子，让他们从镜子中审视自我、修正自我、完善自我。微信能够帮助大学生认识自己，通过与他者的沟通交往逐渐形成自我意识，了解朋友心目中的自己，体会个体与他者思想间可能存在的联异，关心周围的人对自己的态度，在认识自己后，调节并控制自我的社会交往行为，以获得更好的人际关系。同时，在社交网络中有形形色色的人，与自己的关系也有亲疏之分，相识的却较为疏远的关系可以通过微信朋友圈保持着一种潜在的联系。微信的朋友圈给了大学生一个获悉朋友动态的平台，大学生可以发表自己的观点，和朋友交流，别人也能对评论做出回复，这样有来有往的形式并不逊色于面对面的交谈，有时甚至对加强人际关系中的弱联系有着潜移默化的帮助。这些信息可以成为相互之间嘘寒问暖、谈论近况的出发点，通过评论或是点赞自然地维系朋友之间的关系，让别人知道你正关注着他，同时也发出信号让对方注意到你。在社会交往中非常讲究等价交换原则，当一个人处于被动状态，且这一状态持续的时间较长，会削弱主动一方的行动积极性。在社会交往中，每一个个体都在寻求一种等价的交换，希望自己的付出和得到是成正比的，付出太多却得到太少，会大大折损人际关系的质量。朋友圈是一个保持弱联系的有效方式，在很多情况下，虽然彼此之间都认识，但仍存在着亲疏，而通过中间人往往能使疏散的关系变得紧密。对于平时不常交往的朋友，通过朋友圈了解动态、互动评论是最好的交往方式，既存在于他人的视线中，又不失分寸。个体在朋友圈中传播的内容与自身的生活经验、思想感悟、情感体验密切相关，在传播自己信息的同时，这成为他人了解自我的一个途径。

微信帮助大学生认识他者，正确放置自我社会角色。在自媒体时代，所有人都在为打造自己的角色绞尽脑汁，绝不会有多余的精力去关注一个默默无闻的社会角色。要想走入人们的视线中，就要学会自我推销和价值的营销。角色是个体某种特定的社会地位，随着个人的社会化成长，其会被赋予更多不同的角色，每一个角色都会潜伏在人们的社会交往中，随时变身为一个活跃角色。通过对角色的认识，能够帮助大学生认识个体的社会地位、社会关系，以适应社会环境。在微信上你希望别人看到的是怎样的你，你就可以适当地进行角色扮演。大学生通过微信能更好地检视自己，人在社会交往中的对象不是单一的，交往方式也不是一成不变的。在社会交往中每个人都扮演着不同的角色，且是复杂而多变的，这些角色往往能够帮助别人认识你。首先我们要认清楚自己的角色，以此根据不同的交往对象来确定交往方式。大学生在与父母的交往中，需要表现出对父母的关爱和尊重；与同学交往时，相对随性，可以适当张扬个性；与老师交往时，需要收敛玩性，表达敬重；若是成为团队的领导，就要表现出统筹全局的指挥能力。面对不同对象做出相应的交往行为是为了更好地实现交往的价值。微信朋友圈为大学生提供了一个提前演练的平台，通过微信的朋友圈分组，以交往对象的社会背景，或是以个体的社会关系为依据，清晰地划分出交往类别，使自我能够确定最恰当的社会交往行为模式，既能展现出最好的自己，又能让他者感到舒心。使用微信能够唤起大学生的角色意识，使其进一步认识到自身在社会交往中的重要性。微信朋友圈为人们搭建了一个社交网络的服务性平台，它和微博一样有高度的普及性，你可以发表言论，查看朋友动态，或者是获取资讯。这完全是一个用户自由传播、分享信息的平台，因而很多大学生会将类似于朋友圈的自媒体当作吐槽、发泄情绪的平台，本着对受众"一视同仁"的态度传播自己的言论，这种不顾受众差异的传播是无效的，甚至会让他者对个体的行为产生错误的认识。微信能够帮助大学生从自己的视角认识他者，从他者的视角认识自己。在分组的过程中，大学生已经充分考量了与交往对象的社会关系，并以此为基础设定角色传播内容。这有助于大学生更好地发挥主体的能动性去主宰社会交往的过程，预想社会交往的结果。不仅如此，在微信上大学生演绎角色的好坏还能够得到他者的反馈，从而通过他人对个体角色的评价帮助自我更深刻地了解自己。

第四，微信助力大学生实现自我价值。首先，微信满足了大学生的感情需求，交往是人的基本需求，大学生建立了很多不同的群体，以班级为单位的群体、以寝室为单位的群体、以社团为单位的群体、以同一导师为单位的群体、以共同兴趣爱好为单位的群体。社会交往是为了能达到彼此相互了解的目的，社会交往是人类的一种活动方式，参加社会交往一定带着某种目的、倾向，任何一个个体都有融入群体的需求，从中得到归属感。个体在社会交往中会力图表现出符合社会标准，而不愿意被看作特例，这种思想会促使他们迫切地跟上集体的步伐。大学生通过微信建立了一个又一个的小群体，社会交往能将个体从孤独寂寞中解放出来。大学生的社会交往并不是单向地指向朋友或是同学，而是会双向反馈给自己。大学生对新奇事物的追求欲望有些来自自我，有些则来自同类间的比较，或是受到了周围朋友或同学的影响。不过这些动因恰恰表现出了他们对社会交往的追求，大学生需要友情，需要与朋友和同学建立良好的关系，同时他们也需要找到归属感，需要成为群体中的一员，而不是被孤零零排除在外。生活中每天都会有事情发生，可能是一件小事，也可能是一件关乎择业的大事，可能是一件开心的事，也可能是一件让人痛苦的事，这些事情可能会带给人压力，让人感到无助，产生孤独感，从而需要与人分享。从大学生的选择中能够看出微信为大学生带来了新的社会交往方式，在即时通信的基础上还丰富了资讯的阅读，为强化人际关系开辟了一个极富创意的空间，善用微信也必能助力大学生积累人脉。其次，微信帮助大学生树立乐观的交友理念，大学生在社会交往中寻求归属感，在融入群体后实现安全感，安全感来自自我的给予，更多地进行社会交往就能获得较好的心灵体验。人需要与他人互动，从而更了解自己，使用微信与人交往，能够让大学生打开心扉与社会、与自然、与人沟通，使其生活变得充实而有意义，在心态上能够更积极地对待交友现状。每天使用微信的频次以及与朋友的联系频次，与是否认为朋友越多越好这一交友观念之间存在显著相关性。每天使用微信频次高的大学生，否认了朋友越多越好，同样的，与朋友联系频次高的大学生也否认了这一选项。他们对自己目前的社会交往现状持满意态度，而空有微信在手却苦于无人联络的大学生则往往会期盼拥有更多的朋友。从中可以发现，认为朋友越多越好的大学生往往很少利用会话功能与朋友或同学沟通，其微信联系人的数量也相对较少，而经常使用会话功能，并与朋友、同学保持密切联系的大学生，反而认为朋友贵在精而非多。经常使用微信与朋友进行社会交往的大学生，对自己的人际关系比较满意，因为自己的感情需求得到了满足，不会对交友现状产生不满的情绪，而使用频率较低的大学生，则会将原因归于朋友太少。最后，微信帮助大学生随机交友，大学生正处于个人社会化成长的重要阶段，他们有着强烈的社会交往意愿。随机交友功能的积极面即是能满足他们交友的需求，成为他们生活的调剂品，起到了调节身心的作用。

第五，微信加快了大学生的社会化进程。大学生最终都要踏入社会，而个体的社会化不可能脱离社会交往，在社会交往中，个体可以借助他者的视角来加深对自我的认识。大学生正处于认识世界、认识自我的成长阶段，社会交往会给他们一个从别人视角了解自己的机会。在社会交往中，大学生能确立自己在群体中的地位和社会上的角色，互动的交往行为能够满足大学生融入社会和团结集体的需要，从而加速自我的社会化成长。大学生作为一群即将踏入社会，而在半社会化的校园中生活学习的群体，急待社会化的成长。在踏入大学校园之前，他们一直处于紧张学习的阶段，接触的人和事都相对少，而一旦迈进大学校门，就如同一只雏鸟要翱翔蓝天，对方向和振翅的力量都没有全面的把握，从而学习成了关键的环节。在社会交往的过程中，大学生会逐渐明晰自己的定位，健全自身的人格。微信激发了大学生的成长需要，让他们意识到自己的心理潜藏着巨大的能动力，他们开始意识到只有融入社会才能更好地建立交往行为，更好地实现自己的理想，更好地展现自我的价值。只有立足于社会，大学生生活和学习的行为习惯才能符合社会行为的标准和规范，微信在潜移默化中改变着他们的认识、情感、意志和行为，这些对于社会化成长的影响并不直观，却能让大学生更清楚地认识自己，更有勇气去尝试，更富有实践精神和社会活动能力。

关于微信对大学生社交行为的消极影响，大学生在使用微信后容易将与陌生人交往的行为习惯带入现实生活中，致使人际关系缺乏稳定性，或出现因过度依赖微信而规避现实社会交往的现象，更在一定程度上占用了他们学习的时间，致使本职责任感难以被激发。同时，在各种"炫耀类"资讯的刺激下，大学生容易滋生嫉妒心理。另外，大学生对不同沟通方式的选择，带有主观情绪，致使社会交往有失平等原则。

第一，微信阻碍了大学生内心信任感的建立。大学生对待陌生人交友的态度很随性，不重视与陌生人交往的过程。社会交往是以自己的目的为转移的，但是交往中个体的态度也非常重要，在与陌生人交往的过程中，个体变得懒散了，看待交往的行为也出现了偏颇，就容易造成个体的迷失。若是再将这样的情绪带入现实的社会交往中，被他人感知后或许会受到斥责，也将影响到人际关系的好坏。微信的"摇一摇""附近的人"等交友功能使其成为流动性极大的广场式社交场合，谁都可以来到这里，满足自己的需求，然后挥一挥衣袖扬长而去。交谈完之后，个体还是独立的个体，却得到了需求的满足。在一个充满流动性和差异性的场合，大学生往往能收获颇丰，会更遵从自己内心的想法而少一些思辨的理性思维。在很多学者的研究中，他们认为大学生在与陌生人交往的过程中，个体的心理防御能力是很低的。但是在本次调查过程中，笔者发现大学生在与陌生人交往的过程中设置的防御屏障还是较高的，对待陌生人持怀疑态度，不会与其深交，缺少信任机制。信任感的缺失，让大学生在社会交往中缺乏安全感，致使大学生不会轻易相信人，这就直接造成大学生对待陌生人交友的非真实性和非稳定性，多数大学生与陌生人的交往步骤可谓没有开始就停止了，这会导致交往的程度偏浅，无法进行深层次的社会交往。当个体的心理防御屏障设置过高的时候，信任感就会逐渐流失，个体在婴儿时期，最重要的就是培养其信任机制，这意味着信任感的建立决定着人一生的心理健康状态，因而大学生不能放纵信任感的消散。

第二，大学生过度依赖微信而逃避现实交往。当使用微信成为生活中的一个习惯，脱离它就会感到不自在，且时时刻刻会觉得有未读信息，这个时候就已经对微信产生了依赖。个体通过频繁地与之接触，对微信的内容和功能都会有更广泛的认识，对微信的需求也就更强烈。微信在辅助现实社会交往的同时，也损害了现实交往的直接性，使大学生将更多的注意力转移到微信交往上，习惯于间接性的交往。从这个选项中我们还能够发现，大学生在看到同伴的目光集中于手机上时，自己便会拿出手机，这一行为并不一定能说明大学生使用微信进行聊天，他们也有可能是在查看朋友圈动态或玩游戏，但至少可以证明一点，微信已经成为大学生排解寂寞的首要选择。当使用微信的强度已经大到成为一种习惯，就会带来过度沉迷的隐患，使用微信的强度越大，成瘾的可能性就越大，人作为控制机器的主体就可能反被机器牵制住行为和思想。另外，大学生使用微信不再是利用碎片化的时间，而是整块的时间，使其社会活动被搁置。通过交叉样本分析，我们得知每天使用微信的频次与大学生使用微信的地点之间也有着显著相关性，使用微信强度大的大学生，在教室里使用微信的概率高，而使用频次相对较低的大学生则更多地会在食堂、地铁上使用。使用微信的强度越大，就越难摆脱微信带来的诱惑。他们可能需要花费较多的时间来进行即时信息、朋友圈评论的回复，使原本应该用来学习知识的时间被大量占据，这对大学生的学业成绩或许会产生一定的负面影响。使用微信滋生了大学生的惰性，他们宁可在寝室里各自摆弄微信互动会话，也不愿意走几步在现实空间中交流。微信似乎已经成为大学生校园生活的必需品，却会对大学生的基本职责——努力学习造成负面的影响。

第三，微信诱发大学生滋生嫉妒心理。全球经济的发展，让社会环境变得复杂，大学生接收到的资讯可谓多种多样。这些信息会将金钱至上、社会不公、靠关系好办事这些观念灌输到大学生的头脑中，有很多在校大学生已经被金钱、物质、利益腐蚀，他们疯狂地追逐奢侈品，傲慢地炫耀自己拥有的物品。令人担忧的物质主义、拜金主义、享乐主义等异化的心态，开始不断在人的内心世界里滋生，或是消极地放大社会的阴暗面，造成认知上的偏差。大学生是正在经历成长而思想并不完全成熟的学生群体，他们的目光容易被这种花哨的东西吸引，一旦沉醉其中，后果将不堪设想。随着自媒体的普及，大学生将微信、微博等社交应用平台当作展示自我的平台，从而形成了一种物化的社会关系。在新一代的大学生中，个体希望通过放大自己的优势，赢得别人赞赏的目光，这是人之常情。可若是个体将自己物质上的优势当作自身的长处进行无限制放大的时候，所得到的可能是与赞誉恰恰相反的鄙夷。社会交往中还会有一个互相比较的行为，而人们往往只会和自己有着相同背景的人进行比较，通过比较形成的心理落差会让大学生感到自卑。

第四，微信导致大学生违背社会交往的平等性。大学生认为文字的传递能较好地隐藏自己，语音的传递却能从语速、语调中听出说话者的情绪。在微信上，大学生可以有沟通方式的选择，然而在现实的社会交往中，在缺少这个媒介的情况下，他们需要使用语音与人沟通。微信上沟通方式的选择，会让大学生更惧怕开口说话，畏惧与人交往。在过多地认识到自己的不足之后，自信心急速下滑，从而更封闭自我。有时候没有选择往往是最好的选择，过多的选择反而会让他们犹豫不决而错失良机。当虚拟社会交往与现实社会交往碰撞时，真正的危机便出现了。

王彦凤研究了微信对大学生生活方式的影响，发现微信在大学生的学习、人际交往、消费方式、闲暇娱乐等方面都产生了重要影响，既有积极的影响，又有消极的影响。

关于积极影响，第一，形成了新型的师生交流平台。微信的广泛运用极大地便利了大学生的日常生活，成为大学生最重要的网络学习和交流的工具，也在一定程度上冲击着师生间传统的施教与受教模式，形成了新的师生交流方式。微信的一大重要功能就是可以作为聊天交流平台，用户借助微信可以随时随地和朋友无障碍地互动聊天。老师和同学之间可以建立微信群，这样的方式把老师和同学放在了同等的地位，他们可以像朋友一样亲切交谈。这种通过微信媒介建立的互动平台，突破了时空上的限制，使老师可以随时随地与学生互动交流，进而建立新型师生关系，达到学生主动与老师交流的目的，促进教师教育工作的开展。朋友圈具有信息传播的广泛性、内容的丰富性，为师生之间的相互了解提供可能。老师可以通过朋友圈将最近的工作部署、社会热点、前沿思想等广泛传播给学生，避免以往信息传递的滞后性，极大地拓宽了信息传递的通道。朋友圈的及时性，让老师可以迅速了解学生的生活动态，较早发现学生思想或心理上的波动，从而及时加以引导，避免学生的消极心理进一步发展。微信的出现在老师和学生之间架起一座沟通的桥梁，这在很大程度上增进了学生和老师的感情，为师生交流迈出了重要一步。

第二，拓宽了大学生获取信息的渠道。新时代的大学生学习知识不再局限于学校课堂，他们会通过实践活动来增长自己的见识，参加自己喜欢的社团来认识志同道合的朋友。微信公众订阅号这个小小的功能，能使大学生随时了解最新的学校公告，了解国家形势，掌握前沿的科技发明和相关学术动态。微信开阔了大学生的视野，拓展了大学生获取知识的渠道。开放共享的微信所传播的多元思潮影响了大学生的历史、文化、思想和价值观认同，使其思维更加活跃。

第三，扩大了大学生的交友圈。微信作为即时聊天工具，最明显和主要的功能就是社交功能，它极大地丰富了大学生人际交往的形式和内容，加强了大学生与同学和朋友之间的互动交流，扩大了大学生的社交范围。因为微信好友都是自己现实中认识的人，即使不能每天见面，也可以时刻用微信联络感情。可以群聊，可以利用文字、图片、视频等全方位地分享自己的生活状态。和熟悉的朋友保持联系，遇到问题、麻烦可以及时地倾诉。通过微信朋友圈，不仅可以图文并茂地分享信息，还可以了解朋友的实时动态，加深自己与朋友的联系。良好的人际关系可以使大学生保持健康的心理状态。同时，微信有一些结交陌生人的功能，只要注意甄别陌生人信息，理性地交朋友，这些功能是可以使用的。这样大学生的交际圈不会局限于自己生活的小圈子，微信的这些交友功能，扩大了大学生的人际关系网，突破了地域限制。

第四，便利了大学生的消费生活。自从微信的支付功能开通后，在便利店、超市等都能使用微信支付，购物消费可以刷条形码付款。除此之外，转账功能使小额资金的流通更方便。对于有猎奇心理的大学生来说，滴滴出行、购买电影票等新鲜功能的使用，更是满足了他们心理需求。最重要的是，微信具备手机充值功能，没有上下班时间的限制，即充即到账，所以深受大学生的喜爱。在闲暇时间，大学生是校园周围的餐馆、理发店、眼镜店、KTV 等的消费主体，微信二维码和支付功能使其除了可以享受优惠外，还能随时关注商铺的动态，是一种双方互利的交易方式，这种微信介入的消费方式逐渐影响了大学生的消费心理和购买活动。

关于微信对大学生生活的消极影响，第一，容易使大学生的思维钝化。网络以其庞大的资源库和强大的搜索功能满足了大学生的大量需求。不管是专业知识方面的问题，还是平常的作业，甚至试题和毕业论文等都可以轻而易举地搜索到。他们不再需要自己动脑去思考，长此以往，会慢慢丧失思考与创新的能力。微信作为新媒体的一种也不例外。即便是单纯地发朋友圈，原创性的文字也少了很多。这种媒介环境冲击现代人的理性思维，使得越来越多的人，尤其是处在大量汲取知识时期的大学生，在不知不觉中思维能力退化，变成了懒于思考甚至不会思考的人。具有高度黏性的微信成了大学生时间消费的隐性杀手，导致相当一部分学生成为"手机控""微信控"。这或许已经成为现代人的一种行为习惯。习惯了用电子书代替传统图书，习惯了用网络搜索查找代替自己思考，科学研究和批判精神退化，日益陷于思维迟钝的境地。而且在这种媒介环境的影响下，大学生的主流意识日渐模糊，思想观和价值观出现偏差，大学生的未来发展令人担忧。

第二，阻碍了大学生的现实人际交往。微信社交平台使大学生的朋友圈处在一个封闭的网络空间中，从而忽略了身边的实体朋友。微信使得大学生花更多的时间在网络上交流，塑造着虚拟的个人形象，却不知网络里的情感和现实中是不一样的。有些大学生为了在网络中展现完美的形象，会刻意隐藏真实的自我。微信媒介的虚拟性，使得大学生在网络交往时与现实中的形象、行为、言语表现不一致，他们在网络世界中侃侃而谈、活泼幽默，以尽可能和蔼可亲的方式与陌生人交朋友，但在现实世界中其实不尽然，甚至是相反的沉默寡言，不善于或害怕与周围的人进行交流，这种现象使得大学生在网络上实现了对现实自我的超越，使其获得巨大满足感，而现实交流却使他们屡屡受挫，最终导致他们更乐意在网上交流，而不愿意与现实人群打交道。大学生在微信社交平台上的高活跃度与现实生活中的交往能力下降形成反差，更多的人倾向于虚拟的网络世界，可以随时关注朋友生活、社会动态，从而在现实生活中与身边使用智能手机的朋友的关系疏远了，使得人际关系淡薄化。

第三，虚拟化的特性存在安全隐患。大学生好奇心强，而微信中的

"摇一摇""附近的人"功能可以让他们快速结识周围的人,大多是陌生人,在扩大其社交范围的同时,也助长了大学生交友的复杂性、随意性,容易使他们上当受骗,身心受损。微信注册时提供了包括自己的头像、喜好、签名、关联微博等,而且经常在朋友圈发布照片,不经意间会泄露自己的隐私,这使得个人信息的安全性降低。如果被不法分子利用,会成为犯罪利器。网络上的人身份不确定,再加上大学生社会经验不足,自我防范意识薄弱,容易受到犯罪分子的引诱,容易上当受骗。微信头像、昵称等信息被盗用,导致自己的父母无辜被敲诈。在朋友圈发孩子的照片,被不法分子利用,说是孩子被绑架,然后问父母进行敲诈勒索,诸如此类利用微信作案的案件屡屡发生,令人发指。所以任何事物都有两面性,微信在扩大交友范围的同时又会引发很多问题。其实微信只是一种介质而已,最关键的还在于使用它的人应该有防范和自我保护的意识。

第四,容易造成不健康的娱乐休闲及消费方式。从各种不合理的大学娱乐现象可以看出,微信一方面丰富了大学生的娱乐生活,为他们提供了多样的娱乐选择,另一方面也给大学生的身心健康带来了负面效应。除此之外,大学生在消费这一方面,容易受同学群体的影响。他们中的很大一部分缺乏应有的理性消费,在消费时表现出较强的从众效应,别人有的自己也想有。还容易受他人推荐、广告传媒的影响,尤其是周围有做微商的朋友,受其推荐和影响,难免会冲动消费和盲目消费,或者超出自己可承担的范围而造成经济压力。

温如燕对呼和浩特3所高校的大学生开展调查,研究微信对大学生人际交往的影响,并进行了实证分析。

关于微信对大学生人际交往的积极影响,第一,使现实人际关系更加密切。微信给大学生提供了更加便捷的交流机会,不管距离有多远,只要在信息框内输入要说的话,就能立刻出现在对方的手机上。如果不满足于单纯文字的交流,还可以及时传送语音信息。微信中后来增加的实时对讲功能比发送语音信息还要便捷,对方说话,这边不用点击语音文件,在实时对讲的平台里就可以同步听到对方所说的话语。只需要流量,不需要话费,就可以即时与他人进行言语的交流并得到反馈,这比其他网络通信工具要更方便、直接。微信的好友在很大程度上是转移了大学生在现实生活中的人脉资源。从调查中发现,很大一部分大学生的微信好友是来源于现实生活中的人际关系。也就是说,微信交往其实在一定程度上是现实人际交往的延伸，但微信始终无法超越现实。通过使用微信得到的满足感降低了大学生对现实人际关系的需要，大学生理想中的人际关系应该是微信上的和现实中的能够实现优势互补。对于在现实中不善于人际交往的大学生来说，微信为他们提供了一个很好的平台，在虚拟的环境下可以忘却真实身份、忘掉自己的外貌等客观现实因素，不受限制地与网络上的人聊天谈心、表达观点，而现实中的人际交往也可以通过微信平台得到改善。

第二，进一步满足大学生的情感诉求。微信作为一种网络社交工具，具有网络社交工具最显著的特点，即它的匿名性和平等性。大学生可以通过微信平台，摆脱现实中的束缚，选择自己喜欢的方式建立与他人的人际关系。大学生可以不透露自己姓名而与陌生人聊天、谈心，也可以通过微信与亲密的朋友或者伴侣进行深层次的沟通和交流。通过微信，大学生在人际交往中得到放松，信息的分享和情感交流变得充分和立体。大学生来自全国各地，由于从小生活习惯、民族文化和家庭教育的不同，大家在交往中难免会遇到摩擦与碰撞，实际生活中的人际交流让大学生不得不面对可能遇到的各种情况，具有不可选择的特点。而通过微信进行人际交往则大有不同，微信依托于网络，在网络交往中，大学生可以隐藏自己的身份，不需要暴露自己的真实情况就可以自主选择交往的对象。大学生目前正处于一个快速了解社会、实现社会化的时期，心理会产生很大的变化。这一时期的大学生从内心深处希望得到他人的尊重与肯定，希望能够通过自己的努力做出成绩，实现独立，在社会中寻求平等的机会。然而现实往往是不尽如人意的，理想与现实之间巨大的落差造成了大学生心理上的矛盾、痛苦与纠结。而微信恰好为大学生提供了一个自由、独立的沟通平台，在这里他们可以被平等地对待和认定，这样更有助于大学生建立积极、健康向上的心理状态。

第三，虚拟社区为大学生提供更强归属感。微信作为先进的网络媒介，与其他网络媒介相比更加便捷与高效，能在广泛的范围内快速建立人际关系，微信中的个体依靠信息的传播和互动交流逐步建立稳定的联系，而微信也会将现实社会中相熟的人聚集起来，通过"新朋"和"故旧"的集聚，网络群体逐步形成。随着交流时间的增加和对彼此了解的加深，微信的个体也会逐步倾向于利用这个交际圈分享和获取信息。微信朋友圈构建的网络空间，就是网络社区化人际传播的公共领域，社会个体之间通过信息传播维护社区化人际交往的共同部分。朋友圈是微信的重要功能之一，同时也可以被作为新型的虚拟社区来研究。朋友圈里的成员身份经过了审核，在这样一个紧密连接的圈子里，每一个成员分享的信息和观点，共同的朋友可以看见。在朋友圈里，记录和分享成为首要的用户体验，通过分享，大学生的关系网络从线下拓展至线上，巩固并丰富了彼此之间的联系。这种共享性使得朋友圈成为一个十分私密的组织，若非征得同意，陌生人很难进入，从而保证了朋友圈的组织严密性和感情牢固性。在网络社会中寻找情感的归属是大学生参与网络社区的主要目的之一。基于相同兴趣或利益的大学生形成虚拟社区，并从中获取情感支持、友谊和归属感。在朋友圈里，绝大多数的在线沟通发生在相互认识的人们之间，大学生通常是向最亲密的朋友寻求帮助，而这些人都可以为大学生提供物质和情感上的支持。通过朋友圈，大学生可以参与到一个广泛的话题讨论中，或加入一项社会运动中。大学生逐渐对这样的满足感和参与感产生依赖，慢慢培养起对朋友圈这个虚拟社区的归属感。由于拥有较多的知识文化，大学生这个群体往往在网络上进行人际交往的时候，会无意识地去追求更高层次的人类心理需求的实现。他们期待通过这种途径被网络中的群体接纳，希望得到别人的肯定，找到归属感，实现自我价值。由于大学生正处于社会化的重要时期，人生观正在慢慢成形，旨在满足这种高层次的心理需求的人际交往的表现、行为，对于促进他们人格的健全和社会化的进步非常重要。

关于微信对大学生人际交往的负面影响，第一，过度沉迷网络导致浪费时间，产生社交依赖，与现实脱节。使用微信进行人际交往，必然要占用现实中的人际交往时间，因而它在无形之中就淡化了个人与现实生活中的人的直接交往。调查显示，大学生通过微信与亲密好友或者伴侣交流的比例最高，与父母交流的比例较低，在这种情况下，亲人之间的人际交流机会逐渐被剥夺，如果长期这样下去，会导致许多传统意义上的社会人际交往关系变得松弛，从而损害真正意义上的现实人际交往。有一些外表不是很优秀、社会资源相对欠缺的大学生，在现实人际交往中往往会感到自卑。而在网络世界里，不需要暴露自己的真实身份，很多人愿意在这里找回自信，建立良好的人际交往圈子。这种虚拟的人际关系提高了大学生的微信交友频率，但这种情况也造成了这部分学生在现实人际交往中更加沉默，不愿意表现自己，不愿意参加集体活动，变得更加孤独与沉默。

第二，容易暴露隐私，影响大学生的正常生活。在调查中发现，有很多女生倾向于与陌生人交流，很多女生柔弱、善良的天性致使她们在不了解对方的情况之下就轻信他人，很容易上当受骗。微信软件中虽然专门提供了关于隐私的设置，它在保护隐私、防止用户上当受骗等方面做得还不够到位，现在社会上已经有通过微信进行财产诈骗的案件。因为微信是依附于智能手机的，一旦手机丢失，手机里的微信就可能被犯罪分子用来进行诈骗活动。另外，微信通过定位系统附加的"摇一摇""附近的人"等功能，虽然可以为大学生提供更多认识新朋友的机会，但是在与陌生人进行交流时势必会冒着受骗、泄露身份和所在位置的危险。微信所有的这些弊端都应该引起大学生对社交网络安全性的足够重视，大学生在使用微信时一定要提高防范意识，注重隐私的保护。

第三，破坏社会风气，影响大学生身心健康。处于匿名状态下的微信交友主体，一切都可以按照自己的喜好来做，传统环境的监督体制在网络社会中失效了。个体的自我观察、自我评价、自我控制能力会随之下降，不再关注社会评价的标准，社会不允许的行为与不道德的行为增加。很多现代年轻人青睐快餐式社交方式，一味追求"速度"而忽视了"质量"。快速的生活节奏和较大的生活压力导致很多人积累了压力却无处排解和释放。微信的"摇一摇""附近的人"的功能虽然为很多大学生提供了一个拓宽交友圈子的渠道，但是从另一个角度来说，也滋长了许多不良风气。这样的功能为很多男女提供了更多接触异性的机会，在很大程度上破坏了社会的风气，反映了社会观念的转变。更严重的是，这种行为会给很多大学生尤其是女生带来心灵和身体上的双重伤害，而这种不当的社会风气也引发了人们对社会问题的深入思考。

五 微信中大学生的自我呈现

牛梦妍对大学生在微信朋友圈中的自我表露进行了研究，分析了大学生自我表露的主题和动机。

关于大学生在微信朋友圈中自我表露的主题分析，根据调查，大学生在微信朋友圈中大多表露自己的情绪情感、对某件事的观点态度、兴趣爱好、学习（或工作）情况，所占比例依次为55.4%、47.3%、46%、44.6%。而对人际关系、身体（包括头型、面部、身材等）及其他的展示占比较少，分别为30.4%、15.6%、11.5%。对于最不希望朋友在朋友圈中表露的内容，大学生的选择情况是，34.5%最不希望朋友发表关于身体的内容，反映出身体成为微信朋友圈中一个忌讳的自我表露主题。

关于大学生微信朋友圈中自我表露的动机分析，第一，在大学生表露自己观点、态度的动机中，有76.4%仅仅想要将自己的想法说出来，也就是自我倾诉动机，熟人环境影响动机、社会交往动机和自我满足动机的比例分别为37.2%、18.2%和15.5%。第二，在大学生表露自己兴趣爱好的动机中，有69.6%是要将自己的喜好告诉朋友，也就是熟人环境影响动机，仅仅想要说出来、达到社会交往的目的和获得满足感分别对应的自我倾诉动机、社会交往动机和自我满足动机的占比依次为33.8%、32.4%和19.6%。第三，在大学生表露学习或工作的动机中，有58.8%是因为朋友圈里有很多熟人，也就是熟人环境影响动机，自我倾诉、获得自我满足和进行社会交往依次对应的自我倾诉动机、自我满足动机和社会交往动机的占比分别为37.2%、31.8%、26.4%。第四，大学生表露人际交往的动机，在朋友圈中发表关于自己与朋友的聚会、交情等能够体现自己人缘良好的内容，有79.7%是要发布给该朋友和其他朋友看，也就是熟人环境影响动机，进行社会交往、获得自我满足及自我倾诉所分别对应的社会交往动机、自我满足动机和自我倾诉动机的占比依次为39.9%、32.4%、16.9%。第五，大学生表露情绪情感的动机，有74.3%是认为说出来会让自己舒服，也就是自我倾诉动机，特意倾诉给特定的人听、会因为得到他人的安慰而满足、出于社会交往的目的所分别对应的熟人环境影响动机、自我满足动机和社会交往动机的占比依次为49.3%、34.5%、14.2%。第六，大学生表露身体的动机，有56.1%是出于朋友们可以看到自己的漂亮或帅气，也就是熟人环境影响动机，46.0%是出于想要获得满足感所对应的自我满足动机，出于社会交往的目的和给自己看所对应的社会交往动机和自我倾诉动机分别占29.7%和23.7%。

关于熟人关系对大学生自我表露的影响，调查结果显示，大学生在朋友圈中自我表露的六大主题动机的分析中，熟人环境影响动机在除观点态度之外的其他五个主题的自我表露中均处于主导地位，这与微信朋友圈的基本属性——以强关系为主的圈群特征相吻合。调查结果显示，在更新微信朋友圈内容时，69.6%的被访者表示有时会因为自己处于以熟人为主的朋友圈中而考虑是否发表某些内容，10.8%的被访者经常会如此考虑，6.1%的被访者总是会如此考虑，而不会受熟人关系影响的仅为13.5%。可见，绝大多数大学生在微信朋友圈中的自我表露会受到朋友圈强关系的影响。

梁娜对以女大学生为代表的青年知识女性在微信中的自我呈现进行了研究，通过问卷调查、深度访谈以及个案分析等研究方法，分析发现，她们在线上对生活的展示呈现出的状态是多元的。

关于微信互动中的自我呈现，以女大学生为代表的青年知识女性在微信这个公共领域中的社交互动中很注重个人的自我形象，她们竭力想要建构的形象是：有深度的，谨慎的，知性的，不会轻易发言，一旦发言就要收到相应的效果，不然会影响发言的积极性。不会随便参与评论，大多时候是作为看客，高姿态，不评论、不点赞，进行单向的互动，或者是自我传播，而非人际传播。交往对象决定交往表现，善于塑造多面形象。女硕士、女博士所处的环境是高校，她们生活中有一半多的时间是在学校，跟她们打交道的是学生、老师，在这样的环境下她们所扮演的社会角色是高学历人士、高级知识分子，她们是老师的学生，同学的同人，所交的朋友大多是同水平的学生，可以说，在现实生活中，角色较为单一。在学校是老师的学生，同学的校友；在家是爸妈的女儿，兄弟姐妹的姊妹；在实习单位，跟领导是上下级关系，跟同事是同人关系。可是，在网络社交上，尤其是微信社交上就不一样了，如果发的朋友圈不分组的话，那么一个人所发的信息是一对多的，不仅老师可以看到，父母可以看到，同学可以看到，朋友可以看到，同事也可以看到。一条信息被多人解读，难免会引起误会，所以有89.6%的人选择对朋友圈进行分组，一般会有朋友组、家人组、密友组等，不同的信息给不同的人群看。

关于微信信息传播中的自我呈现，第一类，线上形象是线下形象的延伸。线上线下言行一致是指该类人群在微信社交中表现的特点，一般是大家可以想象到的，她们在微信社交中的表现就是在现实生活中的表现，可以说是将现实生活中的表现搬到了微信社交平台上，让更多的好友了解到她的生活动态和生活状态。个人的知性、活泼、搞笑、文艺、积极阳光、小顽废、小脾气等全部直观地反映到微信朋友圈中，没有装的成分。第二类，线上形象是线下形象的补充。有时，在现实生活中遇到了挫折，心情抑郁、情绪消极，此时在朋友圈不会把自己的真实状态发出去，不会有抱怨、不会有侮辱性的言辞、不会有污言秽语、不会消极怠工，恰恰相反，这时发的内容会是正面的、积极的、阳光的、关于生活美好的一面。一方面给自己打气，另一方面，她们考虑到不应该把自己消极的一面展现在朋友们面前。第三类，建构积极阳光的正面形象。青年知识女性在朋友圈发文和转发分享公众号信息的特点是：积极正向、情感表达适中、充满人文情怀、文艺气息浓厚、无关政治、无关专业知识信息。调查显示，78.5%的青年知识女性会把积极阳光的信息发到朋友圈，而很少会把自己的低落情绪在朋友圈中展示，这是因为，在朋友圈中该群体所发展的是密友圈，都是自己的亲朋好友，她们要把自己积极阳光的状态和形象展示出来，而灰暗的、不满的、充满怨气的形象要"藏起来"，不能让他们看到。

　　关于身份认同下的自我呈现，首先，生活中的角色扮演。青年知识女性，她们所营造的微信社交范围是"密友圈"，她们在生活中会遇到不如意的事，或者说是失败的事，但是她们不会把这种失败的氛围扩展到微信社交中。她们会把它控制在小范围内，仅限于一两个朋友知道，不会把自己的负面情绪广而告之。她们明白，在朋友圈中要把笑脸展示给大家，把积极正向的信息传递出去。即使她们刚刚经受了生活的打击，她们也会以一种轻松的方式展现。可以说，她们会在如意的时候大唱生活的赞歌，在不如意的时候更加卖力地赞美生活。这种角色扮演算是一种自我疗愈，她们在微信这个圈子里担任的是积极的、乐观的、阳光的角色，带给朋友圈里的朋友、家人、老师、同事一种正面的能量。角色扮演的时间长了，久而久之就会内化为性格结构中的一部分，价值观也会相应地发生改变。这就是大环境和小环境塑造人。其次，高知形象的呈现。青年知识女性虽然不具有强烈的身份认同感，但是，这一群体是一个高级知识分子群体，由于性别的原因，其行为表现又不同于男性知识分子。带有一定身份感和身份意识的人群，其行为表现也是有特点的，在微信社交和信息传播过程中会把身份和地位意识添加进去。

｜参考文献｜

［1］王岳川：《后现代主义文化研究》，北京大学出版社，1992。

［2］〔日〕国分康考：《两性的圣坛——现代男女婚恋心理》，吉沅洪译，江西人民出版社，2000。

［3］张颖、王政主编《男性研究》，上海三联书店，2012。

［4］〔美〕佩吉·麦克拉肯主编，艾晓明、柯倩婷副主编《女权主义理论读本》，广西师范大学出版社，2007。

［5］〔美〕凯特·米利特：《性政治》，宋文伟译，江苏人民出版社，2000。

［6］〔美〕朱迪斯·巴特勒：《性别麻烦：女性主义与身份的颠覆》，宋素凤译，上海三联书店，2009。

［7］〔法〕皮埃尔·布尔迪厄：《男性统治》，刘晖译，中国人民大学出版社，2017。

［8］方兴东、王俊秀：《博客E时代的盗火者》，中国方正出版社，2003。

［9］黄育馥、刘霓：《e时代的女性：中外比较研究》，中国社会科学出版社，2002。

［10］孙绍先主编《文学艺术与媒介关系研究》，中国社会科学出版社，2006。

［11］曾国屏等：《赛博空间的哲学探索》，清华大学出版社，2002。

［12］李银河：《女性主义》，山东人民出版社，2005。

［13］张江南、王惠：《网络时代的美学》，上海三联书站，2006。

［14］郭庆光：《传播学教程》，中国人民大学出版社，1999。

［15］黄鸣奋：《比特挑战缪斯》，厦门大学出版社，2000。

［16］李银河主编《西方性名著提要》，江西人民出版社，2002。

［17］李小江：《女性性别的学术问题》，山东人民出版社，2005。

［18］〔法〕西蒙娜·德·波伏娃：《第二性》，陶铁柱译，中国书籍出版

社，2004。

[19]〔加〕麦克卢汉:《理解媒介——论人的延伸》，何道宽译，商务印书馆，2000。

[20]〔美〕约瑟夫·斯特劳巴哈、罗伯特·拉罗斯:《今日媒介:信息时代的传播媒介》，熊澄宇等译，清华大学出版社，2002。

[21]〔美〕梅罗维茨:《消失的地域:电子媒介对社会行为的影响》，肖志军译，清华大学出版社，2002。

[22] 孙绍先:《女性与性权力》，辽宁画报出版社，2000。

[23]〔法〕米歇尔·福柯:《性经验史》(增订版)，上海人民出版社，2002。

[24] 叶舒宪主编《性别诗学》，社会科学文献出版社，1999。

[25] 孙绍先:《英雄之死与美人迟暮》，社会科学文献出版社，2000。

[26]〔美〕杰姆逊:《后现代主义与文化理论》，唐小兵译，北京大学出版社，1997。

[27]〔加〕大卫·莱昂:《后现代性》(第二版)，郭为桂译，吉林人民出版社，2004。

[28]〔英〕康纳:《后现代主义文化:当代理论导引》，严忠志译，商务印书馆，2002。

[29]〔英〕霭理士:《性心理学》，潘光旦译注，商务印书馆，1997。

[30] 熊源伟、余明阳:《人际传播学》，中山大学出版社，1991。

[31] 王怡红:《人与人的相遇——人际传播论》，人民出版社，2003。

[32] 何自然、冉永平:《语用学概论》，湖南教育出版社，2006.

[33] 天涯杂志社编《e拇指短信文学选粹:手机文联会员作品精读》，南海出版公司，2006。

[34] 孔见、王平:《爱情特快专递:大拇指短信文学选粹》，云南人民出版社，2005。

[35] 短信王子主编《开心短信03版》，经济日报出版社，2003。

[36] 芊黛、金福齐、周颖主编《手机短信情话·调侃·贺词大串烧》，文汇出版社，2003。

[37] 李少君主编《扛梯子的人:中国首届全球通短信文学大赛作品选粹》，云南人民出版社，2004。

[38] 天涯杂志社编《e拇指短信文学选粹:中国全球通第二届短信文学大赛优秀作品》，南海出版公司，2005。

[39] 天涯杂志社编《e拇指短信文学选粹：著名作家短信之旅》，南海出版公司，2006。

[40] 〔美〕戈夫曼：《日常生活中的自我呈现》，冯钢译，北京大学出版社，2008。

[41] 詹俊峰：《性别之路：瑞文·康奈尔的男性气质理论探索》，广西师范大学出版社，2015。

[42] 佟新：《社会性别研究导论》，北京大学出版社，2011。

[43] 〔美〕米利特：《性政治》，宋文伟译，江苏人民出版社，2000。

[44] 〔美〕佩志·麦克拉肯主编《女权主义理论读本》，广西师范大学出版社，2007。

[45] 王周生：《关于性别的追问》，学林出版社，2004。

[46] 〔美〕伊莱休·卡茨、保罗·F.拉扎斯菲尔德：《人际影响：个人在大众传播中的作用》，张宁译，中国人民大学出版社，2015。

[47] 〔美〕朱迪斯·巴特勒：《身体之重：论"性别"的话语界限》，李钧鹏译，上海三联书店，2011。

[48] 徐艳蕊：《媒介与性别：女性魅力、男子气概及媒介性别表达》，浙江大学出版社，2014。

[49] 魏超、陈璐颖、白雪：《微博与微信》，企业管理出版社，2015。

[50] 费孝通：《乡土中国》，人民出版社，2008。

[51] 邵培仁：《传播学》，高等教育出版社，2000。

[52] 〔美〕斯坦利·巴兰、丹尼斯·戴维斯：《大众传播理论：基础、争鸣与未来》，曹书乐译，清华大学出版社，2004。

[53] 蒋海、刘伟：《"网际性别平等说"的质疑与思考》，《社会经纬》2003年第10期。

[54] 汪寅、黄翠瑶：《"博客"文化现象探析》，《云南社会科学》2006年第3期。

[55] 刘友红：《人在电脑网络社会里的"虚拟"生存——实践范畴的再思考》，《哲学动态》2000年第1期。

[56] 邱仁宗：《女性主义哲学述介》，《哲学动态》2000年第1期。

[57] 张清民：《博客文学现象批判》，《文艺争鸣》2004年第6期。

[58] 张蓉、赵新利：《名人博客冲击"草根狂欢"》，《太原师范学院学报》（社会科学版）2006年第5期。

[59] 吴檠薇：《博客：传统媒体的威胁？——以五家媒体的调查和博客网站的内容分析为例》，《玉溪师范学院学报》2006 年第 7 期。

[60] 李方：《博客的陷阱》，《青年记者》2005 年第 10 期。

[61] 王丽：《女性、女性意识与社会性别》，《中国文化研究》2000 年第 3期。

[62] 王绪材、范秀清：《互联网络与性别问题》，《临沂师专学报》1999年第 6 期。

[63] 刘建成：《哈贝马斯的公共性概念探析——从批判到整合》，《教学与研究》2004 年第 8 期。

[64] 陈佳：《博客网：拓展女性话语空间》，《中国妇女报》2004 年 4 月27 日。

[65] 石艳、张小山：《对信息化时代女性话语仍被"消音"的思考》，《青年研究》2003 年第 5 期。

[66] 陈佳：《论网络社会性别的建构——从社会性别的形成与发展角度看》，硕士学位论文，苏州大学，2005。

[67] 刘涛：《"博客"与博客传播新探》，硕士学位论文，华中科技大学，2004。

[68] 王寒：《博客：传统的颠覆还是传统的延续？——从传播学意义上看博客与传统媒体的关系》，硕士学位论文，吉林大学，2003。

[69] 曾猛：《博客：打开话语权垄断的闸门》，硕士学位论文，四川大学，2005。

[70] 郝莎莎：《博客个人表达的解放及前瞻》，硕士学位论文，华中科技大学，2004。

[71] 风来疏竹：《博客，集体治疗的一种方法?》，《中国妇女报》2005 年7 月 14 日。

[72] 徐海玲：《手机短信的新闻传播学解读》，硕士学位论文，南京师范大学，2005。

[73] 刘英姿：《手机短信的文化解读》，《湖南人文科技学院学报》2004年第 4 期。

[74] 刘伟：《手机短信的六种媒体优势》，《新闻爱好者》2004 年第 5 期。

[75] 张培君：《从传播学的角度解读手机短信的媒体角色》，硕士学位论文，郑州大学，2005。

[76] 王凌虹:《在语言狂欢的背后——"灰色短信"的后现代文化症候及社会文化原因》,《红河学院学报》2006 年第 3 期。

[77] 王莉:《对短信文化流行的分析》,《东南传播》2005 年第 8 期。

[78] 项国雄、黄小琴:《从人际传播的角度对手机短信进行文本解读》,《现代传播》2004 年第 6 期。

[79] 李林悦:《论当代手机短信文化的民间性》,《宁波广播电视大学学报》2006 年第 1 期。

[80] 付玉辉:《"第五媒体"与手机短信》,《南通大学学报》(哲社版)2005 年第 1 期。

[81] 马宁秀:《简析兴起于手机短信的第五媒体》,《新闻战线》2005 年第 5 期。

[82] 李东芸:《问候休闲类手机短信的语用考察》,硕士学位论文,华中师范大学,2005。

[83] 刘景秀:《手机短信语言研究》,硕士学位论文,华中师范大学,2005。

[84] 米幼萍:《幽默类手机短信的偏离研究》,硕士学位论文,湖南师范大学,2006。

[85] 张潇潇:《不良短信传播现象分析》,《新闻爱好者》2005 年第 2 期。

[86] 肖芃:《从经济与大众传播视角解读短信传播》,《湖南大众传媒职业技术学院学报》2005 年第 5 期。

[87] 项国雄、胡莹:《从短信传播到彩铃传播媒介空间的再次延伸》,《新闻界》2005 年第 6 期。

[88] 黄鸣奋:《电信与艺术:从电报到手机短信》,《河南科技大学学报》(社科版)2004 年第 3 期。

[89] 解雯:《短信传播:异军突起的媒介力量》,《湖南大众传媒职业技术学院学报》2006 年第 2 期。

[90] 肖芃:《短信传播的多维解读》,《湖南工程学院学报》2006 年第 1 期。

[91] 刘景秀:《短信语言的文化解读》,《乌鲁木齐职业大学学报》2004 年第 4 期。

[92] 刘旭东:《后现代语境下的短信文化》,《宜宾学院学报》2004 年第 5 期。

[93] 李林悦:《后现代语境下的话语狂欢——浅析当代手机短信文化现

象》，《巢湖学院学报》2005 年第 6 期。

[94] 王洪涛、李新颖：《试论短信媒体的传播特性、现状及发展趋势》，《学术交流》2006 年第 6 期。

[95] 谢旭慧：《时尚短信的社会语用心理探析》，《上饶师范学院学报》2006 年第 1 期。

[96] 沈明泓：《性文化？性快乐的表达？——"黄色短信"广泛流行的社会心理实质的探究》，《中国性科学》2005 年第 6 期。

[97] 梁兰香：《析"手机短信"发展的原因及文化意义》，《理论界》2006 年第 6 期。

[98] 龙剑梅：《祝福类手机短信传播的修辞艺术》，《湖南人文科技学院学报》2005 年第 6 期。

[99] 段曹林：《手机短信与短信修辞》，《修辞学习》2005 年第 6 期。

[100] 赵春玉：《手机短信走进了传者与受者的交流空间》，《声屏世界》2004 年第 9 期。

[101] 范红、曲元：《手机短信的大众传播功能和效果》，《清华大学学报》（哲社版）2004 年第 6 期。

[102] 贺又宁：《手机短信——开放的社会语用》，《贵州民族学院学报》（哲社版）2005 年第 6 期。

[103] 王玉英：《手机短信传播的社会影响初探》，《新闻知识》2004 年第 2 期。

[104] 罗翔宇：《手机短信的传播学分析》，《江汉大学学报》（人社版）2003 年第 1 期。

[105] 涂燕平：《手机短信传播的社会影响研究》，硕士学位论文，武汉大学，2005。

[106] 王根喜：《短信：让人欢喜让人忧》，《安徽日报》2003 年 12 月 10 日。

[107]《短信：悄然改变传统》，《中国民航报》2005 年 3 月 2 日。

[108] 张国、张剑、李新玲：《调查显示73.2％大学生形成手机依赖》，《中国青年报》2006 年 11 月 6 日。

[109] 秦雯：《手机短信：正在改变我们的交流方式》，《广西日报》2004 年 3 月 19 日。

[110] 张文宝、闫杰：《手机短信已成为"第五媒体"？》，《中国信息报》

2003 年 4 月 17 日。

[111] 柴骥程、傅丕毅：《短信浓缩时代特征》，《新华每日电讯》2003 年 1 月 31 日。

[112] 王丹：《短信如何彰显文化魅力》，《人民日报》2004 年 8 月 27 日。

[113] 马相武：《短信文学的文化意义》，《光明日报》2005 年 2 月 4 日。

[114] 郑逸文：《短信也是一种生活文化现象》，《文汇报》2003 年 2 月 28 日。

[115] 陈金桥：《关注第五媒体：短信》，《互联网周刊》2004 年 2 月 23 日。

[116] 喻京英：《关注"短信"文化》，《人民日报（海外版）》2004 年 5 月 25 日。

[117] 马相武：《方兴未艾的短信文化》，《人民日报（海外版）》2005 年 5 月 7 日。

[118] 陈熙涵、刘小军：《手机短信：文学零食？正餐?》，《文汇报》2005 年 2 月 25 日。

[119] 王菲菲、章海霞：《手机短信：为你欢喜为你忧》，《人民日报》2003 年 4 月 16 日。

[120] 孙藜：《We Chat：电子书写式言谈与熟人圈的公共性重构——从"微信"出发的一种互联网文化分析》，《国际新闻界》2014 年第 5 期。

[121] 李红红：《从传播学视角探析微信的社交功能》，硕士学位论文，四川省社会科学院，2016。

[122] 王丽燕：《大学生使用微信的影响因素研究》，硕士学位论文，新疆财经大学，2015。

[123] 章隐玉、李武：《大学生微信分享行为的影响因素研究》，《东南传播》2015 年第 9 期。

[124] 李卓：《大学生微信交往行为问题研究》，硕士学位论文，东北师范大学，2015。

[125] 龚兰兰：《大学生微信使用的社会性别分析——基于北京 5 所高校的数据》，《中国妇女报》2016 年 1 月 26 日。

[126] 殷泽瑜、吕馨怡：《大学生微信使用情况调查》，《劳动保障世界》2016 年第 30 期。

[127] 唐海音：《大学生微信使用状况调查——基于"使用与满足"理论视角》，硕士学位论文，天津师范大学，2015。

[128] 陈晶晶：《大学生微信网络社交伦理研究》，硕士学位论文，南京林业大学，2015。

[129] 徐斐斐：《大学生微信用户人际交往的使用与满足研究》，硕士学位论文，山东大学，2014。

[130] 戴雪红：《当代中国社会转型背景下女性气质、身体和情感的逻辑变迁与重塑》，《兰州学刊》2015年第10期。

[131] 章惠：《高校学生新媒体技术使用状况的调查研究——以微博微信为例》，《改革与开放》2015年第23期。

[132] 李爱晖、李洋：《关于微信社交功能的调查》，《青年记者》2013年第9期。

[133] 熊莎：《国内移动社交用户使用意愿的影响因素研究——以微信为例》，硕士学位论文，北京邮电大学，2012。

[134] 张珍珠：《基于微信熟人关系圈的自我呈现探析》，硕士学位论文，暨南大学，2015。

[135] 崔越：《基于移动互联网的微博和微信用户使用行为影响因素比较研究》，硕士学位论文，北京邮电大学，2015。

[136] 赵思奇：《论西蒙娜·德·波伏娃的"女性气质"——从〈第二性〉谈起》，《山东社会科学》2016年第5期。

[137] 蒋旭玲、吕厚超：《男性气质：理论基础、研究取向和相关研究领域》，《心理科学进展》2012年第7期。

[138] 刘岩：《男性气质》，《外国文学》2014年第7期。

[139] 方刚：《男性气质多元化与"拯救男孩"》，《中国青年研究》2010年第11期。

[140] 宋岩：《男性气质和女性气质的社会性别分析》，《中华女子学院学报》2010年第6期。

[141] 郑艳蓉：《女性气质的中性化——对网络流行语"女汉子"的社会学解读》，硕士学位论文，浙江师范大学，2015。

[142] 梁娜：《青年知识女性微信中的自我形象建构研究：基于微信社交行为的分析》，硕士学位论文，南京大学，2015。

[143] 雷欣：《社会性别理论探析》，硕士学位论文，华中科技大学，2008。

[144] 郭燕荣、麻文斌:《试析微信对于大学生人际交往的影响——以兰州大学在校生为个案的实证研究》,《社科纵横》2014 年第 6 期。

[145] 严许媄:《手机人际传播研究——以"微信"为例》,硕士学位论文,浙江工业大学,2013。

[146] 潘广芝:《熟人社会的隐喻与延伸——对微信朋友圈功能的考察》,硕士学位论文,辽宁大学,2015。

[147] 李孝英、袁继红、刘春桃:《述评波伏娃〈第二性〉中的"女性气质"》,《内江师范学院学报》2010 年第 7 期。

[148] 张嘉宁:《外倾性对社交网络使用动机与发布行为关系的调节作用研究——以"微信朋友圈"为例》,硕士学位论文,北京邮电大学,2014。

[149] 李浩:《网络自媒体的使用与满足——基于高校大学生微信使用的实证研究》,《浙江学刊》2014 年第 5 期。

[150] 郭欣:《微信"朋友圈"人际关系研究》,硕士学位论文,山东大学,2015。

[151] 郭禹汐:《微信"朋友圈"研究》,硕士学位论文,北京邮电大学,2015。

[152] 毕素雅:《微信传播对人际关系的影响研究》,硕士学位论文,辽宁大学,2015。

[153] 刘珠玲:《微信的使用对大学生人际关系的影响研究——以西南大学为例》,硕士学位论文,西南大学,2015。

[154] 谢洲:《微信点赞动机与行为研究》,硕士学位论文,南京大学,2015。

[155] 柴华:《微信对大学生行为的影响及对策研究——北京体育大学为例》,硕士学位论文,北京体育大学,2015。

[156] 刘桐:《微信对大学生人际沟通的影响研究》,硕士学位论文,北京邮电大学,2014。

[157] 王静溪、李威:《微信对大学生人际关系的影响研究——基于天津师范大学大学生调查》,载谢耕耘、陈虹主编《新媒体与社会》(第十辑),社会科学文献出版社,2014。

[158] 陈军:《微信对大学生人际交往的影响》,《新闻世界》2015 年第 1 期。

[159] 温如燕:《微信对大学生人际交往的影响研究——以呼和浩特市 3

所高校的大学生为例》，硕士学位论文，兰州大学，2014。

[160] 史新权：《微信对大学生社会交往的影响研究》，硕士学位论文，河北师范大学，2016。

[161] 王彦凤：《微信对大学生生活方式的影响及对策研究》，硕士学位论文，中北大学，2016。

[162] 周贻霏：《微信对华东师范大学学生社会交往的影响研究》，硕士学位论文，华东师范大学，2014。

[163] 何玮琪：《微信对年轻女性着装的影响》，硕士学位论文，武汉纺织大学，2015。

[164] 李卓：《微信对青年群体人际关系影响的研究》，硕士学位论文，内蒙古大学，2014。

[165] 罗威：《微信朋友圈的自我呈现——以天津市 12 所高校学生会主席为研究对象》，硕士学位论文，天津师范大学，2016。

[166] 刘静楠：《微信用户"使用与满足"研究——基于西安地区大学生的问卷调查》，硕士学位论文，西北大学，2013。

[167] 曹文欣：《微信中的人际传播研究》，硕士学位论文，北京邮电大学，2015。

[168] 刘丹丹、戴雪红：《西方性别气质发展研究综述》，《山西大同大学学报》（社会科学版）2015 年第 3 期。

[169] 梁童心：《西方性别气质研究综述》，《天津市教科院学报》2012 年第 4 期。

[170] 李宁宁：《性别角色发展理论述评》，《学海》1991 年第 6 期。

[171] 徐巍：《性别角色发展理论综述》，《科技信息》2006 年第 11 期。

[172] 刘丹丹：《性别气质的建构、批判与展望——基于性别意识形态的视角》，硕士学位论文，南京大学，2016。

[173] 龙慧蕊：《中国青年群体性别气质呈现与模糊化：基于微信虚拟空间的性别表演》，中华新闻传播学术联盟第六届研究生学术研讨会，2014 年 10 月 10 日。

图书在版编目(CIP)数据

社会性别视野下的新媒体研究 / 公衍峰，杨佳著
-- 北京：社会科学文献出版社，2017.10
ISBN 978 - 7 - 5201 - 1417 - 2

Ⅰ.①社…　Ⅱ.①公…②杨…　Ⅲ.①传播媒介 - 研
究　Ⅳ.①G206.2

中国版本图书馆 CIP 数据核字（2017）第 233127 号

社会性别视野下的新媒体研究

著　　者 / 公衍峰　杨　佳

出 版 人 / 谢寿光
项目统筹 / 高　雁
责任编辑 / 颜林柯

出　　　版 / 社会科学文献出版社·经济与管理分社（010）59367226
　　　　　　地址：北京市北三环中路甲 29 号院华龙大厦　邮编：100029
　　　　　　网址：www.ssap.com.cn
发　　　行 / 市场营销中心（010）59367081　59367018
印　　　装 / 三河市东方印刷有限公司

规　　　格 / 开 本：787mm × 1092mm　1/16
　　　　　　印 张：13.75　字 数：234 千字
版　　　次 / 2017 年 10 月第 1 版　2017 年 10 月第 1 次印刷
书　　　号 / ISBN 978 - 7 - 5201 - 1417 - 2
定　　　价 / 75.00 元

本书如有印装质量问题，请与读者服务中心（010 - 59367028）联系